浦辺史（1980年ころ）

こぐま保育園落成記念（1972年5月）
前列左端が浦辺充、中央が浦辺史、その左が菅原猛、右が庄司豊子、右から2人目が伊藤亮子

なつまつり（こぐま保育園、1989年ころ）

安房小湊臨海合宿（こぐま保育園、1987年）

異年齢保育（砧保育園、2019年）

学童保育グループ育成（貝取学童クラブ、2019年）

卒園式（こぐま保育園、2003年）

法人の主な発行物

現在の法人施設と子どもたち

上・左　こぐま保育園

右・下　向山保育園

左・下　砧保育園

右・下　上北沢こぐま保育園

上・左　永山小学童クラブ

下　貝取学童クラブ

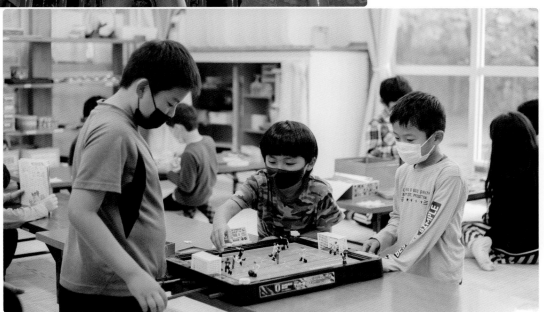

左・下　永山学童クラブ

下　貝取小学童クラブ

多摩福祉会

50年誌

社会福祉法人多摩福祉会50年誌編集委員会 編

きもちつながる

想いひろげる

ひとなる書房

発刊にあたって

　当法人は今年で創立50周年を迎えた。法人の定款制定日は1972年5月7日だが、法人設立が認められ定款を施行したのは同年12月4日である。登記し法人が成立したのは12月11日である。したがって、1972年12月11日が当法人の創立日である。

　この50年誌は、事実に沿った記録（年史）というより、実際の活動と実践を担った方たちの息づかいのする記録を年誌としてまとめたものである。多少の思い込みや主観もあるかもしれないが、この法人の50年の生きた姿を残すように努めた。評価は後生の方たちにゆだねるほかない。

　こうしてまとまったものを見ると、紙面に表しきれないことを含めてこの50年にはさまざまなことがあったことがわかる。多摩福祉会は、よくここまで生き延びそれなりの発展をしてきたものと思う。だが、感慨にふけるだけであってはなるまい。50年を総括し次の50年を切り開く努力を重ね次世代につないでいかなくてはならない。そのためには、創設者浦辺史（うらべひろし　1905年～2002年）のミッションをふり返っておく必要がある。

　今年は、数年来の新型コロナウイルス禍もさることながら、年初から、ロシアによるウクライナ侵攻で多くの子どもが犠牲になるというニュースが伝えられている。浦辺が存命であればこの事態をどう考えるか、今となっては知ることはかなわない。戦前から子どもの権利と平和のために実践し活動し研究してきた人物であり、この法人も、子どもの権利を実現し平和に貢献するために創立されたと言っても過言ではない。

　国民道徳の最高基準であった教育勅語に沿った軍国主義教育を行わなければ国賊とされた戦前、小学校の訓導（教師）であった浦辺は、子どもたちの素直な気持ちを受け止め思いをふくらませる生活綴り方の実践を進めていた。子どもたちに慕われる先生だった。そのことが治安維持法に問われ何度か拘留される。77年前の敗戦記念日1945年8月15日、窓はあるが空の見えない東京拘置所で、65キロの体躯が40キロ以下に痩せ細った浦辺は何を思っていただろうか。釈放されたのは10月9日のことである。

　浦辺が弾圧されているさなか大日本帝国は何をしたか。日本を盟主とする大東亜共栄圏を築きアジアを解放するというのだが、その実は侵略そのものである。独善的である。戦死、空襲などで犠牲になった日本人は300万人余だが、朝鮮半島、中国東北部、アジア太平洋地域の犠牲者は2千万人以上にのぼり数多くの虐殺もあった。その

なかには多くの子どもたちが含まれているとされる。ウクライナ侵攻と何ら変わらない。

　子どもの権利を守ることと戦争とは相容れない。国家が要求する子ども像に合わせた実践ほど罪深いものはないことを浦辺は身をもって証明したと言えよう。当法人は、子どもたちを丸ごと理解し子どもに寄り添った実践を進めてきたが、その源流にはこうした「子どもたちのために生きる」とした浦辺ミッションがあることを心に刻みたい。

　この世に多摩福祉会が存在する意義は何か、自らに問い続けていきたいものである。

2022年8月

　　　　　　　　　　　　　社会福祉法人多摩福祉会理事長　垣内 国光

目　次

りが土台／次世代につなげたいこぐま保育園の精神

親とともに切り開いた開園当初の保育／一人ひとりを大切にする実践の源流／生活実態をつかみ親に寄り添う／なぜ、異年齢保育に転換したのか／次の50年に希望をつなぐ人の輪を

職員が大声を出していたグループ制の前／前に出る子どもたち／大人も変わったグループ制／子どもが安心できる場に／これからのグループ育成の課題

 V部 多摩福祉会の過去・現在・未来 157
——法人評議員・理事・監事・事務局長の言葉

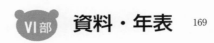 **資料・年表** 169

Ⅰ部

法人草創期

「どうしてそこまで"子どものために"と考えられるのか」とよく問われる。
子どものための保育実践と経営が形成されてきた法人の源流、草創期の物語。

貝取学童クラブ（2019年）

1章

風雪に耐えて

法人創設者浦辺史

垣内 国光（法人理事長）

1　人物像——厳しさと優しさと

　2002年（平成14年）に97歳で亡くなってから20年の月日が経った。生前の浦辺史先生（うらべひろし　1905年／明治38年生）を知る人は少なくなっている。法人創設者であるだけでなく、日本の保育福祉の歴史に大きな足跡を残した人物である。法人にとって先生と呼ぶべき人だが、以下、氏名表記の一般にしたがってここでは浦辺史もしくは浦辺と呼ぶこととしたい。

　どのような人物であったか。私が初めて直に接したのは浦辺史が70歳、1975年（昭和50年）ごろである。接すれば接するほど誰もが尊敬せずにはおれないほどの人物だった。気迫に満ちた正義の人である。投獄されても筋を通したほどであるから硬骨漢だったことは間違いないが、優しく情に篤く穏やかな紳士であった。私事で恐縮だが、私は虚弱で過去に何度か入院したことがある。時に病院に見舞いにも見え、そのつど心のこもった手紙を私の妻にくださった。力を落とさずに垣内君を支えてやってほしいと。それ以来、妻は大の浦辺ファンである。その手紙を今も大事にとってある。

　同様のことは浦辺の教えを受けた小学校の教え子たちにも、日本福祉大学のかつての同僚教員や教え子にもあてはまるようで、浦辺ファンが至るところにいる。硬骨漢でもあるが、弱い者貧しい者への優しいまなざしこそが浦辺史の本質なのではないかと思う。同じく貧児孤児教育に邁進し人間教育を実践し唱えたペスタロッチ（1746〜1827）に深く傾倒していたことも十分に頷けることである。クリスチャンで貧しい人々のために尽くしたいとセツルメント託児所保母をされていた竹代夫人を生涯の伴侶とされたことも先生らしい。接した人間が他者のために生きることの意味を考えざるを得なくなる、そんな人であった。

　浦辺の人生は大きく4つに区分することができる。

Ⅰ期　多摩に生まれ育った幼少期。

Ⅱ期　浅川小学校、潤徳小学校、五日市小学校訓導として天皇制教育に抗して新興教育
　　　運動にかかわった青年教師時代。

Ⅲ期　子どもの作文を投稿した廉で治安維持法違反による逮捕投獄の時代。牢獄に縛ら
　　　れていない間にはセツルメントなどで実践し社会事業研究所所員として活動もし
　　　ている。

Ⅳ期　日雇い労働者から福祉労働者さらには日本福祉大学教授として幅広く活動した戦
　　　後活動期。

　Ⅳ期は長いので補足が必要であろう。1945年に日本の敗戦で東京拘置所から解放された時、浦辺は40歳である。日雇い労働者、身体障害者施設勤務などを経て中部社会事業短期大学（現日本福祉大学）教員となったのが50歳。この間、民主保育連盟の組織化などに取り組んでもいる。日本社会福祉学会代表理事、日本福祉大学学監（今の学長職）、全国民間保育団体合同研究集会（現全国保育団体合同研究集会）実行委員長などを歴任。社会福祉法人多摩福祉会を設立したのは日本福祉大学退職間際の67歳である。大学定年退職後もその活動は止むことなく、全国保育団体連絡会会長、保育研究所初代所長、日本学術会議福祉問題特別委員、危機に立つ社会福祉研究シンポジウム呼びかけ人、眼内レンズの会代表世話人など多岐にわたる活動をされている。眼内レンズの会は、当時ようやく普及しつつあった白内障手術で光を取り戻した患者の会である。そんなささやかな会を齢80にして組織されていた。常に組織者でもあり民主的なリーダーであった。

　浦辺が社会福祉法人を設立し保育園を作ろうと考えた素地は青年教師時代と弾圧投獄の時代にあったように思う。青年時代に十分にできなかった実践の夢が多摩福祉会の設立だったのではないか。

2　若き青年教師の苦闘

　浦辺少年が育った多摩地域は養蚕や農業を主産業とする封建制が色濃く残る田舎であった。比較的安定した幼少期を過ごしたあと、家業は没落、父親が失踪するほど窮迫し家族を支えるために豊島師範（現東京学芸大学）に進んだ。卒業後、浅川小学校（現在は八王子市）に赴任（1925年／大正14年）、即兵役招集となるが４ヶ月で除隊、ついで潤徳小学校（現在は日野市）に転任（1927年／昭和２年）した。感性豊かで真面目

な教師であった浦辺はペスタロッチに傾倒し子どもに寄り添った実践を進めた。

　「私は若い日のペスタロッヂを愛した。産業革命の前夜を生きたペスタロッヂは、貧児が自らの労働で暮らせるように彼らをたすけようと心をもやした。……貧しい子どもは喜捨をうけることではなく、働くことを学ばねばならないといって、貧児学校を作って労働と教育の結合を実践した。工場でもなく学校でもなく、仕事場と教室のある大きな家庭が貧児学校であり、ペスタロッヂはその父であった。子どもに対する無私の献身に教師の心を見て、私ははげしい感動をおぼえたものである」

　自由主義的で子どもの主体性を重視した教育に取り組み、生活綴り方（作文教育）実践にのめり込む。硬直的な皇国教育が行われていた時代に、子どもたちの自治を重視した実践は当時としてはもっとも進んだものであったであろう。教え子が後年このようなことを書き記している。

　「地域の人たちにも親しく、たとえば農家の人たちが田植えをしていると、さっとズボンをまくって田植えを手伝うほどだった。先生はみんなのあこがれの人、二級うえの姉からもうらやましがられた。……綴方は批評してもらうのが好きでたのしみでもあった。詩を書くとうたえるようにしてくれた。私が書いた『ありさん』を今でも覚えている。あまり先生らしくない先生だった。だれでも平等にあつかってくれ、とてもやさしい、何でも気軽に話せる兄貴か友達のようだった」（守屋ハル）

　その守屋ハルの詩に浦辺が曲をつけた「ありさん」の楽譜が残されている。
　潤徳小学校で浦辺は新興教育運動に触れることとなる。子ども思いで熱心な実践家だった浦辺が、この新興教育運動の影響を受けていくのは自然の成り行きでもあったろう。ヒューマニズムとリアリズムに立脚し現実の生活に根ざして子どもの主体性・自治性を育てる実践運動である。この運動は、左翼の影響を受けているとされ、やがて弾圧されつぶされていく。
　浦辺は弁当を持参できないほど貧困で勉強どころではない子どもたちを目の当たりにして、天皇や父母、教師への忠誠を尽くすことを目的とした権威主義的教育を受け入れることはできなかった。子どもの現実を無視して教育勅語を教えなければならないことに矛盾も感じたであろう。
　直にこんな話を聞いたことがある。

　「お昼時間になるとクラスの一部の子どもたちがすーっと教室からいなくなるんですよ。見ると校庭の片隅に集まってあそぶでもなくじっとしてるんだね。動き回ると腹が減るし、

豊島師範第2部入学の時
（1925年4月）

　教室にいれば見たくない他の子どもの弁当を見なくちゃならない。サツマイモだけでも持ってこれる子はまだいい方なんでね。教師の自分に何ができるのかずいぶん考えました」

　同じような苦悩をもった教員たちが多摩地域におり、浦辺も新興教育運動や教員労働組合を作る運動にかかわっていく。同僚や地域に影響力をもつ浦辺史と友人の増渕穣らの実践と活動をいぶかしんだ校長は、学年の中途であるにもかかわらず赴任後わずか数ヶ月でさらに辺鄙な五日市小学校への転任命令を発する。児童や同僚らとの切り離しを目的とした不当配転である。それを知った児童は学校裏の山に立てこもり「先生をかえせ！」と同盟罷業（ストライキ）までしたというのであるから、いかに浦辺らの教育実践が子どもたちや住民に支持されたか理解できよう。

　五日市小学校に不当配転され孤立させられるなかでも、子どもには嘘のない真実の生活を綴り方に書かせ自ら考える人間教育を進めていった。掲載されれば子どもたちが喜ぶと思って作文をある雑誌に学校名も伏して投稿したところ、郵便物を監視していた特高（特別高等警察。治安維持法などで国民を弾圧した秘密警察組織）に特定され逮捕されるに至る。校長から退職を強いられ6年あまりの教員生活に終止符を打つこととなった。2週間の拘留を経て離職後ひと月ののち、浦辺は全東京府の小学校あてに「東京の同志諸君に訴う」を郵送している。1931年（昭和6年）のことである。一部を紹介したい。

　「貧窮の深淵に沈まねばならない農民のみじめでくらい生活の中にある子供の切実な訴えや要求の解決を一体どうすればよいのでしょう。遊びたい盛りを生計のために木拾い、かやかり、梅拾い、新聞配達などにち刻、早退、欠席せねばならない子供、弁当をもって来ない子供、そしてすぐれた才能を持ちながら高等科にさえ行けず奉公に出される子

供。こうした子供たちの切なる訴えを黙殺して、教科書の蓄音機に甘んずることが何でできましょう。……子供の生活条件をよくすることをなしに真実の人間教育は決して生まれないことを知りました。……彼等は私のからだをとらえましたが私の思想に鍵をかけることはできませんでした。私に加えられた圧迫は決して個人的なものではなく、将来ますます圧迫が重加されるであろう無産者としての教員全体の問題であると思います。……そうだからといって長い物には巻かれろ、出る釘は打たれるといった風にだまっていたら私たちの生活はどうなることでしょう。教員は弱いとは誰もがいいます。だが私たちは弱いからこそなお一層手を結ばなくてはなりません」

蓄音機とはレコードプレーヤーのことである。最後にこう結んでいる。

「私は止むなく皆さんとお別れしなくてはならなくなりましたが、教職にある皆さんが、子供たちのため、皆さん自身が人間らしく生きるためますます奮闘されることを希望致します。昭和6年7月6日　元東京府五日市小学校訓導　浦辺史」

檄文である。このようなことをすればますます立場を悪くするはずである。にもかかわらず、逮捕直後にこのような文を全東京府の教員に発した浦辺の心情はいかばかりであったか。権力を行使する特高や警察、お国に従って唯々諾々と子どもの気持ちに反した教育を行っている校長や教員たちに「それでいいのか」と叫ばずにいられなかったのであろう。現代に生きる私たちにもインパクトを与える。自らが主体的な人間であらねば民主的で主体的な子どもたちを育てることはできないのだと。

3　風雪に耐えて

1931年、拘留が解かれ退職した浦辺は半ば地下組織であった新興教育運動にかかわり続け、1932年に再逮捕、釈放後、1933年から1935年にかけておよそ2年間、東京帝大セツルメント託児部児童部職員として活動している。イギリスやアメリカで宗教家や知識人が貧困地域に住み着いて展開した生活、文化、学習などの支援活動がセツルメントである。すでに当時の日本でもキリスト者や東大の学生などによる実践が進められていた。

浦辺はその間にも『児童問題研究』などに論文を次々と発表していたが1934年にさらに逮捕されている。釈放後食い詰めた浦辺は、1935年に東京港埋め立て地にあった簡易宿泊所天照園の子どもの家の保父となる。貧しい人々虐げられた人々が暮らす地

域で、非衛生な環境に育つ学童児や幼児を保育するのは大変だったようだ。だが、ここでも浦辺は持ち前の教師魂を発揮し子どもに寄り添った実践を進めている。それだけではなく、児童問題研究会解散後に作られた東京保育研究会や保育問題研究会の中心的メンバーとして参加し『学齢前児童の諸問題』(1936年刊) も著している。川田由太郎というペンネームをよく使っていたようだ。

このころに東京に無産者託児所やセツルメント託児所が設置されつつあった。当初は観念的なプロレタリア教育的保育が行われていたようだが、生活に追われ低賃金で働く母親たちに頼りにされ励まされることを通して共同保育の実践が根づきつつあった。浦辺史や保問研などの影響を受けて、子どもに寄り添い子どもの内発性を重視した実践が創造されていった。この無産者託児所やセツルメントでの実践、保問研の研究は、戦後の保育に大きな影響を与えている。浦辺はよく「保育園は民主主義の学校だ」と主張していたが、こうした無産者託児所やセツルメント保育の民主的な実践と思想が底流にあってのことである。保育園はみんなのものであり、保育者と保護者が共同して子どもを育てることで大人同士も育ち合う場であると。

当時、浦辺は後に本所のセツルメント託児所で働くことになる竹代さんと知り合っている。浦辺がセツルメント保母採用面接員として会ったのがなりそめである。その後、それぞれが逮捕され同じ留置場にいたことが縁結びにでもなったのか、竹代さんからアプローチした最初の反応は素っ気ないものであったようだ。しばらくして「この間の失礼をお詫びしたうえで改めて結婚を申し込みたい」と先生が言ったとの記録が残されている。竹代さんは、田中卓の本名が浦辺史であることをその時に初めて知ったという。1936年、浦辺31歳、竹代夫人26歳で結婚している。半封建的な家族制度が色濃く残っていた時代の進歩的活動家同士の大ロマンスである。質素な結婚式とその後の新婚生活もつかの間、3ヶ月で二人とも拘留されている。

その後、浦辺は東京市社会局の方面館員を経て1939年に財団法人社会事業研究所研究員となり、翌1940年にご長男の充が生まれている。拘留と生活困難がうち続くなかでの子育てである。その困難は想像に難くない。この間にも多数の論考を書いている。社会事業研究所が1941年に刊行した『本邦保育施設に関する調査』では編集の中軸も担っている。この調査は保育の実態がいかに貧困であるかを科学的に解明したもので、戦前のもっとも優れた保育施設状態調査である。

4 絶望の淵にあっても

度重なる逮捕の間に多くの著作を著したのは驚くべきことである。強靱な精神の持

ち主である。ものは書けないはずの獄中でも密かに文章を書いたという。「牢屋に入っているとろくな物が出ないので腹が減るんですよ。腹が減って腹が減って。耐えられなくなると、差し入れしてもらった本の余白にうなぎが食べたいとか何が食べたいとか、出された食事の魚の骨をつかって書くんです。それでしのぐんですよ」と（浦辺談——筆者覚え書き）。

　浦辺宅にうかがった時、その本を見せていただいたことがある。差し入れ検閲があるためごく普通の読み物だったが、光に向かって頁を斜めにすかしてみると、かすかだが確かに読めた。絶望の淵にあってもどこかしなやかさを失わない人間浦辺史を見た思いがする。

　小学校訓導で逮捕されて以後、何度も逮捕され失職し転々としたこの時期は苦しい時期であったに違いないが、実践家として研究者として大きな成長を遂げた時代でもあったようだ。獄舎から解放されたのは1945年敗戦の年である。

　話は一気に飛ぶ。日本福祉大学退職後に保育研究所所長をしていた浦辺は、1982年に愛知県立大学で開催された日本社会福祉学会のシンポジウムで所員の私に「臨調行政改革と保育見直し論」をテーマとして報告するように命じた。浦辺とともに壇上にあった三浦文夫の市場福祉論批判、保育産業育成論批判である。両者はもともと日本福祉大学の同僚で三浦は20歳以上も年下である。すでに三浦は厚生省管轄の社会保障研究所に移っていた。若い時は日本福祉大学の民主化の旗手としてリベラルで鳴らしていた人である。そのころには審議会委員なども務めており政策サイドの側から物言う社会福祉学会の大物だった。浦辺VS三浦で日本の社会福祉の行く末を論じようというのであるから大見世物だったのだろう。会場は満員だった。当の浦辺先生は終始穏やかに日本型福祉社会論を批判されていた。楽しんでいたのではないか。大きな人である。

　後に私が日本福祉大学に赴任し、現在はこうして浦辺理事長の後を継いで多摩福祉会の理事長を務めていることに縁を感ずる。三浦文夫も亡くなって久しい。三浦もここまで福祉保育の市場化が進むとは思っていなかったのではないか。市場化・産業化では国民の福祉保育を受ける権利を守ることができないとした浦辺の主張は今でも色あせない。

5　浦辺史ミッションとは何か

　この文章を書くことで思い出した浦辺の印象深い言葉をいくつか書き留めておきたい。

「保育園は民主主義の学校」

「前向きに仕事をしているだけでは足りない。社会に役立つ仕事のためには何が必要なのか考えなければならない」

「実践と研究と運動は一体のもの」

「去る者追わず来る者拒まず」

「苦しい時はじっとしてるんですよ」

　こうした言葉の深い意味は今となっては知ることはできない。繰り返し述べていたことから推測すれば後進の私たちへのメッセージだったようにも思う。

　以上、断片的にだが浦辺が何を考え何をめざして生きてきたか垣間見てきた。浦辺が創立した多摩福祉会に伝えたかったことは何か、そのミッションは何か。浦辺の生き様から筆者なりにくみ取れることを整理してまとめに代えたい。

　第一。子どもこそ主役。つねに子どもたちとともにあれ。

　教えるのではない。子どもの生活と発達は一体のもの。子どもに寄り添いよき友よき隣人であれ。子どもの権利を侵すものには毅然として立ち向わなければならない。子どもたちを再び戦争に巻き込むような国にしてはならない。喜びも悲しみも生きることの意味も実践のなかにある。

　第二。誠実にしなやかに実践し活動せよ。

　権威主義であってはならない。現状に甘んじてはならない。私物化したり儲け主義に走ってはならない。学び続けよう。保護者、地域住民と共同し、民主的・自治的にしなやかに実践し活動しよう。社会から必要とされる法人であろう。

　法人設立50周年を迎えるにあたり、この法人50周年誌を謹んで浦辺先生に捧げる。

参考とした文献

　浦辺史『日本保育運動小史』風媒社、1969年

　浦辺史・浦辺竹代『道づれ——新しい保育を求めて』草土文化、1982年

　浦辺史・浦辺竹代『福祉の昭和史を生きて』草土文化、1994年

　浦辺竹代さんをしのぶ会『やまゆり』同会、1999年

　柿沼肇「浦辺史とその教員時代——ペスタロッチへの傾倒から『教育労働者へ』」『日本福祉大学論集
　　112号』2005年、所収

2章

法人設立と保育園開設

草創期のこと

浦辺 充（法人2代目理事長）

1 こぐま保育園創設前史

　1969年春、庄司豊子が名古屋市の日本福祉大学教職員共同住宅に義兄の浦辺史（私の父）を訪れたと聞いている。豊子は戦前から保育に携わり、戦後は、東京板橋区の民間保育園に1947年創立時の青空保育時代から主任保母として勤務していた。園舎の屋根裏に住み込みで勤務し定年で退職していた。実姉の浦辺竹代（母）の勧めで静養をしながら今後の生活を考えていた。いわば充電期間である。3人で話し合ううち、史から「自分が主体的にかかわる保育園を作ったらどうか、応援するよ」との提案があったという。史は当時、日本福祉大学の学監に就いていた。すぐには離れられないがいずれは東京での生活になると考えていたのだろう。

　捲土重来、豊子は東京日野市の浦辺充宅に転居した。私が出版団体に就職して5年経ったころである。住宅は京王線多摩動物公園駅近くのひな壇の分譲地だった。父から「叔母の保育園実現にぜひとも協力してほしい」と依頼された。史の東京暮らしが始まるまで協力しようと思ったが、勤め先は激務で労組活動も半専従をしており困惑した。それでも、戦時中、治安維持法で弾圧されていた父母に代わって保育に欠けた私を育ててくれた叔母への恩返しの気持ちが強くあり、法人設立と保育園創設の手伝いを引き受けた。

　豊子は毎日のように、東京都庁（有楽町）、多摩町（現多摩市）、住宅公団（九段下）などへ出かけ情報収集をしていた。古くからの仲間にも情報を求め協力してもらっていたようだ。私は疲れはてて帰宅するので、毎日、報告を聞くのも大変だった。豊子の調査で、多摩ニュータウンでは用地の無償貸与で民間保育園を誘致するということが分かった。その情報で私たちの結論は定まった。1960年から始まった「集団的宅地造成計画」は1965年に「多摩ニュータウン新住宅市街地開発事業」となり、本格的事業開始の時期を迎えていた。保育園建設が望める地域は多摩動物公園駅からは不便な

ところにあった。建てたばかりの住宅を処分して多摩市に移ろうと決断し、幸い市内桜ヶ丘の中古住宅に転居できた。家の南窓からは一面土埃を立てる開発風景が望め、永山地区となるあたりは重機が音を立てていた。鉄道もなく住民はまだ少なく、当時は陸の孤島と言われていたような地域である。

ニュータウンの保育園は200名定員という超大規模園である。私たちが想定していた園規模ではなかった。定員は学校規模や公園と同時に政策決定されており、設立者の自由はなかった。園舎も職員規模も巨大な計画にならざるを得ない。小さく生んで大きく育てたいと願っていたが、あきらめざるを得なかった。

ニュータウンのどの地区に建設するかが問題だった。候補地に挙がったのが第17住区の現愛宕団地と第6住区の今の永山団地である。1970年12月から東京都民生局長や多摩町長あてに保育園設置の意思表示をしたところ、その希望地を聞かれた。浦辺史宅に近い愛宕地区は公団、都公社、都営が混在すでに入居が始まっており、保育園開設が急がれていた。そこは大きな法面つきの土地で北側が低くなっていた。保育園適地ではなく問題が多いと考えた。住宅公団だけが建設される永山3丁目地区はまだ造成中だった。小学校、中学校、住宅の建設はこれからである。少し余裕があるかと考え永山地区を選んだ。鉄道が開通すると至便な立地であることも選択の理由である。

ところが、1972年3月に多摩市長から1973年4月開園で進めよと指示された。この段階ではまだ法人さえ設立されておらず、保育園の形はまったく見えていない。わずか1年でことを運ばなければならないという。急を要した。保育所の建築に経験豊かな日本女子大学の小川信子先生と設計同人「莫」の方々と研究を重ね、次のようなコンセプトで基本設計に取りかかっていただくこととした。

平屋建てとすること。

3歳未満児と以上児を別棟にすること。

食事もできるプレイゾーンの大空間を作ること。

エントランスにクロークを設けること。

全面床暖房とすること。

そして、何よりローコストにしてほしいこと等々。

補助基準や建築基準法の制約、資金不足などのために、当初計画にあったものの、最低限の代替品であきらめたものもあった。

その後、施工業者は松井建設、床暖房・給湯工事は山越邦彦氏で着手する運びとなった。工事はやがて田中角栄首相の列島改造ブームに巻き込まれ、資材と労働力が不足、工期も費用も間に合わないという難局にぶつかった。工期が遅れ1973年3月竣工は果たせず4月保育園開園には間に合わなかった。そのため、4月は部分開園とならざるを得なかった。

2　社会福祉法人多摩福祉会の設立

　社会福祉法人の設立は、補助金、制度融資、建築請負契約、用地無償貸借契約など、いずれも保育園認可を前提としたものであった。申請書一式を作成するには膨大な事務量が必要である。ワープロ、パソコン、コピー機が普及していない時代である。文書はカーボン複写が中心で、すべてを私が独りで進めざるを得なかった。私は都内の勤め先の労組で三役もやっていたので夜なべの仕事が続いた。世は高度成長時代、情報化時代と言われていたが、その恩恵を受けたとは思えなかった。

　社会福祉法人多摩福祉会の役員決定も大変な作業だった。理事構成には親族2名の制限があるので、史と私はともかく理事予定者全員の履歴書、認可後に法人あてに寄付金を拠出する旨の就任承諾書、その預金残高証明書を用意する必要があった。人選は史が行ったが、関係書類を得るための依頼と訪問などの実務は私が担った。これも大変な作業だった。東京都に提出の法人設立認可申請は何度か書き直し、再提出の結果、1972年12月に法人設立が認可された。これで大きな山は越え、その後は建築と開園準備に注力できることになった。

　定員200名に対応する職員確保も大変だったが、幸いなことに保育主任、事務主任は史の教え子が応じてくれ事前に着任してもらうことができた。3人で職員の採用試験、面接、採用決定まで一緒に進めていった。職員の住宅確保も大きな課題だった。幹部住宅だけでなく地方からの職員が多く、その住宅も確保しなければならなかった。園舎の北端に少し部屋を用意したもののまったく足りず、住宅公団に頼み込むほかなかった。住宅公団の部屋を借り上げそこで共同生活してもらうことにした。当時、ニュータウンは陸の孤島と言われており、聖蹟桜ヶ丘駅から保育園までバスで往復するのもかなり時間がかかった。通勤するのも苦難の時代だった。

　1973年に入ると、ひと、もの、かねに見当がついて、保育園の骨格が見えてきた。案内のパンフレットを作成して、支援と寄付の要請を大規模に進めていった。やがて支援者の輪が広がってきて、この辺りから私たちらしい保育園作り運動になっていったと思う。

3章

初代園長庄司豊子の保育者魂

伊藤 亮子 (法人顧問、元法人理事長、こぐま保育園2代目園長、砧保育園初代園長)

1　若き日の庄司豊子——世の中を学びたい

　こぐま保育園初代の園長庄司豊子が2004年に亡くなって18年の歳月が過ぎた。享年89歳だった。こぐま保育園創立準備のため初めてお会いしてから半世紀が経とうとしている。庄司豊子は、戦前戦後の生きづらかった時代に幾度かの病に休息をとりつつも、あらんかぎりの力で子どもたちを護り育てる保育に情熱を燃やし続けた。優しく強い先生だった。

　「この人形は、夕焼け小焼けの里で作ってもらったのよ」と絣の着物を着た赤いほっぺの手作り人形を新宿の京王デパートの食堂で見せていただいた。この時から、こぐま保育園の開園準備が始まった。「今度、始めるこぐま保育園ではね、お金のことは何も考えなくても心配しなくてもいいのよ。嬉しいわねー。保育のことだけ考えればいいのよ」と嬉しそうだった。

　実際には、オイルショックで園舎建築が4月開園に間に合わないかもしれず、資金不足で急遽、有志で寄付金集めの呼びかけをしている状況だったが。庄司豊子はバタバタすることもなく、バーバリーコートに身をつつみ背筋をスッとのばして工事現場を見回っていた。これから始まる新しい保育への思い、その鼓動が聞こえてくるようだった。園舎も未完成のままで開園できるのか。乳児から長時間保育の希望者を全員受け入れるというのだがどんな勤務体制を組むのか。額を寄せ合っていると、「ああー、早く子どもたちが来ないかしら。子どもが来れば保育は始められるわー」と一言。準備にあたっていた保母たちは「ええーっ!?」とびっくりしたものだ。

　庄司豊子がそれほどまでに夢いっぱいの保育園作りにこだわったのは、それなりの事情がある。彼女の人生が大きくかかわっている。庄司はいつも「こぐまの保母さんは、保育の歴史を一緒に理解し合えるからいいわ」とおっしゃっていた。戦時体制下から戦後占領下における保育者の魂がいかなるものであったか、「死者とともにあ

庄司豊子
（1986年）

る」と言っていたこぐま保育園創設の意味はなんであったか。庄司自身が発表した文献をもとに読み解いてみたい。

　1938（昭和13）年は日本が戦争の泥沼に入り始めるころにあたる。庄司は「世の中を学びたい」という文章を『保育問題研究』に綴っている。23歳、青春のまっただなかである。

　「方面館で働くやうになってから二ケ月、私は保姆としての経験も少なく、知識も技術も乏しい者ですが、近頃子供を通してその家庭生活を知るに及んで、色々と感じさせられ自分の立場の重大さを深くふかく考えさせられた。
　夫に死に別れ、三人の子どもと生活に困るお母さん、近頃家主から引越を急がれるし、引越したくも敷金はなし、間借りしたくも三人の子持ちには誰も貸して呉れる人はなし。折角見付けた内職は金にならないし、子供が次々と病気で働けないし、お父さん一人の収入では一家六人暮らせないし……。妻と死別し二人の子供（五ツ、六ツ）があるので思ふように働け無いお父さん……。託兒所にきて無心に遊んでゐる子供等のかげにつながる光のない生活を思ふ時、私共はお座なりに子供等と毎日々々漠然と過したら折角與えられた託兒所の使命も全く意味ないものであらう。保姆は保育を通して知る子供等の家庭の種々の社会問題や生活問題に対しもつともつと深い理解と、温い同情を持って子供を保育しなければならないと共に、家庭の生活向上を考えてやらなければならないと、

強くつよく考えさせられた。

　母親の再教育の必要が叫ばれて、「母の會」が出来ているが、明日のパンの問題になやんでいる人には、教養は第二の問題になるだらう。先づ、私共は、母親が安心して働けるやうにしつかり子供を保育すべきは勿論の事ですが、いろいろの家庭の問題をも解決する鍵を與へてやりたいが、今の私共の乏しい力では只同情するだけで何もしてやれない。私は自分の立場の重大さを感ずると共に、現在の私のままではどうしてもいけない。もつともつとお母さんたちの相談相手になれるやうに世の中のことを学び知りたいと、近ごろつくづくと考えさせられてゐる」（保育問題研究会発行『保育問題研究』二巻六号、1938年6月）

　庄司豊子は1915年に宮城県石巻市にて8人兄弟の末子として生まれている。県立石巻高等女学校卒業後、地元で保母助手として働き体調を崩し退職。1937年、姉の浦辺竹代（浦辺史夫人）をたよって上京、西巣鴨子どもの家保育園で保母助手として働き始めたころの記録である。仕事を終えてから保育問題研究会に参加し懸命に学びを深めようとするまっすぐな気持ちが伝わってくる。

　1941年に私立戸越保育所保母として勤務し始めたが再び体調を崩し、その療養中に政治弾圧を受けていた浦辺夫婦に代わって甥の充（みつる、浦辺史のご長男）を養育している。福島県、宮城県などに疎開したようだ。その疎開先で充とともに終戦を迎えている。30歳の時のことである。戸越保育所を1945年に病気退職している。戦後しばらくは浦辺夫妻宅に居を得るなどして元気を取りもどし、再び寮つきの職場で働き始めている。

2　希望がやがて失望に──東京自由保育園

　戦前、浦辺夫妻もかかわったセツルメントや無産者託児所では関係者が次々と弾圧されたにもかかわらず、創造的で主体的な実践が進められていた。その実践は、戦後日本の保育実践に強い影響を与えた。その実践拠点の一つとなったのが東京自由保育園である。全日本進駐軍要員労働組合の協力によって旧軍用建物であり国有財産であった建物を東京財務局より借り受け、1947年5月1日に創設された。ここに民主保育連盟からあっせんされて主任として就任したのが庄司である。

　当時の婦人運動の先鋒であった羽仁説子が編んだ本に庄司のこんな文章が残っている。

　東京都北区にあった元陸軍省兵器廠（へいきしょう）が戦後は進駐軍作業所になり、多くの戦争未亡

人労働者が雇われ託児の需要が生まれていた。そこで結成された全日本進駐軍要員労働組合東京自由分会が1947年5月メーデーの日に作ったのが自由保育園である。

「最初は乳幼児16名で、保育料は無料、おやつ代実費で一口1ヶ月2円に1日分の労務加配米を保育所によせていたが、運営は、職場代表、母親代表、保母、組合代表で運営委員会をもち、民主的な最初の保育園として発足」。ところが、第2組合が作られ、「職制の圧迫と首切りにおびやかされた婦人労働者たちは、そのほとんどが一家の中心であり、生活の支柱であったために、闘いきれず第一組合を脱退するものもでてきた。……保育園の母親117人のうち100人までが第二組合に入らざるをえない」状態となった。最終的には進駐軍の命令を背景に、園長が追放され園舎は即時引き渡しとなり、「やっと移った工場は、入ってすぐに子どもたちがつけた"ボロボロ保育園"という名がぴったりだった。窓のガラス一枚もない、床は板ばりで歩くとボコッと落ちる。……どこもかしこもポタポタと雨もりし、便所もない始末だった」。「園舎をのっとった第2組合は、豊富な資金資材の援助をうけ、日毎にととのっていった。外側をきれいにペンキで塗りたて、ブランコや汽車など子どもの喜ぶおもちゃを豊富にそろえていた。いままで活動の中心になっていた母親の1人はそっと子どもを第2保育園にうつしたことが分かった。……最後まで残ったお母さんはたった4人という態だった」。

園と職員たちは揺るがず、1949年9月、さらに区内の遊休工場の一部を借り受け移転。草むしりや改修工事、引っ越し作業をして24余坪の園舎、100坪のあそび場を確保した。1950年のクリスマスは、はち切れんばかりの明るい会となったという。苦難は続く。同年12月30日、となりの風船工場から発した火事により木造バラックの園舎は全焼。その時園舎に住み込んでいた庄司は2階に寝ていたが助かった。父母たちと職員たちは三度立ち上がり、明けて1951年1月3日には父母の会会員約50人が出て後片づけをし、各方面からの募金を得て1月10日にはバラック10坪で保育を再開。さらに1951年3月には18坪を増築している。1954年には、園児95名、措置児委託費月額4万5千円を得ているとの記述が残されている。

「この記録は、旧陸軍の建物から、追い立てられた直後の最も苦難にみちた時代のものです」（「労働組合がつくった東京自由保育園——働く母と子の保育園を守るためただひとすじに闘いつづけた苦難の歴史」羽仁説子編『新しい保育園の運営』博文社、1955年）

庄司、39歳の記録である。「私たちを護ってくれるのは父母の力よ！」。子どもたちを護らなければという気迫に圧倒される。この時期に、庄司の信念が揺るがぬものとして形成されたことが分かる。だが、庄司の夢は長くは続かなかった。希望はやがて失望へと変わっていった。革新都政が誕生し東京の保育実践が開花するその時期に

「園長や職員の理念の変質、紛争に巻き込まれる園運営」にくたびれはてて退職する。1971年３月、56歳のことである。このことについて浦辺史が次のように書き残している。

　「（庄司豊子は）主任保母として地域の人たちに支えられて保育ひとすじに生きてきた。おそらく生涯をそこに埋めるつもりだったろうに、心身の過労のため退職の止むなきにいたった」（浦辺史『子どもは未来』ミネルヴァ書房、1980年）

３　こぐま保育園創設──戦中戦後の保育の継承

　過労により1971年に東京自由保育園を退職後、身体を休めながらではあったが、またも庄司豊子は立ち上がる。義兄の浦辺史と図って理想の保育園作りに取り組んだ。庄司の申し出を受けて浦辺史自身も夢を追ったのだ。当時、浦辺史は愛知の日本福祉大学の重職にあり自由には動けず、法人設立、園舎建設の書類作り、開園準備などの実務を浦辺充がかなり担っていた。仕事を終えてからの実務である。できたばかりの家を売って多摩市に転居してまで、しっかり支えてくださった。

　間近で法人設立と保育園建設のプロセスを見た者として、日本の侵略戦争下の子どもたち親たちを護ろうと誠実に生き抜いてきた浦辺夫妻と庄司豊子の姿を見た思いがする。同志的なきょうだい愛、その翼に護られた充の人間愛を感ずる。こうして庄司豊子のエネルギーは新天地多摩ニュータウンのこぐま保育園創設へ注がれていった。1973年４月にこぐま保育園が開園した時、庄司豊子は58歳である。これだけの挑戦ができた庄司は幸せだったことと思う。ともに頑張ったのが、浦辺史の日本福祉大学の教え子たちとこぐま保育園の理想に共鳴して全国からはせ参じた保育者たちだ。私も教え子の一人である。

　庄司園長と私たちは次の３つを運営目標に掲げて保育園をスタートさせた。

働く母親が安心して預けられる保育園に
　子どもたちが生き生きと育つ生活と教育の場に
　職員が働きがいのもてる職場に

　浦辺史理事長は、MSW（メディカルソーシャルワーカー）から転身した伊藤亮子を保育主任とし、児童養護施設指導員から転身した菅原猛を事務主任とする運営体制を提案した。スタートから新しい発想と創意が求められた。浦辺理事長も庄司園長も、任にある者が自分で切り開くことを見守り運営を任せた。自由であるということは大

こぐま保育園の子どもとともに（1973年）

変なことである。責任を負い説明責任を果たさなければならない。庄司園長が私たちを見守り続けるまなざしには、戦時体制にあらがって生き抜いてきた保育者魂と大局的な歴史観がある。優しさと強さがにじみ出ていたように思う。ここに至るまでの保育者人生のすべてを次世代の育ちへつなごうと心に秘めていたようだった。

　開園２年目には父母であった小竹雄三が大企業の経理事務から転職を希望し事務長となった。こぐま保育園の意気に感じての転職である。経理処理の安心感が得られた。

　開設準備のためともに園長宅に合宿した長瀬弥生保母はこんなことを綴っている。

　　「いつも穏やかで優しい方という印象が強いのですが、子どもたちが外に出てしまうので、柵や門をつけてほしいというような話をしたときに、『私は、囲いのある保育園は嫌なのよね』とポツリ……。強いポリシーをもっていることが伝わってきました」（故庄司豊子先生をしのぶ会『福寿草』2004年6月12日）

　「こぐま保育園の保育はどんな保育なのでしょう。園長先生の保育観を聞かせてください」と問うてくるベテラン保母がいると、「あら、それは、あなたがみんなと考えていくことでしょう」とさらっとおっしゃり、初年度の夏にお友だちと旅行に出かけてしまった。留守中に１歳児がトイレに積み木をいっぱい詰めてしまったため夜中まで職員は大騒動となり、旅先にまでトイレ騒動の連絡がいったことがあった。まだ乳児用の便器にはトラップがついておらず壊すと30万円の工事費がかかる。創設期の物語として思い出される。「これから苦労して切り開くのは若い人たちの役割。あなたは、ゆっくり楽しみながら見守るのですよ」と天の声が聞こえていたようだ。

合宿（1975年）

お母さんたちからはこんな感想が多く寄せられている。

　「息子の入園で市内の保育園を訪ね歩いた。こぐまを訪ねた時園長が園内を案内してくれ、『０歳児で個々人にベッドがあり担任の先生が決まっていて、子どもが安心できるよう０歳から半数の保母が１歳へ持ち上がるようにしている』など話してくれました。先生の人柄にひかれてこぐまに預けました」
　「お迎えの時、さりげなく出てきて声をかけてくれました。先生の愛に包まれながら仕事と子育てができたと思う」

　父母に慕われていた。安心できる保育園とは何か、自らの姿を通して教えていた。
　一方、時代の変化に戸惑うこともあったようだ。「まわりの人がそれを支えて初めて産休に入れるのだからみんなでカバーしなさい。仲間意識が足りないじゃない。生理休暇だってそうだわ。私たちは生休なんてとろうなんて考えられなかったけど」と私たちを困らせることもあった。「東京都は今年から産休代替を補助する制度を作ったのだから代替者を入れるべきです」と職員に言われてもどうにも納得できないこともあった。善意と情熱の塊のような先生だった。家族ももたず仲間たちの支え合いで生活や職場を護り、人生のすべてを保育一筋に生きた保育者である。年金も少なく老後の生活保障も定かではなかった。「先生、そんなにお金使わずに老後の生活資金を貯めてください」などとおせっかいをしたこともある。懐かしい思い出である。
　62歳の時にこんな文章を残している。

「早いもので、ふり返ってみると初め出逢ったそれぞれがさまざまな条件の中で話し合い、討論を深め、励まし合い、あれこれと幾度か壁にぶつかりながらお互いに学習し、"こぐま"の保育観の確立を目ざして努力して来て４年の時がたちました。まだまだ不十分な面はありますが、たしかな成果をひとりひとりの職員がそれぞれつかみ、ふまえて前進してきました。私が長い間の保育者生活の中で園ぐるみで総括など全く出来ませんでした。それを"こぐま"の全職員が実施しているのですからその努力に敬意を表します」（こぐま保育園『1977年度第二期（6、7、8月）保育総括と第三期（9、10、11月）保育方針』）

　それで子どもたちが護られるならと０歳児24名への定員増による乳児２クラス化にも積極的だった。70歳で私に園長交代。若い者たちの育ちを助け子育て相談室長として慕われ、保育者として77歳まで現役でおられた。父母との共同の力が子どもたちを護り育てる。職員が働きがいのもてる職場であってこそ保育が豊かになる。子どもたち一人ひとりの内実と豊かさを育てる実践が権利としての保育の確かな土台となる。最後までこうした信念が揺らぐことはなかった。保育者魂は衰えることはなかった。
　子どもたちへの愛に満ちた人生だったのではないか。

II部

こぐま保育園運営と
実践の確立

1973年春にこぐま保育園が開園、手探りでの実践と園運営が始まった。父母との共同、地域に開かれた実践、異年齢・きょうだいグループ保育など、保育実践確立期の記録。

こぐま保育園（2022年）

乳児期から生活を保障する保育をめざす

草創期のこぐま保育園

伊藤 亮子（法人顧問、元法人理事長、こぐま保育園2代目園長、砧保育園初代園長）

新妻 節子（元こぐま保育園保育主任、初代子育て福祉センター長）

吉野 智子（こぐま保育園4代目園長）

永井 明代（法人評議員、元こぐま保育園保育士）

1 手探りで現実が必要としている保育に挑む

● 開園時の保育・運営目標と理念

こぐま保育園ができる前、建設中だった多摩ニュータウンに位置する多摩町（現多摩市）では認可園での乳児（産休明け、長時間）保育は実施されておらず、永山地域だけでも無認可の共同保育室が3ヶ所以上あった。多摩ニュータウンの一角にこぐま保育園が開園したのは1973年のことである。時代を切り開こうと新たな保育実践に挑んだのは、法人創立者浦辺史の教え子たち、全国からはせ参じた若い保育者たちと地元で新たに保育を志す有志たちであった。

開園時の父母への「保育園案内」には、園の保育・運営の三目標が次のように記されている。

　① 働くおかあさんが安心して預けられる保育園に
　② 子どもたちが生き生きと育つ集団生活の場に
　③ 職員が働きやすい民主的な職場に

保育園案内にはこのような説明が添えられている。

保育園は子どもの成長に必要な教育の場でなければなりません。このような目標と課題を掲げて、私たちは建物、職員、運営方針などを具体化してきました。園舎は、都や市、公団の援助協力を得て完成しましたが、児童福祉法に定められた最低基準ギリギリのもので、理想的な内容には程遠いものです。したがって、園の経営や運営・保育方針などは、保育の充実のために父母と職員とが共に考え、話し合い、力を合わせてその協力によって支えていきたいと考えています。そのために父母の会が果たす役割は、きわめて大きいと思います。私たちは学童保育や身障児保育、教育相談など、持てる能力を十分に発揮して、地域福祉センターとしての役割を果たしていけるように頑張りたいと考えています。

　　　1973年4月　社会福祉法人多摩福祉会理事長　浦辺史　こぐま保育園園長　庄司豊子

　こぐま保育園の設立者は、こうして保育・運営の三目標を父母に知らせ、父母と職員の協力によって願いが実現していけるよう開園最初の案内で父母の会の役割に期待を寄せている。理事長浦辺史は、「保育は創造であり、歴史を切り開く新しい保育を若い力にゆだねる。子どもを育てる保育者は、自らがその専門性を発揮する担い手として主体性を発揮する。保育を技術論や名人芸の枠にとどめるのではなく、実践を可能にした保育条件を明らかにして、全体的に把握すること」と、保育を科学すること、創造的な保育実践と園運営を期待していた。

　保育者は、労働条件改善、専門性の向上、保育労働の質的向上をめざし、労働組合の社会的役割を担おうと東京都保育所労働組合こぐま保育園分会（橋本千佳子分会長）を結成した。理事会との協議、交渉による労働協約に基づいて就業規則、賃金規程（独自賃金体系）などが制定された。また園・労働組合・当事者の共同運営による職場保育室（ネンネン組・原田敬子室長）を設置し、保育者の子ども40名以上（1974年〜1992年）の産休明け保育を実現した。措置決定された時はこぐまで受け入れ、保育を守ることと職員の子育てとの両立を可能にした。

　父母は父母会を結成しともに実践を作り、職員は父母会を尊重して園運営の協力を求め、法人役員には父母の代表が参加するという今日に至る多摩福祉会の共同保育を理念とした運営の土台作りが開始された。この考え方は、後に結成される五者協議会（法人、園、父母会、労組、こぐま保育園友の会で構成）に反映している。

　準備にあたっていた職員で手分けをして入園が決定していた全家庭を訪問し、父母の生活実態調査を行った。当時、国の保育時間はおおむね8時間であり、都は朝夕1時間延長の特例保育制度を実施していたが定員の10％に限定されていた。そのため親たちは朝、夕の保育を他にゆだねる二重保育を余儀なくされていた。乳児期の子どもたちにとって負担が大きい二重保育をしなくてよい長時間保育実現が求められていた。

　乳児産休明けから「勤務時間＋通勤時間＝保育時間」とする保育実現は切実な願いであることが明らかとなり、父母の労働・生活の実際が必要としている保育時間を朝

７時〜夕方６時30分の11時間半と決定した。その実現をめざす実践は保育者集団の主体性、専門職としての自覚にゆだねられた。

　４月に開園はしたものの、オイルショックの打撃を受けて園舎建築は大幅に遅れ乳児棟が未完成だった。結局、園舎の竣工は５月までずれ込んでいる。しかし、父母・住民の保育要求に応えようとしていたこぐま保育園への住民の期待は大きく、乳児の４月入所希望は６倍の倍率であった。

● 200名定員で乳児から就学前までの長時間保育に挑む

　こぐま保育園は、行政の都合で設定された措置定員200名の大規模認可園として発足した。当時の保育界では適正定員は60名くらいとされており、東京私立保育園連盟（当時）の会合では「信じられない、子どもがかわいそう！」と言われるほどだった。まだ、幼い子どもをもつ母親が働くことがマスコミで非難される時代でもあった。職員は、保育関係者の驚きのまなざしを背に受けながら、預ける父母と預かる職員との共同の力による園運営を開始した。

　子どもは発達を権利として保障されるべき社会的存在である。憲法と児童福祉法によってその生活と発達は公的責任で保障しなければならないとされている。とはいえ、具体的なしくみ、制度が整っているわけではなかった。乳児からの長時間保育の問題は社会問題だった。女性労働力を活用する一方でそれを可能とする社会基盤としての保育制度が貧困なままであり、子どもの発達権と父母の労働権が対立させられ、父母の労働権と保育者の労働権が対立させられていた。父母の通勤時間に配慮した制度はできておらず、こぐま保育園は誕生の瞬間から乳児からの長時間保育問題に向き合わざるを得なかった。

　開園の年1973年６月には、都の特例保育補助制度をはるかに超える希望者が殺到。８月時点で106名在園児中、朝夕で100名が対象児となった。全員を受け入れるために子どもの登降園時刻と人数把握、日課、保育内容を検討した。朝７時の早番、夕方６時半の遅番（後に７時）を常勤保母が交替で勤務、保育・父母対応ができるよう事務室も交替勤務し独自の長時間保育体制を作った。

　その必要財源確保のために父母会に父母負担の提案を行った。父母会との共同運営である。父母会は保育の設置基準がいかに実情にそぐわないかを理解し、共同の長時間保育が始まった。1974年に財務管理に習熟した父母の一人小竹雄三が父母から転身し保育園事務に就任してから、財務分析を進め制度学習も合わせて行うことができた。

　父母会、労組、園、理事会などが共同でバザーをして資金作りもして、共同で制度の不足を補いながら制度充実を求める運動が開始された。困難をともなっても父母の願いに寄り添って要求を実現しようとすれば、必ず父母から支持される。この経験を通じて得られた確信である。

中庭であそぶ子どもたち（こぐま保育園、1976年）

卒園時、母親たちから「入園時資料に『こぐま保育園は働く人を応援し、父母が働くことと子どもたちが健やかに育つことの両立を父母と共にめざす方針』とあり、いたく感動し心強く思った。職場は子どもをもつ母親には理解がなかったので非常に嬉しかったし支えができた気持でした」「いつもお迎えは最後の組だったけど時間を忘れてあそびに熱中している様子や『おかえりなさい』と言う保母さんの声が大きな励ましでした。子どもにとって何が一番大切か、いつもそれを考えてくれる園にお世話になれ嬉しかった」などの感想が寄せられた。励まされたことを覚えている。

● 24時間の全生活を通して子どもの育ちを考える

　乳幼児期の子どもたちは、命を守り育てられる生活の営みを通して自我を形成し、人間関係を学び、生きるための知恵や知識を学んでいく。子どもの24時間の全生活を視野に入れた保育が求められていた。父母とともに子どもを育てる保育実践である。それは私たちにとって実践創造の歩みでもあった。

　子どもの生活を深く知ることで父母が見える。子どもを育てることを通して父母を励まし、その現実から私たちが学ぶ。ともに育ち合うなかで生活を変え、創り合う。大人たちは、子どもを育てるにふさわしい力をつけ合い、保育制度を変えていこうと実践を重ねていった。

2 生命を守り育てる生活としての保育

● 人間関係の土台を築く離乳期からの乳児保育

　乳児には、あなたの命が何より大切というメッセージをシャワーのように伝え続ける保育が必要だ。授乳をする、離乳食を食べさせる、おむつを替える、沐浴をする、眠りの世話をする、着替えをするなど、すべての生活行為のなかで、抱っこしたり手助けしたりしながら語りかけ、笑みを送り、静かに穏やかに温かい雰囲気のなかで満たされていく保育である。その生活行為の世話は原則グループ担任が担うこととした。

　まずは目の前の子どもをよく観察・記録し、子どもたち一人ひとりに寄り添いグループ担任が日課を組み計画を立てる。それを土台にクラスの職員討議でさまざまな角度から検討しクラスの計画を立てる。その計画をどう実践するか職員の役割分担を相談し、クラス全体の保育の見通しを立てる。日案・週案・月案・期ごとの見通しを共有し、実践し総括し学習を進め研究会を行うなど、尽きることのない探求の日々だった（**資料1**）。

　飲むこと食べることも人間らしい学びの経過があって獲得できる。乳児保育は奥深い。飲食は五感のすべてを働かせて、身体づくり、自分育てをしてゆく土台である。子どもたちは大人の世話を受けながら人間関係の基礎を学んでいく。こうしたことを、私たちは子どもたちから学んでいった。

　乳児一人ひとりの授乳・離乳食は、その子の時間に合わせて、温かいものは温かいうちに飲み食べられるようにと準備される。産休明け児には3回の授乳、3時間おきの睡眠が保障される。離乳食は園で開始され、生後4ヶ月までは毎日沐浴が提供される。日課を保障するために厨房とクラスの連携が欠かせない。プレイルームは、誰にも邪魔されず保育者にゆったり見守られ、子どもたち一人ひとりが自分のイメージをふくらませながら夢中になってあそびこめる環境設定とした。子どもたちのあそびが支援され、自らあそび、仲間とともに育ち合う場である。

　わらべうたは、子どもたちにとって音や言葉の離乳食である。自己肯定感を育て内面化できる音楽的体験は、乳幼児期に欠かせない基礎学びである。自分の鼓動（命の音）をいとおしく感じながら、他者との共感性を高め聴覚の発達を助ける。音楽表現を楽しみ言葉の獲得を豊かにしていく。幼児ではわらべうたは集団あそびへと発展し、子どもたちに欠かせない折々の生活の一部となる。

資料1　こぐま保育園「1988年度　乳児（24名）保育方針」より

大 人 の 仕 事 分 担 例

（早番クラスの場合　5－6ケ月～9ケ月の日課での分担）　　0才

	A	B	C	D	E・F	（環境衛生）G・H
6						
7	早番　7:30					
8	子どもの受け入れ，あそび指導	8:30 ノートをよむ 健康チェック				G. 7:45 室内掃除 ハイハイ手伝い
9	ねむる子のオムツをかえ水分補給をしベッドに入れる。 A. 休けいをとる。	同じ	9:30 ノートをよむ	9:30 ノートをよむ		
10	子どもがねている間，話し合い，遊具づくり等をする。					食事の準備，一人ずつ，食事とミルクをテーブルに用意する。
11	○めざめた子は，オムツをかえ食事に ○子どもは，グループ担任が一人ずつ食べさせ，残った子，食べおわった子は，室内で一人の大人が見ている。					
12	○保母，1時～2時の間に二人ずつ休けいに入る。残った保母が室内あそびの指導をする。一人は観察記録をする。オムツ替，水分補給をする。					食後のかたづけ，オムツすて，日誌記入 G. 12:30退
1	○保母休けい交替後，テラスでのあそび指導。記録をとる。ねむる子から，オムツをかえ水分補給をしてベッドへ。					
2	○子どもがねている間に，連絡帳，日誌を記入し話し合い等をする。					H. 2:30 ・食事の準備一人ずつ食事とミルクをテーブルに用意。
3	午前食と同じ				早番補充 E. 3:00	・食後のかたづけ ・遊具消毒
4	A. 3:30退	・あそびの指導，記録 ・ねむる子のオムツをかえ水分補給をしベッドへ。				・ベッド整備 ・ハイ室掃除
5		B. 4:30退				・オムツ，コップかたづけ ・日誌記入
6			C. 5:30退	D. 5:30退	室内掃除 E. 6:30退	H. 6:00退

<留意点>
- それぞれの日課に合った大人の仕事分担をはっきりさせる。
- 日課の移動期は，無理することなく，その日の子どもの状況に合った日課に。
- 寒い季節をはぶいて朝の入眠前はテラスでの日光浴を入れる。
- 夏期は沐浴，水あそびが入る（日課に合わせて実施する時間を決める）。
- 育児行為は担任がすることを原則とし休暇や，休けいの場合は，他のだれがするか決めておく。
- E・Fは，休暇者がでた場合，休暇補充となり一日勤務とする。
（EかF），（GかH）が休んだ場合は，（　　　）同志。

1章　乳児期から生活を保障する保育をめざす

● 保健衛生・健康管理

　子どもの健康管理については、初年度より高野陽先生（国立公衆衛生院小児室長）からご指導いただき、特に、毎朝の視診、その基準をカード化し家庭と園で毎日の子どもの健康状態を確かめ合って保育を開始することが大切だと学んだ。体温、顔色、機嫌、睡眠、ミルクの飲みや食欲、排便状況など。このカードは後に連絡帳の記入欄とし、高橋睦美看護師による保健方針作りに生かされた。24時間の生活のなかで子どもがどう育つか、私たちの保育観を確かなものとするのに役立った。

　高野先生からは、集団保育の衛生管理として蟯虫（ぎょうちゅう）検査の必要性を説かれており、まだ一般化される以前に国立衛生研究所の筧先生をご紹介いただいて、直接検査を行ったこともある。先生は、沖縄の妊婦風疹被害の難聴問題にも詳しく、園児の集団予防接種をしばらく園で実施したことも。歯科医の三上直一郎先生は「口の中を診ると生活が分かる」とこぐまの保育に心を寄せてくださり、現在も子どもへの指導のみならず、保護者や地域への指導にもご協力をいただいている。

　小児科医の大久保節士郎先生は高野医師に代わって1986年から2003年3月まで17年間にわたってご指導いただいた。新入園児健診では必ず一人ひとり、内診、股関節の動き、ヘルニア、アレルギー・皮膚症状も含め全身をていねいに診察していただいたので、私たちは安心して保育の受け入れができた。日々の保育での不安や疑問にもしっかり相談にのっていただけた。80年代に急速に子育て・育児状況が変化し、乳児保育もハイリスク児が増えていった時も、子どもや保護者に寄り添いながらご指導・援助をいただけたことは何より心強いことだった。

● 安心・信頼・共感のゆりかごとして——環境・施設・設備

　国基準の保育園では、子どもが使用する生活用品や教材などを家庭の管理・責任で持ち込むことになっていたが、こぐま保育園では園で購入・準備し、どの子にも平等に差別なく使えるものとした。床暖房のため、寝具は毛布・パッド・カバーのみで布団は不要。クリーニングは業者委託（当時は保護者である業者が協力）とし、当初、費用は保護者の利用料金負担やバザーなどで賄っていたが、運営費の公費補助アップに合わせて負担なしでできるように切り替えている。

　創立時の園舎は、日本の保育の歴史に見られる建物とは根本的に異なった考え方で設計されている。木をふんだんに使い床暖房としたほか、子どもとのかかわりがもてるよう園舎の中央に給食室を配置。玄関には各園児のクロークを置いている。寝食分離の保育室とし、各保育室にトイレを設置、工作室・体育室などを作った。

　開園6年目には住民要求に応えるために、0歳児定員を15名から24名に増員し2クラスとした。1・2歳5クラス体制へ変更するため、既存の職員室を2歳児室に転

用、職員室を移動するなどの増改築を実施。乳児室に隣接した０歳、１歳専用の厨房を作り設備の改善をしている。

３　働くことと子育ての両立をめざす──特例保育、延長保育制度の実現

● 多摩市の特例保育単独補助の獲得

　創立から11年後の1984年に、父母の「勤務時間＋通勤時間＝保育時間」とする「公費補助金制度」が多摩市単独補助制度として実現している。詳しくはⅣ部に収録の**座談会１**に譲るとして、その経過を簡単に整理しておきたい。

1973年	通勤時間の長い父母がこぐま保育園に集中。家庭訪問調査により朝７時から夕６時半までの保育が必要と判明。父母負担とバザーなどで父母と職員の共同保育を開始。
1977年	父母、労組、職員、園長会の運動が実り、多摩市12月議会で特例保育パート期末手当補助が採択。
1979年	鈴木都政によって特例保育補助制度が市に移管。長時間保育希望者はさらに増加。財源不足し新たな乳児受け入れ困難に。
1981年	厚生省は延長保育・夜間保育を制度化したが、都は革新都政で築かれた制度見直しを進め保育料値上げ。４月入所希望者が減少し定員割れスタート。都及び市行政指導検査で長時間保育の保護者負担金が認められず、以後４年間「父母負担徴収の是正」指導。
1982年	理事長浦辺史「特例保育過大措置に対する多摩市独自補助の緊急要請」書を提出。
1983年	父母会中津川会長が、市に「特例時間帯の職員配置を実態に見合ったものにするよう」要請。園は、措置児の平等な処遇を求めて再指導要請を都・市に提出。 父母会、緊急全員父母集会を開催。保育課長との話し合いに140世帯参加。
1984年	３月、父母会は都福祉局に要請行動。市から「父母負担金の使途が明らかなら是認」回答得るも、職員配置は都基準並みの引き下げ回答。父母会は長時間保育料を15分20円から75円へ引き上げ提案。 ７月、市は保育料値上げを計画。11月、父母会と労組共催で対市保育予算要求集会開催。12月、再三にわたる都の行政指導。園は特例保育補助基準通りに寄付金の廃止提案。12月26日、父母会は市に特例保育時間帯の職員体制確立を要請。
1985年	市特例保育補助の予算計上見送りを受け、１月20日（日）園父母全員集会。

緊急署名運動を開始。翌朝までに684人署名。1月28日、1985年度市予算に特例保育予算計上決定。1200万円余補助獲得。

1986年　多摩市は特例保育充実費パート加算を幼児15対1とする条例を可決。園長会、住民、市議会を巻き込んだ運動が実を結ぶ。園は特例保育市単独補助によって赤字解消。

● 多摩市単独の延長保育（7時〜19時）制度実現──1992年

　こぐま保育園の長時間保育問題は以上で終わったわけではない。都基準の特例保育補助は、7時30分から8時30分、17時から18時が対象で対象外の時間帯に補助金を使ってはならないという制度だった。

　すでに、国の延長保育制度は7時から19時とされており、都区内では保育時間延長と保育料値上げ実施が進められていたが、多摩地区では実施を認めなかった。こぐま保育園でも、園の保育時間7時から18時30分では間に合わないという父母の要求が切実なものになっていた。職員の保育体制も限界に来ていた。その後、市内関係者を巻き込む運動によって多摩市単独の延長保育制度が1992年に確立し、開園以来の懸案が解決されることになる。その経過を簡単に整理しておきたい。

1989年　父母会佐藤会長のもと「延長保育制度化」実現めざす方針を父母総会決定。都母子福祉課長、多摩市長に「延長保育制度化」の要望書を持参提出。父母の実態アンケート実施（92%回収。市議会に「延長保育の制度化に関する請願」を提出）。市議会議員団との懇談、駅頭での署名行動、市民向けビラ配布、など多彩な運動を展開。以後、2年間にわたって毎月行動。

1990年　夏まつりに市議会厚生産業常任委員5名が参加。8月、厚生産業委員会を60名が傍聴。委員会で請願採択。9月、本会議に署名10,854筆提出、1992年からの「延長保育の制度化に関する請願」採択。

1992年　父母の「勤務時間＋通勤時間」を保育時間とする多摩市単独の延長保育補助制度実現。市保育課と園長会は、市内全保育園で乳児産休明け、延長保育、障がい児保育の受け入れ合意。園には特定保育補助加算3名、延長保育補助加算3名の計6名が都基準に加算。職員配置が保障された長時間保育体制実現。

2章

園運営と保育実践の模索

伊藤 亮子（法人顧問、元法人理事長、こぐま保育園2代目園長、砧保育園初代園長）

新妻 節子（元こぐま保育園保育主任、元子育て福祉センター長）

吉野 智子（こぐま保育園4代目園長）

永井 明代（法人評議員・元こぐま保育園保育士）

1　職員の主体性が発揮される保育園運営

● 保育・運営6目標、民主的園運営

　当初、運営3目標を掲げて実践を進めたが、地域の子どもの発達を視野に入れ、家庭、地域社会、保育関係者が願いを共有する開かれた実践・運営が求められるようになっていた。実践と運営の新たな展開である。

　1977年から運営6目標への検討を始めて1978年に次のように改訂した。

① 働くおかあさんが安心して預けられる保育園に

② 子どもたちが生き生きと育つ集団の場に

③ 職員が働きがいのある民主的な職場に

④ 24時間の生活を通し、園と家庭が協力して子どもを育てる保育園に

⑤ 地域住民の連帯の中で豊かな子育てに役立つ保育園に

⑥ 地域の保育、教育関係者と連帯し、保育・教育の向上を願い続ける保育園に

　職員自らが考え判断する園運営を行うために、最高決定機関は職員会議とし、職員の誰もが自由に意見を述べ、合意を大切にして運営すること、「保育は創造、人まね、さるまねはいけない」が基本に据えられた。互いの創意を尊重し、意見の違いは学習によって深めて発展的に解決するように努め、集団運営による民主的運営をめざした。合意するまで夜遅くまで職員会議を続けることも珍しくなかったが、決めたことは実現するよう全員が協力し合った。職員の主体性や判断力を高め、自由に考え裁

量できる範囲が広くあり、豊かな保育を創造する力になっていった。

● グループ担当制を保育・運営の基礎集団として

創立時から0歳児〜2歳児では、グループ担当を基礎にした複数担任制をとった（**資料2**）。当時は複数担任制などとんでもないと言われていた時代である。グループ担任が担当の子どもの生活面での世話を主として行い、安心感、信頼感を築くことをめざした。グループ担当制によって、一人ひとりの子どもの継続的で見通しある保育ができる。新人保育者であっても主体的に役割を果たさなければならず、自ずと職員同士が対等になり尊重し合う関係性も築くことができた。また保育者個々の得意分野も生かし合えた。子育てを経験している職員が交替勤務に入ることで親の状況も共有しやすくなり保育に厚みが出たように思う。全職員が交替勤務へ参加することで、24時間の子どもを見る視点も共有できた。

このグループ担当制は後の異年齢きょうだい保育や学童保育のグループ育成にも生かされている。

2　保育の探求——学び実践し総括し計画する

● 子どもの人格を尊重する保育

創立当時は乳児保育が未整備な時代である。「勉強しないと分からないことだらけ」だった。浦辺史理事長は「自分たちで考える保育をめざすんですよ」とよく話されていた。職員は『乳幼児の保育』（アクサリナ著、新読書社、1971年）や『0歳児の運動の発達』（キスチャコフスカヤ著、新読書社、1980年）などたくさんの文献を学習した。子どもにとって何がなぜ大事なのかを学び、「子どもにとって一番いいことは何だろう？」と話し合った。子どもたちの必要に応えるために、生理学、医学、教育学、美的教育、社会科学などを学び続けた。

全幼協（全国幼年教育研究協議会）で活躍され、浦辺史、庄司豊子の旧友でもあった中村千代先生には園の職員会議によく参加いただき、若い職員集団の手探りの歩みを支援していただいた。中村先生からコ研（コダーイ芸術教育研究所）の羽仁協子先生を紹介いただき、わらべうたをはじめ、子どもの発達段階に対応する保育・教育のあり方、保育方法、美的教育、保育現場の美的整備の大切さなど、子ども一人ひとりの人格を尊重する保育方法について多くを学ぶことができた。羽仁先生からの学びは1977年度に終了したが、引き続いてコ研の和地由枝先生から援助いただいた。

開園5年目は、保育園にとっては運営の主体性と職員の自主性が確立していく大切

資料2　こぐま保育園運営機構図 （1994年度現在）

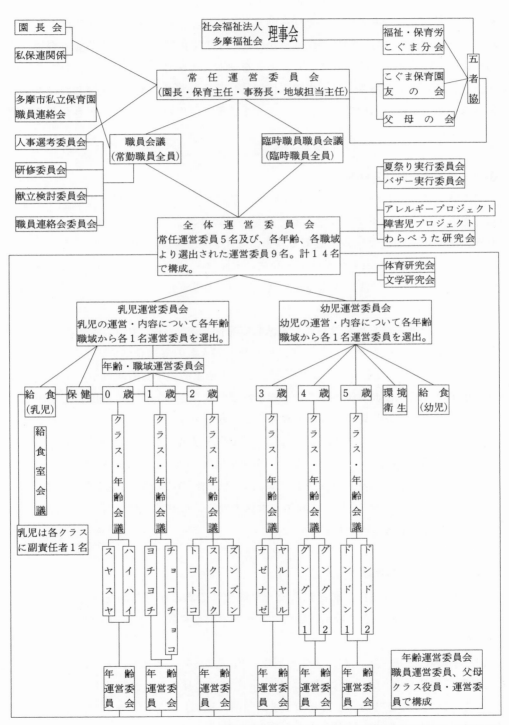

伊藤亮子編著『3・4・5歳児の保育計画』草土文化、1995年より

な時期になっていた。コ研は当時のハンガリーの保育の考え方を日本になじませた実践方法をめざしていたが、国柄の違い、それぞれの歴史、文化の違いがあることを理解することが大切である。ハンガリー動乱を乗り越えた自主的な社会主義国としてのハンガリーの保育には、民族の誇りをかけた「子どもの意思を尊重する」保育観、そのための方法論が具体化されており、多くを学ぶことができた。日本には日本の歴史があり社会の現実がある。日本の現実に根ざし自分たちの主体性を発揮した民主保育の歩みがある。私たちは学んだことをこぐまの保育に生かしていこうとさらなる学習と実践を重ねていった。

● ドル平泳法を取り入れる

　開園時はプールもなかった。公立保育園の職員だった父母が職場から借りてきてくれた組み立てビニールプールで水あそびをした。3年目に、中庭に1・2歳児用の、南庭に幼児用の固定プールを設置できた。この時に、新日本体育連盟の講師を迎え「金槌（かなづち）なんていない・誰もが浮ける呼吸法とドルフィンキック・ドル平泳法（ひらえいほう）」を全職員で学んだ。ドル平泳法は水泳の離乳食ともいえる基礎泳法で、夏季の主活動として定着していった。

　1988年に、地域の子どもたちにも水泳教室を開くと、「子どもはこぐまのプールが大好き、まるで魔法のよう」と評判になった。60人もの参加希望で大人気になった。夏の水道料が100万円を超えることがあった。団地生活の子どもたちが、まわりに気兼ねせずたっぷりと水に親しむことができることは、生理的にも心理的にも欠かせない活動となり、園舎改築後も続けられている。水あそび、水泳が乳幼児期に必要だとの知見は、新体連のドル平泳法とともに、運動生理学者・小野三嗣『健康を求めて──乳児編』『健康を求めて──幼児編』（不昧堂出版、1971年、1972年）、正木健雄・野口三千三編『子どもの身体は蝕まれている』（柏樹社、1979年）に多くを学んでいる。自然の素材としての“水”の与える効果、水泳の効果、なぜ幼児期に行うのかなど、さまざまな面から学習し実施していった。

● 保育を見通す計画作り

　1976年、3年間の保育を総括し系統的で順次性のある保育計画を作ることになった。目標、課題の到達を年齢別に整理、生後3ヶ月から就学前までの保育を見通す計画である。

　1977年には、「民主主義的人間性の形成をめざす」を子ども像、人間像の基礎として掲げ、「生活行為、あそび、課業、仕事」を計画の柱にし、具体化していった。この年度の第二期の総括内容をありのままに印刷、製本し父母に配布した。さらに、三期、四期と年間通じての保育全体を文章化した。園全体の運営方針・計画、環境衛生

（園独自の職域、改築時営繕室の設置）の方針・計画も明文化し、給食・保健も保育の一環として位置づけた**（資料3）**。

　開園4年目に全職員の力、父母の協力を得て、ようやく、こぐま保育園の保育の全体像を職員や父母とも共有できるようになった。冊子化したことの意義は大きい。見える化を実現したわけである。大規模園で乳児から就学前まで長時間・長期間の保育を見通す条件が整ったと言ってもいいだろう。1980年には、領域別から年齢別に保育・運営方針、計画を改定し、基本方針と年度ごとの重点方針を冊子化し父母に提案している。この時は、特に戸外保育を重点課題と位置づけている。

　『岩波の子育てブック　幼年期――ゼロ歳から就学まで』（茂木俊彦・堀尾輝久・汐見稔幸・清水民子・田中孝彦著、岩波書店、1986年）のなかで、茂木俊彦先生が「子どもの発達のめやす」を示されていた。とても分かりやすかったので、子どもたちの実際の姿に照らして一部表現を変え実態に即した指標（めやす）表示に変更することを先生に了解いただいて、保育方針の資料に使用した。この新たな知見は、年齢別保育方針と計画の資料作りを進める上で大いに役立った。父母とも共有しやすい資料となり、毎年の総括と保育の充実・発展の支えとなった。乳児から就学前まで、月齢ごとの全身の運動、手指のはたらき、ことば・認識・感情・自我・人間関係の発達のめやすを図表化し、その特質を年齢ごとに明文化した。

　前後するがこの保育計画には、次のような力を子どもたちに育てたいという私たちの願いが込められていたことをつけ加えておきたい。

育てたい5つの基礎的な力

　① 健康な身体

　② 健康で文化的な生活行為・習慣

　③ 豊かな感性

　④ 旺盛な知的興味関心

　⑤ 集団感覚・態度・道徳的習慣

　70名を超える職員は短時間・非常勤職員など多様な働き方をしている。この保育計画は、誰もが、自分の仕事の内容を保育全体のなかでとらえ誇りをもって仕事ができる「園の保育指針」となった。以後、子どもたちの状況の変化や新たな知見に学んで絶えず作りかえられ、職員集団の財産となりこぐま保育園の保育を支える土台となっている。また、あとに述べる異年齢・きょうだい保育への転換の基礎ともなっていった。

2章

園運営と保育実践の模索

資料3　環境衛生——定期的な業務計画

	毎　　日	週	月	年
0歳	＊部屋の掃除機かけ ＊床ふき ＊棚ふき ＊手拭き交換（職員用） ＊オスパン布づくり ＊遊具消毒 ＊おむつ交換台カバー取りかえ ＊ベットふき ＊トイレの掃除 ＊窓ふき ＊ゴミ出し	＊ベッドカバー1週に1回の交換 ＊毛布カバー2週に1回の交換 ＊洗面所みがき ＊寝具の日光干し ＊テーブルみがき ＊湯のみ乾燥機洗い	＊台ふき布の交換3ヵ月に1回 ＊寝具の洗濯3ヵ月に1回 ＊ワックスがけ月に1回	＊カーテンの洗濯（3、6、9、12月） ＊よしずの設置（7月）はずし（10月） ＊いす洗い（8月） ＊換気扇洗い年2回 ＊扇風機かたづけ ＊ガラスみがき ＊テーブル裏の汚れ落とし（8月） ＊年末大掃除…大掃除　ガラスみがき
1歳	＊部屋の掃除機かけ ＊トイレの掃除 ＊おむつ交換台カバー取りかえ ＊床ふき ＊棚ふき ＊手ふき交換（職員用） ＊オスパン布づくり ＊ゴミ出し	＊遊具消毒 ＊ベッドふき ＊寝具の日光干し ＊洗面所みがき ＊窓ふき ＊湯のみ乾燥機洗い ＊テーブルみがき ＊トイレ消毒用布づくり	＊ワックスがけ月に1回 ＊敷・掛カバーの洗濯月に1回 ＊台ふき布の交換3ヵ月に1回	＊カーテンの洗濯（3、6、9、12月） ＊よしずの設置（7月）はずし（10月） ＊いす洗い（8月） ＊扇風機かたづけ ＊人工芝の掃除（3、7、12月） ＊各クラスの梁掃除 ＊寝具・毛布・パット洗濯3ヵ月に1回
2歳	＊部屋の掃除機かけ ＊トイレの掃除 ＊手ふき交換（職員用） ＊床ふき ＊棚ふき ＊ゴミ出し ＊おむつ交換台カバー取りかえ	＊遊具消毒 ＊洗面所みがき ＊寝具の日光干し ＊窓ふき ＊湯飲み乾燥機洗い ＊トイレ消毒用布づくり	＊ワックスがけ月に1回 ＊敷・掛カバーの洗濯月に1回 ＊台ふき布の交換3ヵ月に1回 ＊寝具・毛布・パット洗濯（3ヵ月に1回） ＊年末大掃除…＊各クラスの梁掃除 ＊保育室の床みがき ＊ガラスみがき	＊カーテンの洗濯（4、8、12月） ＊よしずの設置（7月）はずし（10月） ＊いす洗い（8月） ＊テーブル裏の汚れ落とし（8月） ＊扇風機かたづけ ＊人工芝の掃除（3、7、12月）
幼児棟全体	＊部屋の掃除機かけ ＊トイレの掃除 ＊お昼寝後のトイレふき掃除 ＊クロークなど共有部分の掃除機かけ ＊台ふき布の洗濯 ＊手ふき交換 ＊手ふき・足ふきタオル交換 ＊タオル・カバーの洗濯 ＊昼食後にホールのモップかけ ＊ゴミ出し ＊乳児室職員用エプロン洗濯・アイロンかけ ＊敷きパット・掛毛布・足ふきの洗濯	＊部屋のふき掃除週1回 ＊トイレ消毒用布づくり ＊配膳用エプロンの洗濯、アイロンかけ（大人と子ども） ＊寝具の日光干し ＊窓ふき ＊テーブルみがき	＊ワックスがけ月に1回（床・石だたみ） ＊敷・掛カバーの洗濯月に1回 ＊台ふき布の交換3ヵ月に1回 ＊遊具消毒…ブロック類布　人形　台所道具他 ＊人工芝の掃除（3、7、12月） ＊ジュウタンのクリーニング（6、12月） ＊共有部分のガラスみがき（3、6、12月） ＊寝具・毛布・パットの洗濯（3ヵ月に1回）	＊いす洗い（8月） ＊扇風機かたづけ ＊よしずの設置（7月）はずし（10月） ＊テーブル裏の汚れ落とし（8月） ＊職員用手ふきタオルの用意（4、10月） ＊新入園児のカバー用意（3月） ＊年末大掃除　ホールの床みがき　保育室の床みがき各クラスの梁掃除ホール・クロークの梁掃除カーテンの洗濯

☆全体に関わる共有空間の環境整備と遊具・教材、充実整備について　共有部分の空間の環境整備　教材の整理・補充　遊具の作製　乳児職員のエプロン管理　その他
☆外まわりの環境整備　園舎まわりの整備　花壇の手入れ　その他

伊藤亮子編著『3・4・5歳児の保育計画』草土文化、1995年より

3 乳児期から就学前までの保育計画

● 生活の器としての日課、空間・動線・環境

　一年を四期に分けて、期ごとに計画、実践、総括、学習、計画見直しを重ねた。乳幼児期6年間を見通して、グループ担任が個人分析をもとに計画を立て、クラス討議を経て実践力を高める運営を進めていった。計画は、自然環境と社会的条件と子どもの主活動の内容との関連を考慮して四期に分けられている。

　　第一期　4月、5月（受け入れ期－春を楽しむ）
　　第二期　6月～9月（夏期－水に親しむ）
　　第三期　10月～12月（秋期－自然に親しむ）
　　第四期　1月～3月（寒さに負けず－新年度に向かって）

　この期ごとの特質をふまえて日課が組まれる。たとえば受け入れ期でのポイントはこんなことである。ゆったりとしたペースで、自分で食べたり寝たり、排泄したり、あそんだりできる日課の流れが子どもたち自身の要求になっているか。行為から行為の流れでつまずいていることはないか。子どもたち一人ひとりの状況に沿って把握し、どう支援していけばよいのか。保育者の課題を発見する大切な時期でもある。

　こうした日課を保障していくには、それに見合った環境が必要である。時間配分と空間、場所と物との関係が適切かどうかをよく考えて保育計画を具体化することを心がけた。各児の食事・寝る場所が決まっているか。トイレの位置と生活動線に障害はないか。椅子やテーブル、タンスや靴置き場、歯ブラシやコップなどに個人マークがつけられているか、それを子どもが自分で判断できる状況になっているか。それらは子どもの行為にふさわしい場所に置かれているか。また、行為から行為の流れが日課のなかで無理のない時間配分になっているか、など。子どもたちの誰もが集団生活のなかで個人として尊重されていることが実感できるように、こうした視点から具体的な保育準備をすることが保育者に求められる。

● あそび、課業、仕事

　保育計画には、あそび（室内あそびと戸外あそび）や課業、仕事も位置づけられた。室内あそびの軸は、生活再現あそび（ごっこあそび・テーマあそび）とした。子どもたちの誰もが自分の体験をもとに自分の想像力を働かせ、イメージ化して参加できるか

らである。保育空間は子どもたちの想像力がよい刺激を受けられるよう、場面設定、遊具棚、遊具の種類などを配置して構成し、自ら遊具を選んであそべる工夫もした。遊具は季節ごとに入れ替えができるように年齢別の遊具のリストを年間計画に表記した。戸外あそびは、変化を楽しめるように、団地内の公園、あそび場を地図に起こして散歩地図を作り、子どもたちもイメージをもって選べるように計画し実践した。

　課業の詳しい内容はここでは割愛するが、課業の柱として、① 体育・水泳、② わらべうた、③ 美術、④ 文学、⑤ 環境認識、⑥ 数・量認識、⑦ 言葉と文字、の7つを立てた。

　仕事は、成長するにしたがって湧いてくる他者のために自分の力を生かしたくなる要求を重視して計画に盛り込んだ。大人がしている仕事を成長するにしたがって少しずつ子どもたちの手に譲りわたしてゆく。さらに、年長児から次の年長児へ譲りわたされていく。5歳になると3歳の配膳当番を担当するなど、責任をもって他者のために役立つ役割を担うことができるようになる。お花の世話やホールの掃除、クロークの整理整頓、下駄箱の掃除、年末にはお部屋の大掃除なども計画に入れた。

● 生活行為・習慣の形成

　生活行為・習慣の形成では、子ども一人ひとりがていねいな世話をされることで自らの生活要求を形成していくことがねらいである。乳児時代に「食べたい」「眠りたい」「排泄したい」など、あらゆる発達の基礎になる生理的要求が豊かに育つことをていねいに助ける保育ともいえる。

　そうした要求は、抱かれたり、なでられたり、言葉をかけられたりという、大人のていねいで優しく快い世話のなかで育つ。同時に世話をしてくれる大人たちへの信頼感や安心感も育てていく。子どもはその心の安定をともなって、生活行為としての内的要求を自らのものとして獲得していく。衣服の着脱や手洗い、足洗い、歯磨きなどの習慣的行為も気持ちよい行為として身につき習慣化していくのである。自立への準備の始まりである。

　5歳にもなると、「明日は遠足だから早く寝よう」「散歩に行くからトイレに行っておこう」など次の行為を見通した生活を自分のものにできていく。毎日当たり前のこととしてきた食事や排泄などの行為も、なぜそうするのかを知識として獲得し意識化できるようにもなる。

　また、保健や給食の専門職の力も合わせて課業も計画に盛り込んでいる。たとえば、3歳児の環境認識の課業における「物には味がある」「塩・砂糖・小麦粉・酢・醤油等の味と味覚の働きを確かめる」などである。こうした課業は子どもが大好きな活動になる。新鮮な興味、深い関心をもち、発見する喜びを体験し、自分自身の意思で学ぶことに誇りをもつようになっていく。

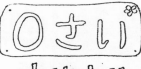

0さい
すやすや はいはい

小さくてかわいかった赤ちゃん時代。まだねがえりもしなかった子、はいはいしていた子、よちよち歩く子が入園しました。

ミルクがなかなか飲めなかった子も、離乳食が始まり、よく食べるようになりました。テラスでの水あそび、北公園へのさんぽみんな大好きだったね。おへやでもいっぱいあそんだね。その当時のおたよりから。

いないないばあ

こども保育園 スヤスヤくみ クラスだより 1995.4.17(月) No.3

離乳食がはじまりました (にんじん食資料)

まずはじめは　初期食から

4ケ月	5ケ月	6ケ月	7ケ月	8ケ月
初期食 やさいスープ → おもゆ うらごしがゆ つぶしがゆ	前期食 白身魚やとうふなどたんぱく質がはじめて入ります。		中期食 日中2回 たべます	

「おもいよ…」おでかけします バイバーイ

バランスおてだま

牛乳パックのチョゲ

「ピッポッパ」「アイアイ」「ヨイ」

「ブッブー」

「ネンネーヨ」

あーおいしね。

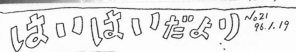

はいはいだより No.21 96.1.19

だんだん友達のことがみえてきたよ!!

自分の事もわかってきたよ!

「Bちゃんのがほしいなあ キョーダイよ」 イヤ! Aくん Bくん

「Aちゃんもくびにかけたいのかぼくもかけたかったんだ同じだね」

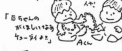

友達大好き………

そばにいるだけで なんとなくうれしかった友達も、もうあそび相手としてとらえるようになってきたハイハイクラスの子ども達。大きくなったものです。2才まぢかの子ども達は、自分が相手に働きかけたり 相手から働きかけられたり─と 互いにやりとりをして遊びます。おもちゃのとりあいも「今 私が使っているのだから!」と言わんばかりです「僕だってほしいのに」と一生けんめいな相手「ダメ!ダメなの」と…2人の姿に 根性あるなあと保母も思ってしまいます。

1さい

よちよち ちょこちょこ

いっぱい いっぱい あそんだね。
だっこしてほしくて ヒザの とりあいをしたり
「ジブンデ」と大人のたすけを はらいのけ
ようとしたり いろんなことをしながら みんな
大きくなりました。ぐんぐんのお姉さん、
お兄さんたちの お部屋で いっしょに あんまり
よち・ちょこのお部屋にあそびにきたてもらうり
異年令の生活の準備もしました。おはなしが
すっかり上手になりみんな大きくなってね。スタンプへ
スタートです

お庭では.

砂あそび
だぁーいすき
お友だちといっしょ
たのしいなー

おへやの なかでは

箱を押して
ブーブーブー
おともだちも
のせて
いってきまーす

フープをぼうし
にしてカバン
をもって
いってきます

キューピーちゃん
ネンネだお
いいこでね
シーッ!

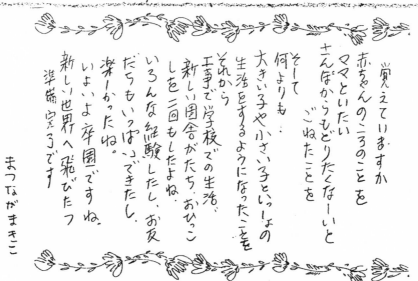

覚えていますか
赤ちゃんのころのことを
ママといたい
さんぽからもどりたくなーいと
ごねたことを

そして
何よりも
大きい子や小さい子といっしょの
生活をするようになったことを
それから
工事で学校での生活、
新しい園舎ができたり、おひっこ
しを二回もしたよね。
いろんな経験したし、お友
だちもいっぱいできたし、
楽しかったね。
いよいよ卒園ですね。
新しい世界へ飛びたつ
準備完了です

まつながまきこ

4 子どもたちが必要とする行事を父母とともに
——臨海保育合宿、三大まつり、バザー

　行事の位置づけも保育方針に記し計画化した。目的を明確にし、行事によって担任、給食・保健などの職域の職員、父母会（「父母の会」ともいう）、クラス父母、園全体、友の会とかかわり方が分かるように整理し計画、実施した。全園で取り組む行事は、季節の伝統行事、誕生会、小遠足、運動会、卒園式、入園式などである。

　年長組の父母、父母の会と園の共同行事として園外合宿を行っている。第1回目の合宿は1976年に五日市国民宿舎にて1泊2日で行われた。檜原村での合宿などを経て、1980年からは千葉県安房小湊の神明神社にお世話になり、2泊3日の臨海保育を行った。この臨海保育は2011年に東日本大震災が起きる前年まで30年間行われた。団地で生活し、乳児期から長い時間を保育園で過ごす子どもたちに自然の懐に心ゆくまで抱かれてほしい。自然の一部としての感動を心の底から味わい、友だちと夢中になってあそびきる体験をしてほしい。自然に関心をもってほしいと考えての行事である。

　三大まつりとは、夏まつり、収穫祭り、冬まつりのことである。父母と職員で実行委員会を作り、準備、実施してきた。特に夏まつりは、その準備、規模において年々大きくなっていき、ここが故郷と子どもたちの心に残る地域のおまつりになっていった。卒園児も神輿をかつぎ参加を楽しみにする。親たちも、自分の専門技術を生かして火文字やまわり灯篭を作り、門柱を立て、神輿や山車を作るなど、仕事帰りの親たちが集まってひと月も前から準備が始まる。沖縄から北海道まで郷里の民謡や民舞も登場する。大規模保育園の豊かさを子どもたちに提供でき、大人もまた職場の競争、評価から解き放たれ、人間的な交わり、共感、誇りを取り戻せる交流の場であったからか、30年以上も続けられた。

　バザーは五者協が母体となり実行委員会を作って行われた。赤字保育園の資金作りのため、欠かせない行事だった。団地の広場を借りてたくさんの住民が品物（衣類・雑貨・家具・焼き鳥・餅など）を買ってくれてずいぶん助けられた。利益が100万円の目標に達する年度もあった。給食室は全員で芋饅頭やおかず類を作って、住民にとても喜ばれていた行事でもあった。この収益で1993年には、玄関に完全自動手洗い器を設置。父母の送迎時・職員の出勤時、玄関での手洗いは、子どもたちの生活に感染源を持ち込まないための長年の懸案だった。

5 特別な配慮を要する子どもの保育

● 障がいをもつ子どもの保育

初年度から、3歳児の川村（梅沢）富美子担任が発達遅滞児の保育にチャレンジした。翌年、村上頼子担任が5歳児の自閉症児を受け入れ実践を進めた。今では許されないことだが、子どもを見失い職員みんなで探し回ったこともある。それでも、子ども同士の関係で育ち合う姿に大人が励まされ学ばされた。

入園時には言葉を介しての伝え合いが難しく、保育園中を駆け回り聞き取れない声を発していたTくんが、クラスに好きな友だちができて、「Mちゃん」と呼びかけて散歩に行くのが楽しめるようになった。いつしか園内を駆け回ることもなくなり、卒園式も自分らしく仲間とともに終えることができた。

職員みんなが障がい児保育について学び、以後、毎年5〜10名前後の対象児が入園するようになり、同年齢に集中する年もあって保育体制とのおりあいが難しくなっていった時期もある。1991年に茂木俊彦先生、1995年に仙田周作先生の職員研修を行って直接援助もいただきながら、橋本千佳子保育士をリーダーにプロジェクトチームを作って実践を深めていった。

この時期、こぐま保育園の障がいをもつ子どもたちの成長が著しいと児童相談所や保健所からの入園依頼が増加、1995年には、国立精神・神経センター病院（現国立精神・神経医療研究センター病院）から、糖代謝異常の治療にともなう摂食障がいの3歳児の保育を依頼された。保育園の子ども同士のかかわりを通して専門リハビリ施設では困難だった保育の保障が期待された。ベテランの古跡道子保育士が担当、当初は水ものみ込めなかった子どもが、鼻から管を入れての栄養補給をしながら、氷をなめることから始め、摂食できるまでの保育にチャレンジしたこともある。

発達遅滞、自閉症、アスペルガー、ダウン症、情緒障がい、脳性小児まひ、視力障がい、言語遅滞、肢体不自由、二分脊椎症、口唇口蓋裂手術後ケアなどあらゆる障がい児の保育を行った。多岐多様な障がいの特質を学び、専門家の支援も得ながらプロジェクトチームを中心に全職員の研修を行った。子どもたちによって保育者も育てられる日々だった。

障がい者雇用についても触れておきたい。1993年には保育園として初めてダウン症の中野恵子嘱託職員・環境衛生助手を雇用した。国の入所児童処遇特別加算制度を使った障がい者雇用である。柴田より子環境衛生職員の支援を受けて日誌や連絡帳のやりとりを重ね、全職員とご両親の協力を得て子どもたちのための仕事に喜びを見い

だし成長・発達してゆく姿は保育者、園の父母にとっても励みとなり、喜びだった。2015年までの約22年間、頑張って働き続けられた。

● ハイリスクの子どもの保育

　1987年以来、早産による極小未熟児（1500グラム未満）と超未熟児（1000グラム未満）で出生したハイリスク児の保育が３例続いた。ハイリスク児の文献を探し周産期月齢での発達過程を学んだ。就学後も見据えた長い見通しのなかで、ゆっくりていねいに温かく生命を護り育てる営みとしての保育を教えられた。聴覚や視覚の獲得過程、情緒の形成過程など体内環境で保護されるはずの発達過程を考慮した乳児保育である。保育の原点である。

　1990年代にかけて多様なハイリスク乳児の入園が続いた。コンタクトレンズを着装して視力の成長を促す事例では、高価なレンズを見失う緊張がともなった。生後５ヶ月で１回10ccしかミルクを飲めない乳児を受け入れスプーンで味を楽しませながら授乳し、２週後に200ccも飲めるまでになったこともある。母親の笑顔が忘れられない。入園後すぐに担任が授乳や排便後の変化に気づき嘱託医と相談した結果、小児専門病院で心臓（ファロー四徴症）の大手術を受け、生命を助けられた乳児もいた。女性の社会参加と子どもを産み育てることとの両立を助ける乳児保育の質が問われ続けたが、こうした保育は保育者だけでできたわけではない。

　子どもたち一人ひとりの発達段階に寄り添って離乳食献立を計画し調理し必要な時間に提供する乳児給食の栄養士や調理師、毎日の朝の視診に始まる健康管理を担当した看護師、保育室の行き届いた掃除や遊具の消毒、寝具の衛生管理など環境衛生を担当した短時間職員、保育補充短時間職員などすべての職員のチーム力と父母集団の協力によるものである。

　園が受け入れた、早産による極小未熟児の一人が職員の子どもである目黒健太くんだった。私立保育園職員の処遇がまだ不十分な時代である。職員が働き続けることとその子どもの発達を保障することは難しい時代だったが、職員と願いを共有して一緒に歩み始めた。お母さんは緊張しながらも前向きに子育てし、担当の保育士も全職員もそこから多くの学びを得た。母親の目黒ユキ子さんの手記である。

　　こぐま保育園で保育士として働いていた私は予定通りの産休に入り、１週間目に軽い陣痛、切迫早産で緊急入院した。胎児仮死の為、帝王切開で予定日より１ヶ月半早く1050グラムで健太が生まれた。「低出生体重児（SFD）、低血糖、一過性多呼吸、低リン性未熟児くる病」という診断で都立八王子小児病院に50日間入院。退院はとても不安だったが、病院から緊急性を要する赤ちゃんのためにベッドを空けてもらえないかということで、予定を繰り上げて９月に入って退院。三人目の子育てとはいえよく泣き、飲みが少量で、ま

どろみが短く、小さな体で不快さを訴える健太がかわいそうで、私自身の緊張も強かった。予定では10月から産休明けで職場復帰、健太は職場内保育室ネンネン組に行くはずだったので、さし迫った事態にどうしたらよいか対策の相談をした。まだ職場に育休制度がなかったので無給の育休を受け入れてもらい、健太の主治医からは『退院後も３ヶ月以上に渡る家庭内養育を要する』という診断書を出してもらえた。こぐま保育園の職員として育休前倒し取得第１号となった。「低体重・ハイリスク新生児」保育の受け入れ体制も進められていて、私も医学、療育の専門書を保育園を通して買った。未熟児医療の歴史を知り日進月歩の恩恵に感謝の気持ちでいっぱいだったが、30数年経った現在、胎児医療の驚異的進歩で要らない命の選別まであるようで複雑な思いだ。話は戻り、年が明けていよいよ健太の４月からの０歳児集団保育に向けて、月２回の小児病院追跡定期検診時に、集団保育での留意点や課題、栄養指導などのアドバイスを聞き保育園と共有していった。こぐま保育園に入園してからもこの三者で療育方針を共有して保育ができたことは、私自身がとても安心できて、健太のゆ〜っくり成長をゆ〜っくり見守る気構えができていったと思う。

目黒ユキ子　2020年２月記（目黒健太 32歳）

● アレルギーをもつ子どもの保育

　1986年ごろから乳児のアレルギー児が増え始め、1988年度には特別代替食、皮膚ケアが必要な児童が11名となった。1990年度には乳児24名中10名、園全体で26名が食事配慮児となり、88名にアレルギー症状があった。子どもたちの食生活が急速に変化し、大人も子どもも過度なストレスにさらされ、ハウスダストが注目されていた。この年、アレルギー児保育に関する園だより特集号を発行し、アレルギーに関する園の考えを全父母に提案。除去食を広げてゆくと成長・発達に必要な栄養分が不足してくるのではないかとの危機感があった。

　東京アレルギー研究所の権東明医師による学習会を機に、1993年にプロジェクトチームが企画し丸山栄養士監修で『アレルギー児の保育〜アレルギー児特別食の考え方と実施方法（適量・増量法）』を発行して父母にも配布。父母と合意できた対象児は「適量・増量法」での食事摂取を開始。０歳・１歳の６名、２歳から４歳６名の対象児に試行し年度内に10名とも改善が見られた。うち２名は次年度に繰り越したが、卵を除きほぼ全員がみなと同じものが食べられるようになった。試行にあたっては、健康管理を担う高橋看護師と担任保育士の観察力、行き届いた配慮が欠かせなかった。1995年度ごろにはアレルギー児保育が安定してきていたが、現在この療法は医療現場で入院管理をして行う治療法となり保育現場では実施されなくなっている。

　この時期から園給食の献立において昼食から肉類・パン類などを減らし、和食中心とする献立に全面的に見直されている。午後の軽食には粉類を残し、楽しめるようにしている。こうした献立は、今日も法人各保育園の給食の伝統として生きている。

3章 こぐま保育園の運営と実践を地域に開く

伊藤 亮子（法人顧問、元法人理事長、こぐま保育園2代目園長、砧保育園初代園長）

新妻 節子（元こぐま保育園保育主任、元子育て福祉センター長）

吉野 智子（こぐま保育園4代目園長）

永井 明代（法人評議員・元こぐま保育園保育士）

稲富 由紀（元こぐま保育園保育士）

鈴木 玲子（元こぐま保育園保育士）

1　保育センターの実践から子育て・福祉センターの開設へ

● 保育センターの常設

　園開設から4年、周辺地域に「ほいくだより」の配布を開始した。保育園を地域に開き、保育園の子どもも地域の子どもも育て合っていきたいと願ったからだ。

　1980年には菅原猛が地域担当となりこぐま保育園友の会を組織、日常活動の開始と「ほいくだより」の定期発行に着手。1986年には「より広く地域住民の子育てに役立ち、住民生活になくてはならない共同利用施設として発展していくことをめざしたい」と父母会、労組と共同で、周辺の永山2・3丁目を対象に地域調査「今、保育園に期待する」を実施した。

　調査は地域から待たれていたかのように90％を超える回答が寄せられた。結果は父親の帰宅が遅い、テレビ視聴が長い、室内あそびが多く、60％の子どもが慢性的睡眠不足などであった。食事は偏食、落ち着きがない、野菜が苦手、アレルギー、喘息、虫歯などの悩みがあり、40％の子どもが習い事をしているなどの実態がありのままに記載されていた。一方「子どもには短時間でも集団生活の体験をさせたい」が96％を超え、保育園の地域開放や食事体験の要望が多かった。同年に庄司豊子初代園長が退任し名誉園長になったのを機に、恒常的に地域の子育て支援を行うために保育センター相談室長を置いた。

1987年に友の会では利用者の世話人会を発足。子育て講座、「ほいくだより」を発行し、図書貸し出しや水泳教室など活動の範囲を拡げていった。当時の幼稚園は2年保育が一般的だったので、友の会の世話人会では2〜4歳児のあそびや行事を計画し実践していった。園庭あそびをしているこぐま保育園園児の生活を垣間見て、我が子も保育園で育ててみたいと入園相談や発達相談が寄せられるようになっていった。下の子の離乳食のこと、寝返りしない、ハイハイしないなどの発達の心配ごと、あそびや睡眠など赤ちゃんとの過ごし方の困りごとなどの相談が多かった。庄司室長が0歳児保育の場に一緒に行って、「こんなふうにしてみたらいいかもしれないね」と子育てのヒントがつかめるような支援も行った。子育て支援の補助金制度もなかったころである。全国的に見てかなり早期からの独自の子育て支援活動だったのではないだろうか。

　多摩市は1997年度から、子育て支援事業の指定園（専用の部屋と担当職員の配置が条件）3園のひとつとしてこぐま保育園を認定した。2歳児・3歳児のあそぼう会だけでなく、0歳児・1歳児の相談や交流の希望が多くあった。

　長年、乳児保育に携わってきた稲富由紀保育士が担当となり、こぐまの乳児保育の実践を地域の子育て支援に提供できるよう運営に心を砕いた。手作り遊具に触れたり、わらべうたあそびを覚えたり、子どもたちは新鮮な体験ができたと思う。覚えたわらべうたを家で歌って楽しむ子どもの報告を親から受けたこともしばしばである。親にとって食の問題はもっとも苦労していることである。園での離乳食体験は生きた学習の場だった。給食や保健の協力体制もでき、保育園ならではの支援と交流が進められていった。

● 新園舎で、子育て・福祉センター事業開始

　1990年代の後半には出生数の減少傾向が進み子育て世帯より高齢者世帯の方が多くなっていることが、毎年の行事案内や「ほいくだより」配布訪問などで明らかになってきていた。地域の方の賛同寄付もあって少しでも高齢者向けの空間をと高齢者福祉施設の合築も検討したこともあったが、地主である住宅公団から許可が下りなかった。

　他方、子育てセンター事業は国の補助事業として建設費公費補助が受けられることになった。三つに間仕切りができる地下一階が子育て・福祉センターに充てられた。外部から入りやすい専用の玄関を作り、地域に開かれた活動を保障する場ができたわけである。高齢者福祉施設はかなわなかったものの、地域の高齢者が利用できる空間として福祉センターが設計に入っており、開設案内リーフには「多摩福祉会の施設のほんの一部ですが、暮らしやすい地域のよりどころとして、活用してもらえる場になればと、理事会の力添えを得て具体化の方向を模索して設置に至った」と記されている。当時の浦辺充理事長と菅原猛地域主任の理解と援助があってのことだ。

　子育てセンターは以下の活動を行っている。

保育園を地域に開いた活動として、季節ごとに行われる園行事への親子参加（夏まつりやバザー、冬まつりの餅つき、どんど焼き、獅子舞見学など）と施設開放（園庭・プール）、保育体験など、全職員で受け入れ交流した。園の年間計画やおうち（異年齢児童で構成されるクラス）ごとの計画に組み入れてもらえるよう職員同士の連携を行った。

　子育て支援の場として「あそぼう会」を週３回開催し、テーマを設けて親子交流、子育て講座、離乳食教室、体重測定、子育て相談などを行った。

　また、福祉センターは以下の活動を行っている。

　福祉センターは地域の高齢者が主体的に交流し合う場として開設されたが、その後、保育園から行事や年長児の活動に、高齢者の経験を生かせないか、世代間交流を進められないかとの提案を受けて、世話人会で具体化していった。世代間交流として収穫祭りの芋饅頭、冬まつりのしめ縄作りなどを行っている。

　毎月のティーラウンジのほか、絵の会、フラワーアレンジメント、浦辺記念・近現代史を学ぶ会などのサークル活動が行われている。高齢者が互いに親しくなり日常のあれこれの話をして心置きなく過ごせる場となったようだ。歩いて行ける場所にある福祉センターの存在は、参加する高齢者にとって心のよりどころだったと思う。

　福祉センターからさらに地域に拡げた活動として、子育てひろば「たんぽぽ」の活動も行った。こぐま保育園や他園の退職職員、地域のボランティアが世話人として活動した。子育ては親個人の責任にされがちだが、たんぽぽでは社会の役割として、みんなで育てようという願いを大切にした。日々の子育ては親が判断しなければならないのも現実で、子育てに悩む日々を送る親の応援隊として保育園の実践経験が大きく役立っている。親子であそび、食事をし、一緒に遊具を作り、わらべうたであそぶなど月２回の実施でも、母親同士で打ち解けてもらえた。お父さんのお休みの時は一緒に参加することもあり、「実家にいるようだ」と喜んでもらえた。「悩み相談」の場というより「親子で過ごす場」としてのひろばは、ありのままの様子が分かり、親との雑談から家の様子などを聞き対応を考えることもできた。

● 多摩市の子育てセンター事業の廃止後の子育て支援

　あそぼう会では「ここに来ると安心して一息つける実家のようだ」との参加者の声も多かった。2014年ごろには年間で延べ参加者が4000人を超えるまでになった。地域住民にとってなくてはならない期待の大きい事業となっていた。

　しかし、多摩市は突然政策転換し、児童館を子育て支援の拠点事業化するためとして、2015年に、こぐまの子育て支援事業補助金160万円をカットし制度を廃止した。法人では法人の自主事業として引き続き取り組むことにした。2016年からは長く乳児保育に携わってきた鈴木玲子が担当し、あそぼう会を週３回から２回にし、離乳食教

公園でのあそぼう会（1998年ころ）

室や、わらべうた・足裏マッサージ・発達を学ぶ講座、園庭開放などは継続実施した。わらべうたやあそぼう会には永山児童館の紹介で参加される方、「わくわく通信」（児童館発行の地域情報誌）を見ての参加もあった。拠点児童館とともに地域のお母さんたちを見守り、行政が開催していた関係者地域ネットワーク会議では、配慮の必要な親子の状況を伝え合い、支援の一翼を担えるように努めた。

　現在、東京都のサービス推進費の補助金は「体験保育」と「出産前後の育児体験」だけである。虐待のニュースを聞くたびに、お母さんが追い詰められる前になんとかならなかったのだろうかと思う。地域で孤立している人々に、多様な子育て支援のあることを知ってもらい、あそぼう会に参加したり、保育園に気軽に訪ねてもらえるよう工夫していきたいものだ。

● 一時保育事業を開始して

　2015年に多摩市から待機児童対策として一時保育事業の依頼があった。以前から地域には一時保育の希望があり、子育て・福祉センターを利用して受け入れることにした。一時保育を受け入れたことで、子育て支援活動参加者が気軽にセンターに出入りすることが難しくなり、あそぼう会などの子育て支援活動内容に制約が生まれた。一時保育事業と子育て支援活動を両立させるまでに、一時保育担当職員とあそぼう会・福祉センターのスタッフにはかなりの苦労があったと思う。他方、一時保育を行うことで、家庭での子育ての大変さ、親の就労・就学の難しさなどがよりいっそうリアルに見えるようにもなった。子育て支援のニーズは制度ごとに生ずるものではない。こぐま保育園在園児ときょうだいの一時保育利用児との交流を積極的に行った。他の一時保育利用児にも異年齢児童との交流環境が整い、在園児にとってもより多様な大人や子どもとかかわる機会となった。子育ての現実に合った柔軟で総合的な支援は、制度を超えて求められていることを学ぶことができた。

2 関連機関・団体との連携

運営6目標を園の内外で具体化したのが、子育て・福祉センターの活動、五者協、職員連絡会、多摩市子ども家庭支援センターに結実した地域のネットワーク作りなどである。それらの取り組みや連携について簡単にまとめておきたい。

● 五者協・友の会

共同保育の精神で運営するしくみとして五者協（法人、こぐま保育園、父母の会、労働組合、こぐま保育園友の会）が位置づけられている。五者協は、子どもたちが権利の主体者となる保育を実現するために情報を共有し学習や懇談会を進め、保育者の創造的な実践を支え、経営と運営を支える活動を行った。

もともと、友の会は、1977年にこぐま保育園友の会として発足したものである。2003年に卒園児友の会となり、2010年にこぐま保育園同窓会へと名称を改めている。五者協の一員として地域に開かれた活動を進め、今もこぐま保育園を支えている。

● 多摩市私立保育園職員連絡会の結成

1974年2月8日に多摩市私立保育園職員連絡会が誕生した。折からのオイルショックによる急激な物価の高騰は民間保育園に働く職員を直撃し、働き続けることを困難にしていた。市内の私立保育園の1つである桜ヶ丘第一保育園の労働組合が「職員期末手当に物価手当を増額して」と多摩市の私立保育園園長会に提案、園長会は「それは職員の労働条件にかかわることだから職員自身の手によって行われるのが望ましい」との見解を出した。それを受けて、市内私立保育園各園から職員代表が全職員の署名を携えて多摩市に陳情した。各園の代表は、初めて互いの園の状況を知り、もっと知り合い励まし合っていける会を作りたいと参加代表者（桜ヶ丘第一保育園の中村千代先生はじめ各園の主任たち）によって発足の準備が進められた。こうして連絡会が結成された。

会の目的は、① 学習会、研究会、講演会などの開催、② 各種の情報交換（保育内容、条件、その他）、③ 必要に応じて各行政機関その他関係各所への働きかけ、④ 親睦会の開催、というものだった。

会の活動を通して、当時、こぐまが直面していた特例保育や延長保育問題（後述）は一部の園で起きていることではなく多摩市の保育全体にかかわる問題であって、ともに学び、交流していくことが大切だと考え合うことができた。学習、交流、市との

懇談を通して、各園内の体制や研修などの施策も整備されるようになった。現場職員の抱える課題とどう向き合うか、多摩市保育課（子育て支援課）や園長会、教育センターなどに講師をお願いして公立園も含めた学習、見学交流会などを行ってきた。

　設立当初から、各園の園長の理解と協力を得て活動することができた。多摩市との懇談会によって、現場の職員目線での実情に耳を傾けてもらえる関係を維持することができた。保育園のなかで解決できないことや現場の職員が抱える大変さについて他園と交流し、学習や実態調査などを通じて一緒に考え活動できたことが職員連絡会の存在意義ではないかと思う。活動は、多摩市私立保育園職員連絡会40周年実行委員会編『多摩市私立保育園職員連絡会40周年記念誌』（2014年発行）にまとめられている。

● 地域の関連機関との連携、子ども家庭支援センター開設へ

　異年齢保育への移行準備をしていた1995年ごろ、子育て状況が激変し、保育園の活動だけでは家庭支援の限界を感じるようになっていった。こぐま保育園から園長会に、地域の関連機関と連携した子育て支援体制が必要であると問題提起され、ネットワークが作られていった。

　保健所との連携では、1990年の南多摩保健所主催のすくすく学級講座に保育者を講師として２名ずつ５回派遣している。参加者は40〜60名だった。1994年に６回派遣し152組が参加している。児童相談所からは障がい児の受け入れ依頼が増えていったために、障がい児対応について地域連携の必要性が高まっていった。島田療育センター、日本医科大学多摩永山病院、多摩市役所（保健課・障害福祉課）、市内公私立保育園、児童相談所、多摩市教育研究所、南多摩保健所を構成メンバーとする多摩市母子保健サービス調整推進会議が作られた。私立園長会からこぐま保育園園長が参加している。また私立園長会で子ども家庭支援センター設置準備会を作り、市に対して意見を上げ、2004年多摩市子ども家庭支援センターの設立を実現している。

　2002年に多摩市の子育て・家庭支援のネットワーク会議が発足している。市の子ども家庭支援センターを核とする子育て支援の施策に反映できるよう、多摩市子ども家庭支援研究会の成果を中間報告書としてまとめている。2003年には、こぐまの子育て福祉センター事業の充実・拡大を進め、地域のセンター化をめざしている。

　最後になるが、市内はもとより東京都の保育関係団体、東京私立保育園連盟の運営参加、全国合研（全国保育団体合同研究集会）などへの実践提案、東京・全国保育経営懇（民間保育園経営研究懇話会）の設立準備を担うなど、こぐま保育園なりに社会的役割を果たしてきたことを記録として残しておきたい。

4章
異年齢・きょうだいグループ保育実践の創造

伊藤 亮子（法人顧問、元法人理事長、こぐま保育園 2 代目園長、砧保育園初代園長）
谷 まち子（元法人理事、こぐま保育園 5 代目園長）

1　保育観を転換し異年齢保育を模索

● 父母の労働環境、家族の生活基盤が激変した時代

　1980年代に入ると、担任と父母が子どもの24時間の生活を記録して子育てをつないできた『れんらくちょう』やクラス懇談会での語らいなどから、父母の労働環境がはげしく変わってきていることを実感するようになった。乳児が深夜 0 時、1 時に入眠することが日常化していた。「この子はミルクを飲めない」「白いご飯以外食べられない」「野菜が食べられない」「牛乳とバナナ以外食べられない」などの事例に直面するようになった。子育て環境が土台から破壊され始めているように感じた。

　懇談会では、「父親が九州へ単身赴任、自分は埼玉まで遠距離通勤、加えて残業で深夜帰り。帰宅後はゲームやファミコンなどでストレスを解消しないと眠れない。子どもも一緒にゲームをしていて朝起きられない」「休日は疲れ果てて寝たきり状態」「母は仕事と子育てで疲れ切っていて、二人で子育てしている実感がもちにくい」「夫は過労死するかもしれないので子育てはあてにできない」など、日々の苦悩が語られた。

　さらに1990年代に入ると、大人社会のいじめや暴力問題が社会問題化し、過労死（Karoshi）は英語にまでなった。年間 3 万人以上もの人々が自ら生命を絶つ異常な社会が14年も続いていた。

　父母の願い、子どもの必要に応えられる保育はどうあるべきか考えるために、父母と共同でアンケート小委員会を作り、「生活実態アンケート」を1981年、1990年、1996年、2002年に行っている。そこから分かってきたことは以下の 3 つである。

一つ目は、市場原理主義の経済社会が国民生活をゆがめ、親と子の生活を激変させていたことである。「24時間戦えますか！」というコマーシャルが放映され、自己責任社会、競争を通じて評価される社会が到来していた。二つ目は、核家族化が進行し地域社会の人間関係も希薄化していった結果、家族・地域の子育て機能が急速に衰えていたことである。三つ目は、子どもたち自身の生活も深夜型に変えられ、加えて乳幼児期から早期教育や習い事へと駆り立てられ、地域であそぶ異年齢集団も失われていったことである。

　本来、子ども期は、眠り、食べ、動き、排泄をコントロールするなど、快い生活リズムを確立し、生きる欲求の基礎が育つ時代である。子どもたちは、五感（視覚・聴覚・嗅覚・味覚・触覚）のすべてを働かせてまわりとの接触をもちたいと望み、その欲求が発達の原動力となっていく。そうした乳幼児期が保障されているのだろうか。

　この時期、日々の保育で保育者と子どもたちの気持ちがすれ違うことが意識されるようになってきていた。保育観を転換していこうと考え合った。群れてあそび、育ち合う環境の保障が必要ではないか。子どもたちが自ら学び育ち合っていける環境を保育の基礎集団としてどうすべきか。そんな議論を職員間で何年も、重ねることになった。

● 幼児担当者の葛藤——保育者の思いと子どもの気持ちのズレ

　創設以来からこぐま保育園の幼児保育は、3歳、4歳、5歳それぞれの発達目標を明確にし、どの子も育ち、育ち合える保育をめざして努力を重ねてきていた。しかししだいに、子どもたちの育ちや気持ちと保育者のめざす目標とが一致しないもどかしさを感ずるという意見が出されるようになっていった。「保育者自身の達成感を求める保育になっていないか？」という問いが幼児保育の担当者に生まれていた。保育士が一生懸命になればなるほど、できない子どものチャレンジする気持ちが離れていくのを敏感に感じ取っていたのだ。「どの子も集団のなかで認められ人格が尊重される集団」を作ることを大切にしてきたはずなのだが。本当のところはどうなのか、職員会議で総括し自分たちの実践を振り返っていった。

　戸外での活動を豊かにしたいと考え、5歳児はがんばり表や生活表を作っていた。縄跳びや竹馬の一覧表を作り、回数を記入できるようにしていたが、課題をクリアすることが保育の中心になってしまうことがしばしばあった。「○○ちゃんは100回飛べたよ！　あなたも頑張って！」と。達成感を味わってほしいという保育士の思いと子どもの「要求」は一致しているはずだという勘違いである。できるようにすることが保育士の力量ととらえるという考えにとらわれていたのかもしれない。長時間保育保障のために増員した常勤職員3名全部を幼児棟に加配してもなお、人手不足に悩まされる保育状況だった。

「私たちの思い＝子どもたちの要求なのか？」「時間がかかる子や月齢の低い子はいつも早く課題を達成していく子のあとを追いかける保育になっていないか？」「いつも先生に援助してもらわないとできない子なのだという思いをさせていないか？」「子どもたちがそんな思いを重ねて卒園し就学を迎えていってよいのか？」と率直な思いを語り合った。

　なぜ、保育士の思いと子どもの気持ちがズレていくのか。とらえなおすことが必要な時期に来ていた。大人の期待に応えるためにではなく、子どもたちが育つ生活基盤の変化を知り、子どもたち自らが思いをありのままに表現し、互いを認め合い、育ち合える保育のあり方とはどんな保育なのか。真剣に考え合った。子どもたちが自ら学び育ち合うことのできる保育の模索である。

　それまで、私たちは子どもに「失敗しても間違ってもいいのよ」とメッセージをいつもおくってきたつもりだった。また、集団生活を通し一人ひとりのよさがみんなに伝わり、認め合える仲間として育ち合えるようにと実践してきたつもりだった。だが、年齢別保育は、発達に即した課題が「できた・できない」で子どもを見がちになる。子どもに「失敗して大きくなるのよ」と伝えても、素直に受け止めることは難しい。みんなと同じようにやりたいと思い同じようにすることが一番よいと思い込めば、子どもはできないことが不安になっていく。はじめからやらないという選択をしてしまう子どもの姿も現れていた。

　そうした子どもの心にしっかり寄り添えていたか、私たちは自らに問わざるを得なかった。子どもたちがもっと自然な姿で集団のなかでのびのびできる方法はないものか。大人がその子のよさを伝えていかなくても、自然に子ども同士が一人ひとりの子どものよさを感じ取れる生活ができないものか。振り返れば、保育の本質そのものを問う議論が行われていたように思う。

● 土曜保育で異年齢保育を試行

　乳幼児期の昼間のほとんどを保育園で生活する子どもたちのために、どんな保育が必要なのか。家庭や地域社会の様相が大きく変わり、家族のなかで育ち合うことさえ難しくなってきているなかで、これまでの保育でよいのか。園生活の基礎集団を異年齢の生活集団にしてはどうかという提案をした。かつて、兄弟姉妹がたくさんいて地域の異年齢子ども集団であそび育ち合ってきた経験のある職員たちは、「子どもは生まれながらにして自ら学ぶ存在であって自主的に育ち合っていける」「小さい子は大きい子にあこがれ目を皿のようにして自ら学んで育つ力がある」「大きい子は小さい子に慕われ頼りにされることで自らの自尊感情をたかめ、成長していける」とすんなり考えることができる。だが、そうした体験のない若い世代にとってはイメージをもつことさえ難しい。

兄弟や姉妹であればイメージしやすい。1名とか2名しかいない兄弟姉妹が切り離されて年齢別に保育されて本当によいものだろうか。保育のあり方の論議を職員間で4年間続けた。まずは、土曜保育で部分試行してみようということになった。

　大人の要求や提示した課題に必死で向かわなければならないような保育を変えていこう、「できる・できない」という大人の価値評価がともなう考え方を変えていこうと学習し合った。「自分は自分のままでいい」「自分のこういう面が好き」「友だちとかかわることが好き」を大事にした。気になる子はその子の個人の問題としてとらえず、その子を含めて誰もが育ち合える保育を創造していこうと学習を重ねていった。

　1992年、日本社会でもようやく土曜休日が普及し始めていた。そのころこぐま保育園では、土曜保育の希望者が少なくなっていたので、小集団での異年齢・きょうだい保育を試みることができた。最初は2歳〜5歳でグループ編成をし、実のきょうだいは一緒のグループとした。子どもの組み合わせをよく考えて編成した。子ども同士のかかわり方に留意して実践していった。職員同士の年齢のバランス、職員の土休体制作りも合わせて検討した。土曜保育利用児が少なくなっており、子どもが集まらなくなっていたことを言わば逆手にとってきょうだいグループ保育を試みたわけである。

　保育は、大人の判断で進めず、子どもたちが知恵や力を出し合って食事の準備、片づけ、午睡の準備、着替え、散歩、あそびなどの行為ができるようにしていった。子どもたちがゆったりと余裕をもって自分たちの判断で生活していけることを目的とすることを確認してスタートした。

　実際に、異年齢・きょうだい保育を進めてみると、大きい子は小さい子にはやさしく接し、年齢別では見せない雰囲気が生まれていた。子どもたちはのびのびとしていた。大きい子が小さい子にかかわって、ごねたり、困ったりするということも見られなかった。職員も子どもたちに励まされる思いがしたものである。

　最初は、土曜日の9時〜11時30分の時間に3〜5歳児が合同で過ごすようにした。ごっこあそびを楽しみ帰りに年上の子が描いた絵をプレゼントしてもらった3歳児がうれしくて、月曜日に土曜保育の再現あそびをする姿が見られた。新年度には、新3歳に進級ペンダントをプレゼントし、3歳・4歳合同の誕生会を行い、9月には5歳が準備して3歳・4歳を招待し本格的な遊びまつり（おみせやさんごっこ）を行った。合同誕生会では3歳・4歳をお客様に招いて5歳が劇を披露することもあった。しだいに幼児の異年齢保育は土曜保育の枠を超えていった。だが、課題も浮き彫りになった。行事を通しての異年齢保育は活動中心の交流とならざるを得ない。もっと自然な個々人のかかわり合いが深められないものか。工夫が重ねられていった。あそびや行事だけでなく生活丸ごと、寝食をともにする異年齢保育の検討が進められていった。

　このころ、父母からこのような感想が寄せられている。

母親「子どもの数が少なくなっている昨今、自分と同じ年の子とあそぶ機会はあっても、異年齢の集団であそぶ場が少なくなっているので、毎日ではなくともどこかでそういう機会がもてたらと前から思っていました。地域のなかでできるだけ年の違う子ともかかわれるようにと思って暮らしていますが、それもかぎりがあります。園のなかで異年齢の保育ができることは、とても意味があると思っています。親はこのきょうだい保育が楽しみです。職員の人数の問題や子どもの人数の問題でなく、系統だったきょうだい保育が今後さらに深められていくことを期待しています」

母親「『えっ！　今日お兄ちゃんと一緒なの？　わーいヤッター』なんて、本人たちはとても楽しみにしているようです」

父親「土曜日は楽しくてお迎えにいっても子どもが帰りたがらない」

2　グループ保育を父母に提案

● 父母の不安「5歳は年齢別保育にしてほしい」

　土曜保育に加え朝夕の保育、行事、散歩などで意識的に異年齢体験を重ねていった。4年間かけて父母に伝え各クラスだよりでも発信し続けつつ、職員間では移行への準備を進めた。各年齢別に異年齢保育への試行計画を父母に提案した。それぞれの計画を持ち寄り、新妻・安川主任を責任者に編成チームを立ち上げて、グループ構成を具体化し、移行準備を進めていった。

　この間の異年齢保育の実践経験から、職員集団では、年齢幅の大きさによる互いの違いを肯定的に受け止められていた。螺旋階段をのぼるように互いの関係に学びながら、新たな快さを発見し合って、互いを必要として育ち合えるという認識が共有されていった。きょうだいであっても、家庭より保育園で育ち合う時間の方が長くなっており、保育のあり方を転換する時期に来ていると判断した。

　保育園創設初期からの経験者がまだ職員の半数以上を占めており、その蓄積を生かして新たな課題に挑戦できるのはこの時期しかないとも考えた。創立25周年の記念事業として老朽化していた園舎建て替え計画も視野に入れ、"異年齢・きょうだいグループ保育"ができる園舎づくりがめざされた。

　土曜保育の実践開始からすでに4年が経っていた1996年に父母に移行を提案し、1997年度の前半に部分試行、後半には全面移行、1998年度以降は年度当初より全面実施の計画で進めたいと提案した。すると、父母の不安が一気に表面化し意見が噴出した。特に5歳児では、就学への不安と重なり「5歳は変えないで卒園させたい！」という思いが強く出された。移行措置をとっても、卒園・就学に直面する5歳児の当事

異年齢であそぶ様子（こぐま保育園、1999年ころ）

者の不安は大きいことを改めて教えられた。96年度はウォーミングアップと考えて97年度に向けて学習会、話し合いを続けていった。

1996年度に、１歳〜４歳の編成を軸に０歳と５歳は部分交流として試行した。そこには、大きい子の小さい子へのやさしいまなざし、小さい子の大きい子へのあこがれが自然に表出されていた。「できる」「できない」「それはダメ」の表現が消え、小さい子は大きい子がいることで安心感が増し、生活の流れに見通しがもてるようになっていった。異年齢保育で「子どもたちが自分の存在に自信をもてる体験をしている」と大人たちは感じ始めていた。同年齢の横並び意識でもなく大人が仕切るのでもなく、子どもたちの関係性を見守る大切さを教えられた。「こういう力の獲得の仕方があるんだ」と感動的に学んでいった日々だった。生活の軸が異年齢になったことで、５歳児としての年齢活動をすることが逆に新鮮になったことも報告された。そうした子どもの様子がクラスから父母に日々伝えられていった。

● 異年齢・きょうだいグループ保育の提案と合意

異年齢・きょうだいグループ保育開始に向けて1997年２月15日、全園父母懇談会が開催され全体討議が始まった。父母への提案要旨は次のようなものである。

・長時間保育制度化後の「保育内容充実」は「異年齢集団での育ち合い」を生活の軸にしたいこと。
・毎日の生活で何よりも生命を護り育てる生活そのものを文化として継承する保育を大切にし、子どもたちとともに、大人たちも育ち合う保育をめざしたいこと。日々の生活そのものを大切にし、異なる人間・他者理解を深め、自らの人間形成を豊かにする感性、感情、自己肯定感の育つ保育をめざしたいこと。
・年齢や発達の段階の異なる多様で異質な人間関係を体験し、内発性の高い感情（実感・欲求）の育ち合いを大切にしながら就学前教育の目的を達成できるようにしていきたいこと。
・園の保育力として、今ならその転換が可能と考えること。こぐまの24年間の保育を発展

させてきた勤続20年以上の職員が職員集団の50％を超えていること。父母参加を一層高め、さらなる研修・学びを重ねて計画的総合的に新たな保育創造に力を発揮できるように努めること。

・具体的な保育計画では、生活の軸は異年齢・きょうだいグループとし、活動計画では年齢別の課業やあそび、行事の計画を合わせて具体化すること。

・25周年記念事業として、オイルショック時期の建築園舎は、建築資材不足のなかで建てられており、特例的に前倒し建て替え（普通は30年以降が対象）を老朽化対象として認める可能性が出てきているのでその許可申請と合わせ、97年度申請の全面改築計画の提案とすること。それは、異年齢・きょうだいグループ保育のための園舎として設計・建築したいこと。

　1997年度は夏休みを返上して200名いる児童の父母全員を対象にグループ懇談・協議を行った。99％の父母が参加して話し合いが進められた。父母からは、多くの意見が出された。その主な内容は「5歳児は加えないでほしい」「1歳児で大事にしてきたことは守られるのか」「大きい子と小さい子が一緒でストレスにならないか」「大きい子に負担がかかるのではないか」「小さい子がいじめられるのではないか」などである。土曜の異年齢保育の子どもたちの姿や試行期間の子どもの姿を伝えてきたつもりだったが、父母のみなさんとの合意形成は簡単ではなかった。

　子どもたちのグループ構成や担任の配置、特に0歳から1歳児に進級する時の配慮については、職員のなかからもていねいな配慮が必要だとの意見が出された。話し合いがなされ詳細な約束事を確認し合っていった。父母には乳児からの長時間保育で大切にしてきたていねいな配慮を継続すること、乳児担任からの持ち上がり職員をそれぞれのおうち（異年齢児童で構成されるクラス）に配置することなどを提案していった。父母の不安に配慮して、移行当初は年齢別の担任制を残しながら異年齢化を進めたので、生活グループ担任制を全体として確立するにはさらに時間を要した。

● 旧園舎できょうだいグループ保育に移行

　保育環境としては不十分だったが、1997年2月から1998年11月にかけて旧園舎での実践が開始された。子どもの生活が子ども自身の文化として継承されていく保育をめざした。生命が護られ、安心・安全感があり、子どもが互いの存在の大切さを実感できる日常生活の保障である。子どもたちの自己肯定感は、日々の安定した心地よい生活の営みのなかでこそ育ちゆく。年齢幅のある子ども集団の生活で、より人間的で豊かな感情交流が成立する。そんな願いが込められた異年齢・きょうだいグループ保育の開始だった。

　異年齢グループ担任に合わせて1歳と5歳では年齢別の担任を置くなどさまざまな

経過措置を取り、保育者も多くを学んでいった。1歳の2回寝の保障と幼児の集団活動を保障するために、乳児的な部屋と幼児的な部屋を使い分ける試みもしてみたが、小さな工夫で十分であったり、大きい子が小さい子に対して自然に配慮する姿も見られ、豊かに育ち合うことを子どもたちから教えられた。

　移行が進むにしたがっていくつかの課題も見えてきた。2回寝が必要な1歳児をすべての生活グループに編成することによる年齢担当制から異年齢生活グループ担当制への完全移行の課題、生活グループの縦の活動と幼児の課業や行事など横の活動を保育者が役割分担していく課題、子どものとらえ方や発達段階の学習、課業研究会などおうちを超えた横断的な研究組織化の課題、など。

　こうした課題が生まれたことが職員集団の質を高めていったように思う。課業を分担することで、グループを超えて子どもたちとのかかわりを共有することができた。また、乳児・幼児の担当意識を変えていかなければならないことも子どもたちから教えられた。大人の学び合い・育ち合いがあった。

　ともに生活を営むなかでの子どもの成長はめざましいものがあった。障がいをもつ子がその感覚・感情をしだいに発達させていくのを見て、最初は「いや」と言っていた子が「私たちも小さい時はこうだったんだね」と自己対話をしながら理解を深めていく姿があった。小さい子の姿を見て大きい子もおんぶや抱っこをしたがる。それを大人は自然に受け止めることができるようになっていく。4歳だって5歳だって甘えたいこともあるのだと。年齢別保育では見えにくい内面の育ちに気づかされることも多くあった。

　課業によっては部屋移動するために目的意識がはっきりして楽しんで課業に向かえることもある。お部屋に戻った時に「何をしてきたの?」と聞かれ、振り返ることで活動内容を再認識できることもある。

　父母も子どもたちの変化を通して新たな実践への共感・期待が多く寄せられるようになっていった。5歳児が家に帰って目を輝かせて語る小さい子との関係に父母がいたく感動し、異年齢保育を受け入れていってくれたことを忘れることができない。この時期の子どもたちが今、こぐまの保育の担い手となっているのは感慨深い。

　1999年12月から2000年12月にかけて、新園舎建設のため東永山小学校の廃校にともなう空き校舎を借りて仮設保育を行った。

3　新園舎が完成し異年齢・きょうだいグループ保育開始

　異年齢保育移行検討のさなかの1994年度末、園長伊藤が入院・手術、予後も不安定

という事態のなかで、事務長・主任を中心に運営委員会と職員集団の力で新年度の園運営が準備されていった。建て替えは高齢者施設合築案も検討されたが住宅公団の許可を得られず、保育園の全面建て替えの計画に切り替えられた。

　1997年、五者協のもとに園舎改築推進委員会が設置され、建設業者選定・経費・寄付金集め、認可書類準備、業者間の調整などは、理事長・事務長・副事務長があたった。設計委員会を園長・主任・担当職員に父母の参加も得て設置し、年齢別保育から異年齢・きょうだいグループ保育に転換するための園舎設計が進められた。ゆっくり、じっくり生命を護り育てる生活を大事にする異年齢・きょうだいグループ保育のための園舎づくりである。基本設計から空間のあり方、サイズ、形、色、材質など設備・備品に至るまで、意見がすり合わされた。設計士さんは大変だったろうが、異年齢・きょうだい保育が必要とした園舎を作り上げられたと思う。

　折しもこのころは、社会福祉事業法が改正され新システムの会計制度の導入など制度崩しが進められていた時期と重なっている。国の運営費補助は16％増となるも都の補助金は22％減収となるという動きのなかで、都予算との関連で園舎建て替え・改築事業の99年度申請がいったん保留にされることがあった。園舎設計のコンセプト概要は次の通りである（資料5）。

・園舎の基本構造

敷地面積2633.03㎡、園庭2ヶ所。土手に多様な樹木や花の植えこみ。

延べ床面積1485.71㎡、地下1階、一部2階建て。

玄関に全園児分のクローク、トイレ、傘立て、大人用の自動手洗い2基設置。

厨房を2ヶ所（1ヶ所は、乳児室に直結・離乳食調理専用コーナーつき）。生ごみ処理機2基設置。

事務室、保健室、相談室、営繕室、2階に職員休憩室とシャワールームつき更衣室。地階に、子育て・福祉センター兼ホール。建物全体を床暖房に。

・保育の単位

にじのおうち（0歳）0歳児24名。3名ずつの異月齢グループ担当保育士1名。4グループで1クラス。2クラス。

5つのおうち（1歳児から5歳児の異年齢クラス、やまのおうち、そらのおうち、うみのおうち、かぜのおうち、もりのおうち）1グループ児童8名に担当保育士1名を配置。4グループで一つの「おうち」を構成。保育士4〜5名配置。

・異年齢のおうちの基本構造

各おうちはトップライトがあり独立性がある。1軒のおうちに2つの部屋、1つの食堂

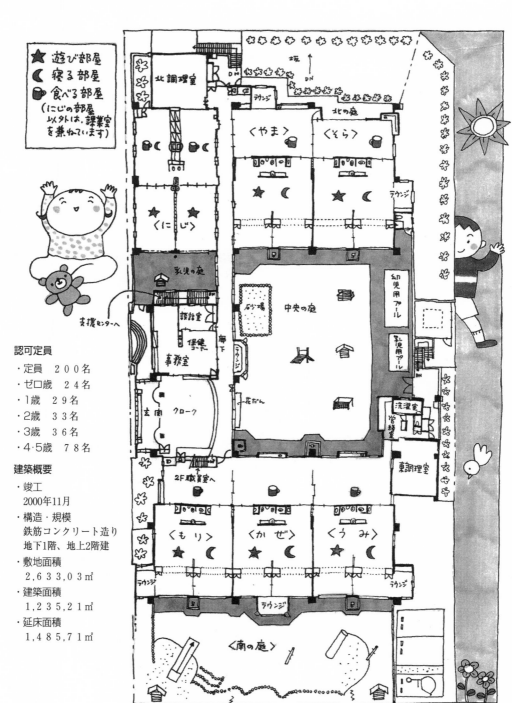

認可定員

・定員　２００名
・ゼロ歳　２４名
・1歳　２９名
・2歳　３３名
・3歳　３６名
・4・5歳　７８名

建築概要

・竣工
　2000年11月
・構造・規模
　鉄筋コンクリート造り
　地下1階、地上2階建
・敷地面積
　２,６３３,０３㎡
・建築面積
　１,２３５,２１㎡
・延床面積
　１,４８５,７１㎡

こぐま保育園著『きょうだい保育の園舎づくり』草土文化、2002年より

（課業・作業室にも使用）、ミニキッチン、1つのラウンジ、4つの押し入れ、4つの手洗いトイレ、着替えコーナー。おうちは2つに区切可能。無垢のフローリング。各おうちにテラス、足洗い場と温水シャワー。

　2000年11月1日、新園舎が完成し、整った環境で異年齢・きょうだいグループが始まった。子どもたちには安心してゆったりと見通しのもてる生活空間が与えられた。新園舎での保育開始当日、5歳児が「あ〜っ、ぼくも保育園のようなおうちをつくりたいな〜」とつぶやいた。印象深い言葉だった。
　父母たちも居心地がよさそうだった。子どもにとっても父母にとっても、おうちは「家庭」のような安心とくつろぎ感があったのではないか。各おうちごとに父母と運営委員会を作り、おうちへの新入園児を迎え入れた。職員だけでなく、子どもたちも父母も新しい仲間を迎える準備をし受け入れていく。やがて、おうちごとの「文化」が生まれそれが継承されていった（こぐまでは、「慣らし保育」でなく「受け入れ保育」という）。

4　子どもたちの日課と生活の実際

● 時間の流れ、空間、育ち合いの関係

　子どもの日課は年齢ごとに異なる。その日課の異なる子どもたちが同じグループに属するのが異年齢保育である。日課の違いが活動計画に反映される必要がある。計画のポイントは、① 時間の流れ、② 空間のあり方、③ 子どもたちの育ち合いの関係、の3つである。
　子どもの生活全体が見通せる計画が求められる。こうしたことを考慮して園舎が建て替えられているので、子どものリズムの違いを考えて上手に生活空間が生かされてゆく。新園舎では、小さい子の睡眠の場所、ベッドコーナーなど、インテリアの工夫で空間が視覚的に区別されるようになっている。
　異年齢への移行時期には、子どもたちの誰もがその場所の意味を感じとれるようにする。小さい子が眠りの時間になっていることが分かるように工夫もした。1歳児・2歳児が眠りについている時は、幼児はそっとのぞいて、「小さい子は自分たちと違う時間に眠るんだね」と自分たちとの違いを感じとる。その時は、部屋の中ではあまり大声を出さない。日を重ねるごとに、1歳児・2歳児の眠りに対して緊張をともなわず自然にふるまえるようになっていく。散歩から帰ってきた時など、「まだ眠っているかな？」とのぞいてみたりもする。空間構成の工夫で、子どもたちの細や

かな心遣いを育て互いの違いを理解できるようになっていく。

　年齢・月齢・個人差のリズムの違いを保障する生活の営みを通し、子どもたちの心理的発達をより豊かにすることができる。年数を重ねると、大きい子たちは小さい時に体験したことを繰り返して体験することになる。その体験を通して、新しい小さな子を受け入れる学びが深まっていく。人間らしい心の育ちを可能にする生活である。保育園は、生活を文化として継承する社会的役割を担っているといえる。

● 子どもたちの食事風景

　生活グループごとに食事をする。年度の初めはグループの５歳児や４歳児が食事当番をし、後半には、３歳児も参加するようになる。当番は、１歳児が眠くなったりおなかが空いたりするので、少し早めに食べられるように準備をする。まだ、２回寝の１歳児は、午前寝から目覚めてグループのみんなと一緒に食べられる。

　食事の仕方としては、グループごとにテーブルが作られ、それぞれにご飯のおひつとお汁の鍋が用意され、温かいご飯とお汁を当番が盛りつけ配膳する。当番は当番用の三角巾とエプロンを身に着け、１歳児が席に着くと、その子のエプロンを着けてあげる。１歳児・２歳児にはスプーンを、幼児にはお箸が用意される。３歳では、まだ両方使う子もいる。スプーンを使うか箸を使うかで、お茶碗やお皿も違ってくる。当番は判断して配膳していく。メンバー一人ひとりの摂取量を考えながら盛りつけていく。「たくさん欲しい？　少しでいい？」と尋ねたりしながらの盛りつけは楽しいものである。

　大人の仕事を譲り受けグループで役割を果たしている姿は、自信に満ちていて誇らしい。子どもたちの何気ない表情や行為のなかに見て取ることができる。たとえば、ごく自然にやさしく小さい子にお茶をくんできてあげたり、小さい子がスプーンを落としてしまったりすると新しいのを持ってきてあげたりしている姿が見られる。

　小さい子のことを当番だけでなく子どもたちみんなが気にかけている。小さい子が苦手な献立などの場合、大きい子たちが、「ほら、こうして食べるとおいしいよ」とパクンと食べると、小さい子もまねして上手に食べてしまうこともよく見られる。大きい子も小さい子の姿を見ながら自分の判断基準を育てている面もある。食事時間はとても和やかで落ち着いた楽しい時間となっている。

　保育者はゆったりと見守っていて、何か頼まれたり聞かれたりした時に対応してあげればよいのだ。ここでも、空間と時間、子ども同士の関係が大切である。食堂とプレイルームは別の空間として作られているので、ゆっくりと食事をし、終わった順にごちそうさまをして歯磨きし、お昼寝に入る。

　食後の歯磨きなども、小さいうちは食事が済んだらお茶を飲むことから始まり、３歳では食事が済んだらミニキッチンの前のベンチに座り、自分の歯ブラシを持って大

きい子の歯磨きをまねて手鏡を持って口の中を映しながらていねいに磨こうとする。そんな様子を見て大きい子たちがますますていねいに磨こうとする姿が見られる。

● 着脱と排泄

　4歳児・5歳児は日々の生活で自分の衣服の汚れに気づき、暑さや寒さなど気象の変化に対応して着替えができるようになる。朝、登園したら着替えの衣服を自分のタンスにしまうとか、タンスの中の着替えやタオルなど必要な枚数を判断し準備することもできる。こうした大きい子の姿を見ていて、1歳児でも自分のことを自分でしようとまねようとする。1歳児から5歳児まで一緒のおうちにいるので、生活がていねいに繰り返し積み重ねられ生活の循環が生まれる。ゆっくりと確かな生活の力が形成されていく。排泄も同様である。大きい子どもたちの姿を見て1歳児がトイレトレーニングを自然に無理なく受け入れていく。トイレが保育室にあるかどうかも大事な環境要因となるし、タンスがどんな場所にあるかも大切である。年齢別保育をしていた時とはまったく異なる子どもの姿を見ることができる。

● あそびの風景

　子どもたちは、きょうだい・グループ保育の生活を通して生活イメージを意識し人間関係や社会性、ルールなどを学び、心身を発達させていくが、同時にあそびも変化させる。小さい子どもたちは、大きい子どもたちのあそびを見てそこに加わり、あそびの内容や遊具の使い方、ものの作り方などを受け継いでいく。邪魔をしてはいけないことやルール、順番なども学ぶ。ここでも環境設定が大切である。一人あそびがじっくりできる場、異年齢であそぶコーナー、同年齢でのあそびが発展するコーナーなど。遊具の置き方や場所も子どもたちのあそび方のなかで変化していく。同年齢ではすぐ理解し合えても小さい子が加わると分かるようにルールを変えたり、工夫したりすることが見られる。あそびの楽しみ方も一様ではなく、子どもたちの感性や思考をより豊かに育てていくように感ずる。

　新年度に1歳児を迎えた時、大きい子たちが作ったあそびの空間に新入園の1歳児が入り込んで壊してしまいそうになった時がある。「おうちにかってに入ってきちゃったー！」と言いながら、小さい子を抱っこして、その子の好きそうなクルマの遊具を与えたり、別のあそび場を作ってあげたりといろいろ考えていく。その子があそべるように工夫してあげながら自分たちのあそびも続けられるように考えている。同年齢だけでは考えつかないあそび方を生み出している。小さい子たちは、そうした大きい子とのかかわり方を学びながら、抱っこされてあそびを見たり、カバンを持って「バイバーイ」とお出かけごっこなどをして、自分の世界からのかかわり方であそびを展開していく。大きい子たちの小さい子を仲間に入れる巧みさは脱帽ものである。

● 心が通い合うきょうだい・グループ保育

　きょうだい・グループ保育で大きい子たちの発見がたくさんある。違いの発見である。「なんで○○ちゃんは１日に２回も眠るの?」「なんで野菜がこんなに小さいの?」「トイレでおしっこはできないの?」などと次々に質問がくる。最初は「ちゃんと答えなければ!　保育士だから」と気負うのだが、だんだん「どうしてかね、一緒に考えようか」に変化していく。いつも前へ前へと引っ張っていかなくても生活を豊かにしていくパートナーと思えば、「一緒に考えようね」「先生ができない時は手伝ってね」「自分たちが気持ちよく生活するためにみんなできれいにしよう」といった言葉かけが自然にできるようになっていく。子どもたちは頼りにされることが大好きなのだ。

　小さい子たちは頼りにされるお兄さんやお姉さんを見てあこがれの気持ちをふくらませる。あこがれの気持ちが発達を促していく。大きい子たちは「この子はどんなことができるのかな。何が好きなのかな」などと考える。年齢も発達段階も違う多様な子たちにどうかかわるか学んでいく。

　小さい子が大人に抱っこされうれしそうにしている姿を見て、５歳児が甘えたい時に甘えていいのだと心を解放し素直に甘えてくることがある。もう５歳児だからという壁を作り、本音を言えない状況を大人も作っていたのだと気づかされたこともある。

　涙と鼻水でクシャクシャになった顔を見てはじめは「わ〜汚い!」と感じていた気持ちが、「小さい子って心底かわいい!」と変わり、その気持ちの変化がこの子の鼻水をきれいに拭いてあげたいという思いにつながっていく。幼児がけんかしてくやしくて泣いていると、１歳児がそっと近寄って頭をなでなですることがある。幼児はほっこり気分になっていつの間にか笑顔になっている。きょうだい・グループ保育では、子ども同士たくさんの気持ちの変化ややりとり、コミュニケーションが見られる。

5　子どものつぶやき、子どもの気持ち

　異年齢・きょうだいグループ保育の実践を職員みんなで共有してきた総括会議の資料より、子どもの姿のいくつかを振り返ってみたい。

〈UとAの育ち合い〉

　Uは末っ子、Aは障がいをもっている。食べ方が上手でないこの２人が食事のテーブルが一緒になりました。U「私この子と食べたくない。だって汚いんだもん」と言いま

した。そういう思いをもつのも子どもにとっては当たり前の感情だと思い、少し位置を
ずらしてあげました。まだ嫌だなと言いつつも席に着き、ともに食べることを繰り返す
なかで、「どうしてＡちゃんは、うまく食べられないの？」と聞いてきました。

　「ゆっくり、ゆっくり上手に食べられるようになっていくのよ」と答えると「みんなそ
うなの？」と聞いてきました。「Ｕちゃんも赤ちゃんの時そうだったのよ。お母さんや先
生たちが少しずつ上手にしてくれたのよ」「私もそうだったのか」と自分と重ね合わせて
考えるようになることで、Ｕちゃんに変化がありました。エプロンを着けてあげたり、
食べさせてあげたり、やさしくお世話をするようになりました。上手に口に入ると、自
分のことのように喜ぶ姿がありました。

　Ｕちゃんは翌年私立学校の入試を受験し失敗してしまいました。自分を否定された心
をＡちゃんと無心にあそび、Ａちゃんの天使のような笑顔を見て癒されていくなかで、
元気になっていきました。どの子もかけがえのない存在として認め合って生きていくこ
とができる異年齢の生活から感動をもって学ぶことができました。

〈子どもたちのつぶやきから〉

★卒園児がぽつりとつぶやいた

　「人間に生まれてよかった。おうちにかえれるし、洋服もきれる。お肉もたべられるし、
甘いものもたべられる。お話もできるし、本もよめる」

★１歳児との出会い、一週間をすごして──５歳児が誇らしげに

　「Ｕちゃんはね、とっても小さい手をしているの。小さくてかわいいの。泣かなくなっ
てえらいよね！」

　「Ｋちゃんはね、トイレでおしっこができるんだよ、赤ちゃんなのにすごいね。笑うと
まえのは（歯）がニコーって出るの」

　「Ｎちゃんはね、本当はよくしゃべれるのよ。いっぱい笑うようになったよ。私たちの
かおを見て」

　「Ａちゃんはわらべうたが好きみたいだよ。泣かなくなってよかったよかった。笑うよ
うになったしうれしいな」

　となりで寝ているＵちゃんの手をそっとさわって、「小さいなあ、おれの手大きい！
おれもこんなに小さかった？」

　「先生の手って、まほーの手なんだよ。小さい子は先生がトントンするだけで眠っちゃ
うんだよ」（連絡帳から親子の会話）

★春探しのさんぽで

　「あ！　でっかいかたつむり発見！」

　あわてて、つのも顔もかくしたかたつむり。「きみもやまのおうちの家族なんだよ」と
葉っぱに乗せられ、やまのおうちに一緒に帰ってきました。家族が増えてうれしそうに

小さい子たちも見に来ていました。

★先生いらず

「先生、脱げな〜い、着せてー」とＭちゃん。きつめのＴシャツで悪戦苦闘！

「分かった。ちょっと待っていてね」の待っていてが長引き始めたころ、５歳のＡちゃんがそっと救いの手を出してくれ、全部やってくれたのでした。

しかもＭちゃんができることとできないことがちゃんと分かっていて、自分でできるように促しています。Ｍちゃんも大人がしてあげるよりうれしそうに言われる通りにやっていました。

★昼食中の会話

「いいな〜。１さいや２さいの子はたべさせてもらって」

「Ｂちゃんも食べさせてあげようか？」

「……いいよ。だって自分で食べなきゃっ」

そしてしみじみと隣のボーっとして食べない２歳の子に

「どうしたの？　もう食べたくないの？　もうちょっと食べなければどんどん（年長組）みたいなお姉さんになれないよ。お姉さんになりたいでしょ。ホラ手を出して。手を出して食べないところんだ時も、こうつうじこでも手が出ないんだよ。分かった？　ひと口入れてあげるから、あとはじぶんで食べな、あ〜ん」

パクパク食べ始めた２歳児でした。

★みんなで子育て（連絡帳から。お便りで紹介）

迎えに行くとＭちゃんがおうちの前の庭の掃除をしていました。Ｕも手伝っていたようですが、私を見つけて終了。クロークに戻るとＭちゃんは、自分のおうち以外の庭まで範囲を拡げ黙々と掃除をしていました。すごく感動して思わず「Ｍ！　えらいね！」と声をかけた時のＭの顔。ほめられ、恥ずかしいような、誇らしげなような、掃除やりきった達成感が表情に出ていて。こぐまの子たちって本当に良い子に育っているなと、あたたかくおだやかな気持ちにさせてくれた一時でした。Ｍちゃん、ありがとう！

★父母も育ち合う──懇談会での父母の意見

「先生や友だちにかわいがられて育った。自分がやさしくされたから、小さい子にやさしくできる。今年ほど、もう１人子どもが欲しいと思ったことはない」

「ノートに自分の気持ちを書き、励ましてもらい親も成長できる」

「忙しくて心がすさんでいたが、ここに来て話ができてよかった。自分の子を自分以外の人に認めてもらうことの安心感がある。いつもいろいろな大人たちに気にかけてもらっていることが嬉しい」

「こぐまは第２の家。園に来ると安心する。みんなが声をかけてくれる。親の他にも心配してくれる人がいることの幸せ」

「こぐまには安心できる先生がたくさんいる。Ａが小さいころは、５歳児のＭちゃんに

"お願いしま〜す"と預けたこともあり助かった。こぐまで生活でき、さまざまな力をつけることができた。5歳までの成長ってすごいな〜。職場で嫌なことがあっても、みんなで考え励ましてくれた」

　「仕事を続けるか否か迷った時、職場に相談したら冷たかった。楽しい時だけの友だちは嫌だなと思ったが、こぐまの職員、父母は本当につらい時に相談にのってくれる」

　「子育ては大変だけど、"今大変でもいい時よ"と先輩父母から言われる。小さい、かわいい今を、怒りながらも幸せに思っている。自分の子もあこがれの卒園児みたいになるのだな〜と思うと嬉しい。モデルがたくさんいるので大きくなる夢をふくらませられる」

　妹ができうれしくて毎日、朝・夕・晩とおなかの赤ちゃんに話しかけたり、おなかをなでたりして出産を待ちわびていたR3歳。出産後ママが嬉しそうに、「先生！　赤ちゃんは私の声よりRの声に反応して名前を呼ばれると表情が和らぐの。すごいでしょう。異年齢保育のお陰だと思うの。だってRはお姉さんにあこがれているから妹ができても赤ちゃんがえりなどもなく、自然にお姉さんしているの」

6　きょうだい・グループ保育を顧みて

　きょうだい・グループ保育は、試行実施されたのが1997年、今のこぐま保育園園舎で本格実施されたのが2000年。もう20年以上の月日が経つ。早いものだ。もともと、きょうだい・グループ保育は当時の激変する社会状況のなかで、子どもたちの可能性を切り開こうとする実践の創造だった。今日の法人職員の多くは、きょうだい・グループ保育をすでにそこにあるものとして好意的に理解してくれていると思うが、私たちがなぜそれを取り入れたのかは十分に伝わってはいないかもしれない。この50年誌を教材にして学んでほしいと思う。

　同時に、保育実践は社会が変わりゆくとともに深化していくべきものだと思う。子どもたちがより豊かに育ってゆくためには何が必要か、子どもを育てる保護者支援、地域支援はどうあるべきか、私たちの保育は、新たなステージを迎えているようにも思われる。これから、気候変動が進みジェンダー平等など人のあり方や家族の多様性が認められていく社会にあって、多摩福祉会らしい保育展望をどう見通していくか。さらに前進していってほしいと願っている。

5 章

保育実践としての食
こぐま保育園給食物語

菅原 重美（元こぐま保育園給食室栄養士）

青木 泉（元こぐま保育園給食室栄養士）

1 こぐま保育園開園の給食準備

　1972年秋、浦辺史先生よりお誘いを受けて、児童養護施設職員を辞してこぐま保育園の開園に合わせて入職することを決めた。1973年2月、夫とともに名古屋より上京、多摩ニュータウン第2期入居の永山3丁目の公団住宅に越してきた。4月の開園までに食器、調理器具、食材の調達、給食の方針、献立などを準備しなければならない。ところが、肝心の調理室をはじめ園舎の工事が進んでおらず、開園に間に合うのかハラハラドキドキの出発だった。食べることを重視したいという思いが園舎の設計に表れていて、普通なら園舎の隅っこに配置される調理室が真ん中に置かれていた。カウンターの扉を開ければホールでの子どもたちの食事風景が一望できるという給食室の配置に驚いたことを覚えている。

　当初、給食の担当者は常勤職員3名だったが1年後に4名となった。浦辺理事長からはこんなことを示唆された。集団給食だけれど、一日の大半を保育園で過ごす子どもたちのことを考えると、一人ひとりを大切にした家庭的な手作りの安全でおいしい食事をめざしてほしい。給食担当者も保育者の一員として保育を学び保育実践にかかわり、記録に残していってほしいと。

　ちょうどそのころ、メラミン食器からの有害物質の溶出が問題になっていた。浅草の合羽橋にある調理道具問屋街に行き、レストランで使っているような幼児向きの白い陶器の食器を探した。数年後、転びにくくスプーンですくいやすい食器が全私保連（現全国私立保育連盟）で開発され、全国に普及したが、当時としてはかなり珍しかったのではないかと思う。スプーンと南天の箸も吟味して選んだ。食事やおやつを運ぶためのお盆やワゴン、食器を熱湯消毒するための大きなかごと鍋も用意した。

1973年4月開園。保育時間は朝7時から夕方6時半と決まり、午前中のおやつ（乳児）、昼食、午後のおやつを提供することとなった。食材の購入先はできるだけ地元の商店や、安全な食材を納入してくれるところを選んだ。初年度の入園児96名のなかには全都から多くの転園児がいた。それまでの保育園の食器は割れない食器だったのだろう。やはり当初は落としたり、ぶつけたりして食器が割れた。陶器の食器にしたことを少し後悔し始めたころ、気がついたら子どもたちが割ることは少なくなっていた。乱暴に扱ったら食器は割れるということを子どもたちはちゃんと学んでいたのだ。実は職員が配膳や片づけの際に割ることが多く、それは職員の動線の見直し、お盆の改善、ワゴンの導入につながっていった。

　献立内容はいわゆる子ども向けの献立ではなく、和食の煮物なども多く取り入れた。添加物が問題になったためマヨネーズを手作りするようになった。また、乳酸菌飲料が虫歯の原因になることを保護者から指摘されておやつに使うのをやめている。残菜が出ることにも注目した。献立や調理法に工夫を凝らし、カウンター越しに食事風景をのぞきながらなぜ残菜が出るのかも考察した。子ども一人ひとりの体格、体調も考慮し、一律の食事指導は避けてきめ細かな食育実践を進めている。子どもたちが食べることは楽しいことと感じてくれることは私たちの生きがいでもあった。　（菅原 重美）

2　食の実践で大切にしてきたこと

　食の実践で重視したことが三つある。

　第一は軽食の実施である。1975年、3年目になり、降園後の子どもたちの日課に課題があるのではと、「食生活実態調査」を実施した。すると、朝食抜きの子どもや夕食前の間食で夕飯がきちんと食べられていない子どもが多いことが明らかになった。正木健雄先生から「背骨ぐにゃ」の子どもが多発していることを学び、改めて食べることの重要性を理解することができた。午後の間食の位置づけを検討し、時間、量、内容を考え合った。また、在園時間が長いためか降園時にはおなかの空いた子どもが多くいたことにも注目した。

　子どもの一日の生活を考えるとそれまでの給食で十分かどうか。保護者たちに降園後、遅くとも7時半には夕食にしてほしいという願いを伝え、おやつから軽食に切り替え、15時半から16時の間に提供すると懇談会で何回も話し合った。軽食実施の試験期間も設置し、子どもたちの発達と健康を重視して1976年度より軽食実施に踏み切ったが、保護者からの反応もよかったことを覚えている。

　第二は、離乳食の個別対応である。離乳食は人が初めて出会う「食」でありその後

こぐま保育園給食室（1989年ころ）

の人生に大きな影響を与えると言っても過言ではない。園舎を改築して乳児給食室を
造り、０歳・１歳児の給食が充実できる環境を作った。離乳初期、前期、中期、後
期、と大雑把に分けるのではなく、一人ひとりの発達状況に合わせ計画進行表を作っ
て個別対応に変えていった。これを進めるには保護者や保育者との細かなコミュニ
ケーションが必要である。信頼関係がなければできないことである。給食担当者とし
て保育者とともに子どもの育ちを支えているという実感を得ることのできる実践だっ
たと思う。

　第三は、職員給食である。こぐま保育園の児童数が次第に増えて200名となり職員
も40名を超えるようになると、職員給食実施の負担が問題となっていった。しかし、
職員が子どもたちと同じものを食べて感ずることも大切なことであり、職員自身の弁
当作りの負担を軽減することも必要である。財政問題を含めさまざまな検討をした上
で調理員を増員して継続することになった。給食担当者や経営にとっては負担になる
ことだが、こぐま保育園らしい食の実践だと思う。

　最後に、食の実践を進める専門職同士の連携と保護者との共同、そして学習と運動
について触れたい。

　栄養士としてこぐま保育園の責任者会議、運営会議に参加し、その時その時の課
題、方針を給食室としてしっかり受け止められるよう努力してきたつもりだ。通常の
食、軽食、行事食などに限らず直に給食にかかわらないことも、保育の意図を理解し
園全体と連携を図れるよう、給食室として話し合いを深めることを大切にしてきた。
また、食生活の半分は家庭での保護者の取り組みにかかっているが、クラスの父母会
に参加して父母の実態や苦労を知り、どんなことが援助できるかずいぶん考えた。さ

らに、私自身がこぐま保育園で働くなかで出産し、子育ての先輩として保護者のみなさんからもたくさん教えていただいた。一緒に子育ての悩みを共有して人として成長できたことはありがたいことだった。

　給食食材費、職員配置財源問題など、保育園の努力だけで解決できることは少ない。保護者の大きな協力を得て行政に働きかけてこぐまの給食が支えられてきた。また、市内の他の保育園の給食担当者と連携し学習などを目的に「職員連絡会給食部会」を立ち上げて、献立の交換や持ち回りの調理実習なども行ってきた。こうした実践や運動について保育合研（全国保育団体合同研究集会）で発表し、全国の仲間と共有し合ったことも懐かしい思い出である。

　私は開園10年余りで退職したので法人50周年の当初の５分の１にかかわっただけだが、その後も、こぐま保育園の給食実践が発展しその伝統がその後の法人保育園に伝わっていることを誇りに思う。

（菅原 重美）

3　子どもたちが主体的に食べる
──バイキング形式給食と異年齢のクッキング保育

　私は、1993年４月から2019年３月の26年間、こぐま保育園の給食室にお世話になった。働き始めたころに感じたことは、こぐま保育園が何をするにも子ども中心で給食室の職員も保育と一緒に実践しているということである。栄養士の勉強しかしていなかった私には分からないことだらけだった。私にとって幸いだったのは、こぐま保育園には年に４回、総括という保育の振り返りをする会議があったことだ。全職員が参加していて興味深い会議である。新鮮だった。分からないなりに常に子どもたちのために何ができるかと自然に考えるようになっていったことを覚えている。

　このような環境のなかで、給食室として子どもたちの食について何を考え、それをどう実践してきたか。その具体例をいくつか書き残しておきたいと思う。

　ひとつは、バイキング給食である。私が保育園で働き始めて間もないこぐま保育園がまだ年齢別の保育をしていたころのことだ。園の目標として、子どもたちが給食時に主体的に食べる意欲をもってほしいという園目標があった。

　食べる量については、その年齢で食べてほしい量を給食で盛りつけをしていた。個人差があるので取り分け皿を用意し、食べきれないと思った分は食べる前に先生に言って取り分けてもらうようにしていた。ある日、子どもたちが食べている様子を見に行った時のことである。ちょうどみんなが苦手な白和えの日のことだ。「減らしてください」という大合唱。それもひとりやふたりではない。何人もの子が「グチャグ

チャしているから」「何が入っているか分からないから」という理由で食べたくないと言うのである。

そんなことが何度かあった。どうしたらみんなが楽しく、すすんで食べてもらえるようになるか悩んだものだ。あれこれと考えたがそのなかのひとつとして、保育の先生の知恵も借りてバイキング形式の給食をやってみることにした。最初は月に一度だが、この日だけは食べられる分だけを自分たちで盛りつけるという試みである。食べられない分を減らすという考えから、食べられる分を自分で盛りつけるというプラスの発想に変えていこうという実践である。

その結果、いろいろなことが見えてきた。「減らしてください」という言葉がなくなっただけではなく、苦手なものへのネガティブなイメージが払拭されていったのだ。それだけではない。苦手なものであってもトッピングをつけてあげると食べる意欲が増すということも分かってきた。さらに、トッピングを選べるようにするともっと食べる意欲が増すことも分かってきた。たとえば、魚のフライにケチャップをかけるかソースをかけるかの選択である。自分で選ぶという主体的行為を食のなかにとりこんだのだ。大人が子どもに学んだわけである。

もうひとつは、異年齢保育（きょうだいグループ保育）での食の実践である。

私が入職する前から、こぐま保育園はクッキング保育が盛んだった。異年齢保育に切り替わってからも同年齢でのクッキングを大切にしていたが、1歳から5歳が生活するそれぞれのおうちでクッキング保育をどう取り組むか課題となっていた。毎週木曜日に行われる年長のどんどんさんのお米とぎがきっかけとなった。だんだんと、その日に合わせて一緒にお味噌汁を作るようになっていった。小さい子も食べるからと野菜の具を小さく切ってあげる姿、小さい子が苦手な具材が入っていて食べにくそうにしていると「ぼく（私）が作ったから食べてほしいなあ」と声かけをする姿、その声かけで頑張ろうとする姿が見られるようになっていった。お料理は食べる相手を思いやる心が大切である。異年齢クッキングで子どもの心が大きく育つことを実感できた。各おうちごとに個性のあるクッキング実践が拡がっていった。

一緒にクッキングをするようになってから子どもたちに顔を覚えてもらい、時には献立についてのお手紙を書くようになった。食べ物のことを子どもたちに知ってもらうと同時に、作っている私たちの気持ちなども手紙に織り込んでいった。給食なりに思いやりの心も育んでほしいと願って書いたものである。

このほかにもたくさんのことに取り組んだが、給食は給食、保育は保育ということではなく、職域の壁を越えて保育実践を追求するこぐまのスタイルがあっての創造的実践だったと思う。これからも、職域だけでなく施設の壁も越えて食の実践を進めていくことを多摩福祉会に期待している。

（青木 泉）

Ⅲ部

ミッションの継承と
法人の発展

2006年の練馬区立向山保育園民間委託の受託以後、4保育所4学童保育を擁する法人に発展してきた。山あり谷ありの歴史である。経営や労働組合の歴史を含む法人史。

貝取小学童クラブ（2022年）

1章

向山保育園指定管理受託

保護者、受託者の苦悩と希望

大石 隆寛（元練馬区立向山保育園保護者・法人評議員）

安川 信一郎（法人常務理事・向山保育園園長）

　1法人1施設だった当法人の第2の施設となったのが向山保育園である。公立の保護者も受託する法人も未知への挑戦だった。その後、当法人は次第に施設数を増やしていくが、その転機になったのが向山保育園指定管理受託である。

1　保護者の立場から──大変だった事業者探し

● 納得できなかった練馬区の民間委託

　2005年4月に0歳の長女が練馬区立向山保育園（以下、向山保育園）に入園した。当時、向山保育園は練馬区が運営するごく普通の区立保育園だった。向山保育園に入園希望を出した時、すでに2006年4月からの民間委託は知らされており、特に気に留めることもなかった。しかし、入園後の民間委託についての父母会説明会で知らされたことは驚くべきことだった。そこでは、数ヶ月先行して民間委託された光が丘第八保育園が混乱状態にあるにもかかわらず、練馬区はそれを隠そうとしているとの説明があった。自治体側が利用者の意向に反して推し進めようとしている実態があること、民間委託により保育の質が下がる懸念があることを初めて知った。それまで練馬区からは民間委託により保育時間の延長や休日保育の拡充などのメリットが伝えられていたので、この説明会を機に民間委託に対して懐疑的な考えを抱くようになった。事実が知らされるにしたがって向山保育園保護者も動揺し不安な気持ちに襲われていったように思う。

　それからは民間委託についての勉強会や講演会には足繁く通った。そのなかである識者の言葉が印象に残った。

「民間委託はよくない。まずは反対すべきだが、委託の動きが止められないと判断したら良い事業者を模索することも必要だ」

　反対を貫き通すだけでなく、避けられない場合は子どものことを一番に考えないといけないと納得したものである。しかし「良い事業者を探す」と言われても何をすればいいのか分からない。それを教えてくれたのが向山保育園の一人の保護者だった。当時、民間委託が進められていた区内の2園は民間委託反対の運動が盛り上がっていたが、それにくらべると向山保育園保護者の動きはそれほどでなかった。リーダーと呼ぶべきその保護者が細々と引っ張っている状態だった。その彼から「民間事業者だから良くないというわけでない。公立の保育園よりも良い保育をしている民間事業者はいる」と教えられた。一条の光が見えた気がした。

● 良い保育実践をしてくれる事業者を探す

　練馬区は民間委託の第一弾として、光が丘第八保育園、石神井町つつじ保育園、そして向山保育園の3保育園を発表していた。民間委託反対の保護者は園ごとに団結して練馬区と向き合っていった。一足先に委託が進んでいた光が丘第八保育園では、すでに委託候補事業者として株式会社が選定され実際の運営に入っていた。一年も経たずして多くの保育者が入れ替わるなど混乱が続き、マスコミにも大きく報道され社会問題化していた。そうしたなか、光が丘第八保育園の保護者は委託先決定にあたって選定基準を厳しくするよう練馬区と条件交渉を重ねていた（注1）。また石神井町つつじ保育園は、保護者らが中心となってNPO法人を設立し民間委託の受け皿になるという動きを進めていた（注2）。一方、向山保育園保護者の方針は良い保育をしてくれる事業者を探そうということになった。三園の保護者とも子どものために良い保育をとの思いに違いはなかったが、やり方は三者三様だった。

　「良い保育とは何か」「良い保育をしてくれるのは誰か」。なんとなく分かるようにも思えたが、実際には難しい問題である。向山保育園保護者のリーダーや民間委託問題の支援者、その他さまざまな人たちと情報共有し合いながら事業者探しを進めていった。私なりに理解できたことを簡潔に言えば、評判がよく特色がある保育を長く実践している社会福祉法人なら間違いないだろうということである。営利法人、代表的なものが株式会社だが、これは適していないと考えた。理由は単純である。行政からの委託費つまり売上高が固定されているので、利益を上げようとすれば人件費を少なくするしか方法はない。保育の質を上げることとは相反する。

　また、事業者探しのもう一つの条件としたのは、向山保育園規模と同等の百数十人以上の園の運営経験があることだ。加えて言えば、特色ある保育に自分が共感できる

かどうかも個人的にはこだわっていた。これらの条件を満たす保育園で練馬の委託に手を挙げてくれるところを探すことにした。今思えば、かなり厳しい条件である。

　まず東京を含めた近県の社会福祉法人が運営している保育園リストを作り、条件に合った社会福祉法人にアポをとって保育園を見学させてもらい、「練馬に来ていただけませんか」「向山保育園を助けてください」とお願いすることを繰り返した。仕事を休んであちらこちらの社会福祉法人の保育園にお邪魔をした。

　残念ながら私が足を運んだところで前向きな返事をくださるところはなかった。一番の問題は委託準備期間の短さである。寒くなりかけていたころだったので秋から冬だったと思う。あとで気づくのだが、翌年の4月までの数ヶ月（3〜5ヶ月）の間に児童数百名以上の保育園を運営する体制を整えてほしいというのだから無謀な話である。

● 多摩福祉会との出会い

　そんななか突然、光が見えた。なんと私たちの願いに応えてくれるという法人が現れたのだ。向山の保護者リーダーが走り回って多摩市にあるこぐま保育園と出会うことができたのだ。

　2005年12月の日曜日に、練馬区の委託事業者を決める事業者プレゼンテーションが行われた。あいにく私は行けなかったのだが傍聴した保護者から「こぐま保育園の安川園長のプレゼンは他の事業者を圧倒するすばらしいものだった」と聞いた。法人の名前を伏せるというルールでプレゼンをしていたのだが、保護者にはすぐにこぐま保育園と分かったらしく拍手喝采だったそうだ。

　しばらくして区から委託先に多摩福祉会が内定したとの知らせをもらった。本当に嬉しいことだった。向山保育園保護者有志がこぐま保育園に挨拶にうかがった。合わせて、こぐま保育園の見学もさせていただいた。寒くて雪がちらつく日だった。こぐま保育園玄関までのスロープを上がり園内に入り階段を降りて地下のホールでお話をうかがった。伊藤亮子理事長（当時）と安川信一郎こぐま保育園園長（当時）に園舎を案内し説明していただいた。「こぐまに来てもらってよかった」と改めて実感したことを今でも鮮明に覚えている。

　同じころ、当時のこぐま保育園の保護者の方からメールをいただいた。そのメールには、多摩福祉会が練馬の向山保育園を受託することになったと知らされたこと、そしていきなり4月から多くのこぐま職員が異動することにショックを受けていることが書かれていた。同じ保護者として、これまでの私たちの行動がこぐまのみなさんに迷惑をかけていたことに気づき愕然としたものである。少し考えれば分かることだったのに……。

　こぐま父母会の様子も綴られていた。

「民間委託される向山の保護者のことを思うと心が痛みます」

「私たちの大好きなこぐま保育園に初めて兄弟が誕生することを喜び、弟をしっかり育てようという園を応援したい」

「異動が決まった先生方は全員が本当によい先生です。よろしくお願いしますね」

　返す言葉もなかった。こぐまの保護者からこんな温かいメッセージをいただき、改めて今回の向山の民間委託を失敗させてはいけないと思ったものだ。

● 私たちが見た保育園民営化の問題

　2006年１月から準備委託となり、４月には委託開始されることとなった。準備期間は３ヶ月に満たない。安川園長をはじめ多摩福祉会のみなさんには大変な苦労をかけたことと思う。向山保育園保護者にとっては、なんといってもこぐま保育園が来てくれることはありがたいことであったし、保育時間も午後８時30分まで延長され休日保育や一時保育が始まるなどサービス拡充もあったためか、痛みもあったが光の見える委託となった。今回の練馬区のように民間委託が避けられない場合、多摩福祉会のような保育・福祉に対する優れた理念や実績をもち安定した財政基盤を備えた非営利組織が受け皿として求められ続けるのではないかと思う。

　とはいえ、最後まで民間委託そのものを受け入れ難いとする保護者もおられた。公立保育園民営化が子どもや保護者に残す傷は浅いものではないことを忘れるべきではない。光が丘第八保育園の問題は、保育園利用者を原告、当時の練馬区長を被告とする訴訟に発展し高裁まで争う事態になった（注３）。高裁は「民間委託化による混乱は一時的なもの」として原告（保護者側）の請求を棄却、その後、上告を断念した原告らの敗訴が確定した。利用者・住民の意向を尊重しない保育園民間委託の強行は許されるべきことではないことも指摘しておきたい。

（大石 隆寛）

注１　「光が丘第八保育園民間委託化対策協議会」要点記録・検討事項記録
　　　https://www.city.nerima.tokyo.jp/kusei/keikaku/shisaku/kyoiku/hokuenunei/jigyosentei/kyogikai.html
注２　「未来こどもランド」の誕生まで〜「練馬区立石神井町つつじ保育園」民間委託化をきっかけに
　　　https://mirai-kodomo.jp/detail/profile
注３　保育園民営化住民訴訟（練馬）〜年度途中の民間委託を強行し混乱が！〜
　　　http://www.news-pj.net/npj/2007/hoikuen-nerima_20071121.html

2　試練に耐えて感動の卒園式を迎える──受託者の立場から

● なぜ民間委託を引き受けたのか

　2005年12月の向山保育園民間委託の内示が出てから17年が経とうとしている。今でもあのころのことが鮮明によみがえってくる。委託内示が出てすぐに緊急のこぐま保育園職員会議を行い、向山へ異動を希望する職員は年明けに申し出てほしいと話した。その結果、39名の常勤職員のうち私を含めて6名の職員が異動することになった。こぐま保育園がある多摩市から練馬までは2時間近くかかる。通勤は困難だ。それぞれの職員は家族を含めて大変な決意が必要だったと思う。異動を決意した職員のほとんどが草創期のこぐまを支えてきた職員であり、送り出すこぐま保育園にとっても新たな試練だった。

　実は、向山保育園を受託する前、何年間か、職員間で次のような論議がなされていた。公的保育制度を支えている公立保育園の民間委託に法人として手を挙げるべきか否かである。論点は3つである。

① 公立保育園が民営化されることに賛成はできないが、民営化が避けられない場合にこぐま保育園として手を挙げるべきではないか。多摩福祉会の保育理念を多摩市以外の地域で根づかせて、保護者とともに子どもを育て地域の子育てセンターとしての役割を果たしていけるのではないか。

② 常勤職員の平均勤続年数が20年近くに高まるなか国や都の補助金が大幅に削減されており、賃金を大幅にダウンしないと経営が難しくなっているのではないか。この状況を打開し職員が見通しをもって働き続けるには新たな事業展開が必要ではないか。

③ 法人が複数施設をもつことで人事交流が行われ職員はさまざまな刺激を受けることができる。職員一人ひとりが成長し力を発揮できるのではないか。

　激論することもあった。議論を積み重ねた結果、向山保育園の運営を受けることとなった。

● わずか3ヶ月、綱渡りの準備期間

　年末の受託決定から翌年4月の本委託まで実質3ヶ月しかない。練馬区が示した仕様書には常勤職員の実務経験年数などが細かく定められており、それに沿った常勤職員を短期間で採用することが迫られた。こぐま保育園からの異動者を含めて30名近く

の職員を採用しなければならない。大変困難なことだ。急遽、12月26日と1月7日にこぐま保育園ホールで就職説明会を行ったところ、幸い60名近い方の応募があった。看護師（当時は看護婦）はすぐに見つからなかったが、新たに採用した職員の紹介で採用することができた。2月中旬にようやく常勤職員をそろえることができた。話は前後するが、実際に開園してみると当初予定していた保育士では足りないことが分かった。休日保育、平日13時間半の延長保育を実施するために、さらに4月に1名、5月に1名を採用せざるを得なかった。

　委託準備にあたる年明けの2006年1月より練馬と多摩を行き来する生活が始まった。3ヶ月という短期間で、向山保育園の保育実践を引き継ぎ、区が求める「練馬区立保育園の保育水準について」を達成しなければならない。引き継ぎ計画書を作成しそれに基づいて引き継ぎをせよというのだが、現実には無理がある。新しく雇用する保育士は働いている園での保育があり、こぐま保育園からの異動職員も同様にこぐまでの保育があるわけで、就業予定職員が委託準備にあたることは不可能である。新卒の学生たちが委託準備の戦力として頑張ってくれた。1月はまだ学校があるのでほとんどできなかったが、2月になってからは、打ち合わせに参加したり現場に入ってもらうことができた。

　この間、こぐま保育園から異動する職員と相談しながら、向山保育園での保育や運営の進め方、常勤職員のクラス配置や有期雇用職員の就業時間や配置、13時間半の保育を行うためのローテーション組みなど山のような課題をこなしていった。

● フォロー体制から自前の保育へ

　引き継ぎ期間が非常に短期間だったためか、向山保育園に勤務していた区職員の保育士7名がフォロー体制を組みクラス運営の軸として残ってくれた。公立保育園現場の要求もあったと思う。委託初日の4月1日は土曜日だった。園庭にもまだ慣れていないためか一人の職員がケガをしてしまった。子どもと追いかけっこをしていて避難用の滑り台のふちにつまずいて足を捻挫、1ヶ月の労災で休職となった。園長としてその時は目の前が真っ暗になってしまったことを覚えている。フォローの先生の力を借りて何とか乗り切ることができた。

　5月に入ると法人職員が軸となって保育を行うこととし、フォローの先生方には各年齢の保育を見ながら保育支援をしていただいた。6月以降は法人職員のみで保育をしていきたいという思いはあったが、保護者から「もうすぐプールが始まるのに何かあったら困る」との意見が寄せられ、2名の先生が残ってくれることになった。保育室を見回り幼児クラスの子どもや職員にプールの入り方などを指導していただいた。

　7月からはいよいよフォローの先生なしでの保育が始まった。自前の保育をつくっていこうとの思いがあり、保護者にもフォロー体制なしでの保育を行う旨を伝えた。

フォローの先生方は年度途中の異動だったためか、担任をもたないフリー保育士などの形で公立の他園に異動されたと聞いている。

● 苦労が報われた卒園式

「どうして、せんせいたちはみんないなくなっちゃったの？」

「どうして、あたらしいせんせいがくるの？」

引き継ぎ期間はあったにせよ、目の前から慣れ親しんだ保育士がいなくなり新しい保育士が自分たちの担任になったことで、子どもたちには戸惑いや不安もあったと思う。保護者からも「最近、落ち着きがなくなったようです」などのご意見もいただいた。こうした子どもの姿を見ることは心が痛むことである。よほどていねいに進めなければ、公立保育園の民間委託は子どもと保護者を傷つけることにならざるを得ない。同じ保育する立場から見ても、担任した子どもたちと別れていかなければならない公立保育士のつらくさびしい気持ちはよく分かる。

何より、保育園は子どもたちが安心する場所でなければならない。引き継ぎのプロセスでは、子どもたちが不安定になって「保育園行きたくない！」ということにならないよう懸命の努力をした。食事や排泄などの生活行為やあそびを通して、一人ひとりの子どもたちの気持ちに寄り添い保育を進めていった。職員は毎日のように休憩室に集まり、交替勤務が終わったあと、子どものことや保育のことをていねいに語り合っていた。職員の努力に園長として頭が下がった。

私たちの一生懸命さが伝わったのか、子どもたちも徐々に職員に心を開いてくれるようになっていった。翌年３月の卒園式では、職員との別れを惜しんで泣きだす子もいた。何より嬉しかったのは、保護者の方が手作りのアルバムをくださり、「先生たちと出会えてほんとうによかった」との言葉をいただいたことだ。感謝したいのはこちらである。これまでの苦労が報われた思いだった。

（安川 信一郎）

2章

第3の保育園

砧保育園民営化受託

伊藤 亮子（法人顧問、元法人理事長、こぐま保育園2代目園長、砧保育園初代園長）

黒田 清美（こぐま保育園事務長、元評議員、元砧保育園保護者）

　2009年4月より、本法人が世田谷区立砧保育園を民営化受託し運営を開始した。受託当時は1歳児から就学前までの認可定員70名の小さな保育園だったが、現在は0歳児保育を行っており定員も増えている。本章は砧保育園の民営化受託前後の経緯と新たな保育実践への"挑戦"の記録である。

1　砧保育園民営化受託と新しい保育実践

● 開園早々に保護者クレーム、「コピーでもよいので公立と同じに」

　砧保育園は世田谷区公立保育園民営化4番目の園である。2006年11月に砧保育園の民営化が公表され、翌年1月には6回にわたる区主催の砧保育園保護者説明会が行われた。8月には運営事業者が公募され、2007年12月に多摩福祉会が事業者として選定されている。2008年4月より引き継ぎ保育が始まり、2009年4月に多摩福祉会による事業となった。慌ただしいことだった。

　まだ法人本部は確立されておらず、既存のこぐま保育園、向山保育園の職員に支えられての準備作業だった。責任を負った目黒ユキ子（当時、向山保育園副園長）、梅沢富美子（当時、こぐま保育園保育士）には、保育勤務後に自宅で資料作りを進めてもらった。慣れないメールでのやりとりをしながら苦労の多い準備作業だった。最終盤では、区の補助金を得て園の近くの借家を引き継ぎセンター（事務所）とし準備を進めた。事前職員研修、クラス体制決め、勤務計画作り、保育計画作り、遊具準備などを終えて、なんとか入園式・説明会を迎えることができた。

　年度末の引き継ぎ最終日は、公立職員と保護者の別れの会と併行して、新年度受け

入れの準備が進められた。その日は引き継ぎセンターに泊まり込んだ。初日は早朝から保育室のレイアウトに心を砕くなど、精いっぱいの気持ちをこめて新入園児の受け入れ準備を進めた。ところがその努力がクレームの対象となってしまった。

　開園早々、メールなどで保護者の抗議が区役所に集中し、区担当者、園職員、保護者参加のもと緊急保護者会が4月9日午後、2部制で開催されることとなった。保護者の主張は主に2つあった。1歳児、2歳児の保育室レイアウト変更、布団の洗濯とカバーの扱いの変更は共通認識でないこと。4歳児、5歳児の保育室の間仕切りを開けた時間があったこと。「保護者の気持ちを分かっていない」として、特に布団カバー問題に怒りが渦巻いていた。

　問題視された「布団カバーの扱い」とは、以下のようなことである。公立保育園では、金曜日夕方に職員が布団を全部ホールに出して並べて置く。土曜日に保護者が来園してカバーを交換し汚れたカバーを洗濯に持ち帰る。保護者負担が大きく衛生管理上の問題があったので、引き継ぎ時に、カバー交換は月一回としシーツ用バスタオルを用意してもらってそれを週一で洗濯していただくことを提案していた。しかし、変更へのクレームははげしかった。

　布団出しをすると土曜保育の時に子どもたちがホールであそべないという問題もあった。この状態が続くと子どもたちが不安になると考え、園長（私）が「引き継ぎ期間に育んできた信頼関係に傷をつけることになり責任を感じています。子どもたちのためによりよい環境を作って受け入れたいという思いに駆られ保護者のご理解がいただけないまま変更してしまい、申しわけありませんでした。ご理解が得られるまで区立時代の方法に戻します」と保護者に説明し陳謝した。

● 保育観の違いを受け止める

　保護者は、「一年間の引き継ぎ期間があったとはいえ、職員が全員入れ替わるということはとてもさびしい。先生方の思い出や余韻も残さない変更は受け入れがたい」と訴えてもいた。今から思えば、その気持ちを十分にくめず、「子どもたちのおかれた保育環境を一刻も早く変えたい！」とする私たちの焦りがあったかもしれない。

　障がい児保育についても意見が食い違っていた。「保育室に居場所がなく廊下や階段などで自由に行動している」と指摘する保護者の意見に、当事者の保護者から、「区立時代もそのように自由にさせていただいていた。保護者と園が対立するのでなく協力できることを望んでいる」との意見が出された。障がいがあるからといって年長までおむつのままでいいとは思えなかったが、これもしばらくの間、元に戻した。障がいのある子どもにも乳児期からていねいな世話を重ね、排泄の自立を促す実践を積み重ねてきた私たちにとってつらいことだった。

　「世田谷区で一番高い水準の行事を変えないで！」「コピーでもよいから公立と同じ

にして！」という声を前に、子どもたちによりよい保育を保障したいと願うものの現実には変えられないというジレンマを抱えた。保護者の気持ちに寄り添うことが最優先の課題となった。「職員の顔写真を玄関に表示して誰がどのクラスの担任か全父母が分かるようにしてほしい」との意見にはすぐに応じ、写真コーナーを設置することにした。引き継ぎでは、公立も法人も「子どもにとってよりよい保育」をめざすという同じ表現で一致はしていたが、保育内容・運営の土台が大きく違っていたことを痛感したものである。

　当時の公立保育園の実践を尊重する気持ちはあったが、私たちの子ども観、保育観とは対極にあり、そのズレは大きかった。誤解を恐れずに言えば、行事を中心として子どもたちにやりとげる力を育てその力を父母に公開する保育と私たちとの違いである。私たちは、子どもたちが落ち着いた日課を送り自らの生活を見通す延長線上に行事を位置づけていた。そうした生活やあそび・課業のなかで、子どもたちが育ち合うことを第一義とし、一人ひとりの子どもが表現し楽しむことが大切だと考えていた。肉声による一人ひとりへの静かな声かけを大切にしていた。「子どもはもっとできるはず！」「法人の行事の水準は低い！」との評価は、保育観の違いと受け止めるほかなかった。

　当時、公立では食後の歯磨きはしていない。場所が狭くて事故を起こし危険だからとのことだった。また、5歳児が散歩から帰るとたらいの水で保育者に足を洗ってもらうために行列をつくっていた。手洗い場の蛇口が高く足を洗うと水浸しになってしまうからとのことだった。乳児期から自分の場所、自分の寝具、自分の歯ブラシが分かるようにし、3歳からみんな上手に座って歯を磨き、1歳児でも散歩から帰ると腰かけて自分で手足を洗いタオルで上手に拭くのを習慣化してきた私たちの保育との違いは大きかった。園長として、子どもたちが生活の主人公になって心地よさを味わってほしい、保護者が安らげる保育園になりたいと痛切に思ったものである。

　しだいに、子どもにも保護者にも期待があるように感じるようになっていった。受託2年目から保護者会役員会と定期協議を進め、事業計画を事前に役員会に提案し意見をいただいて新たな保育にチャレンジしていった。参考として、2011年2月に公表された5つの区立保育園民営化検証委員会の『区立保育園民営化検証結果報告書』の一部を紹介しておきたい。

　「保護者アンケートの結果では、区立保育園の保育内容を継承することを前提にした引き継ぎについて、『継承すべき』との回答が7％にとどまったのに対し、『継承しつつ、事業者の考えを取り入れてもよい（73％）』、『事業者の考える保育を実施してもよい（10％）』とする回答が8割を超えており、保護者が当面の継承を支持しながらも、事業者が独自性をだしていくことにも柔軟な見方をしていることがわかる。これらのことを

91

2章

第3の保育園

考えると、区立保育園の保育の継承を原則としつつも、それを絶対的なものとしない柔軟な考え方が求められているといえる」

● 保育環境の改善・施設整備と保育内容の充実

　この間、法人として以下のような努力を重ねていった。

　1年目は、危険箇所の除去と安心できる空間づくりを目標にした。1・2歳児室と1・2歳児寝室のロッカー、間仕切りなどを撤去し、それぞれ独立させあそび空間を確保、食事、着替えなどがゆったりできるようにした。3歳児室のロッカーも撤去、タンスを置いて自ら衣服管理ができるよう変更している。

　2年目、3年目には、保育環境を整えることを目標に全面改修した。保育用備品（ベンチ、テーブル、椅子、タンスなど）を無垢材に切り替えた。園庭に排水管を埋め込み全面芝生化しスプリンクラーを設置し、優しい緑の庭に変更した。滑り台、鉄棒、上り棒を撤去して砂場を拡充し築山を作った。幅広滑り台、ロープジャングルも設置した。足洗場、シャワーを作り、テラスを板張化した。

　3年目の前半期には幼児棟の大改修工事も進めた。各クラスに押し入れ、タンス・遊具棚を設置した。トイレもきれいに改修した。ホールも改修し、親子トイレ、教材棚、出窓にミニキッチンを設置した。3年目後半から、区補助金を得て隣ビルに新たに乳児室を設置し、4年目から乳児保育を開始した。6名の定員に1次希望が24名もあった。

　乳児保育実施によって、それまで配置されていなかった栄養士、看護師を配置することができた。月一回の嘱託医乳児検診実施を機に、嘱託医の協力を得て園全体の健康管理体制を整えていった。統一献立や食事の個別配慮規制、感染症対応規制などの難しさがあったが、栄養士を配置することで、きめ細かな栄養指導、給食提供ができるようにもなった。

　4年目以降には保育内容の充実に重点が置かれた。どの年齢も、行事中心の保育から子どもが見通しをもって生活できる保育に切り替えていった。保育者集団による計画的実践を合わせて進めた。和食を中心にした食事とし食器は陶器に変え食事マナーの習慣化をめざした。15時間にわたる長時間保育児に配慮し、栄養士の交替勤務により、手作りの「温かいものは温かいうちに冷たいものは冷たいうちに」食べられる夕食を提供した。暑い季節には夕方にシャワーを浴びて清潔に気持ちよく生活できるようにし、お迎えが夜10時を過ぎる子は睡眠をとれるようにした。

　刺激に過剰反応する子どもたちの感覚を育てるため、わらべうたや荒馬おどり、水あそび・ドル平泳法、造形陶芸、異文化交流などを取り入れていった。保護者と子どもが参加できる研修会も定例化している。全園児の個人計画を提案し全保護者の個人面談を実施、保護者と共通理解を深めることにも努めた。

● 行事の評価に変化が

　2年目の運動会はまだ従来通りでないという批判もあったが、「入園して初めて子どもが楽しかった！　と言ってくれた」「子どもたちが集中して取り組んでいてすばらしかった」「自然な感じで個性も発揮されのびのびしていてよかった」など、子どもたちの内面をとらえての感想が寄せられるようになった。

　3年目の運動会は雨のため日程変更を重ねたが、保護者から次のような感想が寄せられている。

　　「みんなとできたこと、頑張れたこと、本人もうれしかったようです。ママはムービーを見て泣きました。先生方とお友だちの支えがあったからです」

　　「最後の運動会、とても感動的。荒馬の最後の場面では、役割をしっかりやり遂げてホッとし感動しました。成長した姿を見られとてもよかった」

　　「各年齢の子どもたちが、真剣に他の子の競技を見ていてしっかり応援している姿が印象的でした。異年齢保育の影響かもしれませんが、小さい子どもたちが他の年齢の子どもたちの競技をちゃんと応援してくれていてかわいかった」

　　「親の目からでも、年齢を超えてのグループを作り競技をするのは、とてもステキです。小さい子があこがれを抱く姿もいいですね。つながりを感じる運動会でした」

　2年目の「進級・就学を祝う会」は、東日本大震災を受けて卒園式中心の会に変更したが、3年目には、子どもたちが育ち合ってきたことを表現することを軸に据えた祝う会とした。概ね「歌も、劇も、合奏もすべてよかった！」との評価をいただいて職員の確信は深まっていったように思う。

　4年目からは、行事を軸にした保育から日々の生活を通して子どもたちが育ち合う保育に切り替えていった。初めて5歳児のお泊まり保育も実施し喜ばれた。2013年3月には区立時代に入園した最後の子どもたちが卒園した。「公立の保育を変えない」ことを強く求められた民営化受託だったが、経過措置期間の4年間で多摩福祉会がめざす保育の意味が少しずつだが理解されていったように思う。この年度をもって、砧保育園の園長は伊藤（私）から前年度にすでに異動していた安川信一郎にバトンタッチされた。

　こうした事業は、自主的に働く職員がいなければできることではない。私も副園長も夜中12時、終電ギリギリに祖師ヶ谷大蔵駅に駆け込む日々が多くあった。遠く鎌倉から通い続けてくれた職員もいた。家族の入院や介護など家庭事情を抱え、折れそうになる心を互いに支え合う職員がいた。仲間たちにありがとうと言いたい。他方、希望をもって就職した若い職員には過酷な職場だったかもしれない。その職員たちの希

運動会で荒馬を披露（砧保育園、2014年）

望をすべて紡ぎきれなかったことに悔いが残っている。私たちの保育実践を支持して
くださった保護者のみなさんには心から感謝申し上げたい。 　　　　　　　　（伊藤　亮子）

2　砧保育園で育った我が子たちと私

● みんなが子どもたちのためにと考えているのに

　2010年、民営化2年目の砧保育園に、3歳児クラスに長女が、1歳児クラスに次女
が入園できた。当時、世田谷区の待機児童は3千人を超えていた。就労しているだけ
では入れず、加点（きょうだいの存在、ひとり親家庭、無認可保育園利用など）が複数な
ければ入所できない状況だった。

　特に砧保育園は駅から近いこともあり入るのが難しい保育園だった。民営化された
ことは知ってはいたものの特に気に留めることもなく入園したように思う。入園でき
たことに安堵はしたが、親の都合で転園したことに負い目を感じており、子どもたち
が慣れてくれることだけを心配し、慣らし保育に行った記憶がある。子どもたちが慣
れてくると、しだいにまわりが見えてくるようになっていった。隣の4歳児、5歳児
クラスの父母の先生への態度や雰囲気はよいものではなかったように感じた。時には
少し怯えながらそのお部屋の前を通り過ぎた記憶がある。

　親はそうだったが、子どもたちはそんなことは気にもせず元気に楽しく登園していた

ようだ。クラスの先生も園長先生も信頼できる方たちだった。何より、一緒に入園した2家庭はきょうだいの年も同じで、そんな雰囲気を微塵も感じさせない方たちだったので、安心感があった。先生たちは子ども同士が気持ちを通い合わせられるように保育してくれていたし、私を含めて父母の期待を大きく上回ることをしてくれていた。

　入園前の砧保育園のことに無頓着だった私も、だんだん、園の穏やかならぬ状態に気づくようになっていった。民営化の影響である。民営化されてから入った私たちとしては、公立時代からいる父母の発言や姿勢に違和感を覚えることが多くあった。子どもが楽しく安全に過ごしてくれること以外に求めることが多すぎて、なかなか理解ができないでいた。

　そして3年後、公立時代からの子どもたちは全員卒園し、長女と伊藤園長も一緒に卒園した。その3年間に、冷たいコンクリートの廊下は温もりある木になり、ホールにクッキングができるキッチン、使いやすい子ども用トイレができた。お部屋は木を使った空間に生まれ変わっていった。お昼ごはんを食べるところも、ホールになったり廊下になったりお部屋にしてみたりと、子どもたちにとって楽しい変化があったようだ。限られた空間を創意工夫してくれていたように思う。園庭は青々とした芝生になって裸足で運動会ができるようになった。太鼓の合図のなか、子どもたちは誇らしげに課業や荒馬を披露してくれた。

　安川信一郎園長に交代し、少しずつ始まっていた行事の改革がさらに進んだ。長女がいた時は公立が行っていた行事と新たに法人が組み込んだ行事が併行してあった。今思えばたくさんの行事があり忙しく生活をしていた。行事を減らしたり多摩福祉会らしい形に変えたりと変化していく時は、正直なところ、私のなかでも変化に抗う気持ちがあった。懇談会の席で、なぜこの行事をなくすのか形を変えるのかと説明してくれた先生に、「先生が大変だからなくすと隠さず言ってくれれば納得できます」と発言したことを覚えている。

　きょうだいには平等に同じ経験をさせてあげたい、劇などの発表する場が見たいなど、父母として変化より維持を望む気持ちが自分にもたしかにある。公立と同じにしてほしいと願う父母の気持ち、変化に対する拒否反応をもつ父母の気持ちが少し理解できたような気がした。法人が悪いわけでも、先生が悪いわけでもない。父母は被害者ではあっても父母が悪いわけではない。民営化という嵐のなかで、みんなが子どものためにと考えているのに対立することになるなんて。何ともいえない気持ちになったものである。

●砧保育園で育った生活力、自己肯定感、やさしさ

　そんな不安定さがあったが、伊藤園長たちの新しい試みに魅せられていく自分もあった。当時の伊藤園長の対応には印象深いものがある。どんなことでも「子どもに

とってどうなのか」「子どもを中心に考える」が軸にあり、それから外れることには一貫して首を縦に振ることはなかったように思う。砧保育園の先生方も、子どもにとってどうかが判断の基準になっていたように思う。それを率直に親にも伝えてくれた。

　代わった安川園長は父母のなかに飛び込んできてくれた。先生たちとの距離をさらに縮めてくれた。担任の先生と私たち親の真ん中に子どもがいて、困ったことを相談してくれたりアドバイスをくださったり、成長をともに心から喜んでくれたと思う。私にとっては、子どもを本当にかわいく思い大事にしてくれる先生方は家族のような存在だった。

　クッキング保育、芋ほり遠足と保育のなかの行事にも参加させてもらい、芝刈りや餅つき、夕涼み会の手伝いなど、父母としてかかわるなかで先生方との信頼関係や父母の仲間ができていった。

　三女出産のタイミングで砧保育園の０歳児クラスが新設された。三女は生後５ヶ月でピカピカのお部屋に入園した。長女は５歳でお泊まり保育が開始され、卒園のタイミングで、「18時以降の小学生の居場所を」と近所のアパートで自主学童保育が始まった。次女が４歳児の時に３歳から５歳の異年齢保育が開始されている。公立時代から続いていた行事が見直され、多摩福祉会の保育に変化するさなかで、私は子育てしたわけである。砧保育園とともに子どもも私も育ち合ってきた。親として成長することができたというのが実感である。

　現在、三姉妹は、高１、中２、小５である。生活力、自己肯定感の持ち方、自分より小さい子に自然にやさしく接するところ、そして良い意味でも悪い意味でも自由人であることなど、その根っこは保育園で培われたものと感じている。砧保育園で子どもを育てることができたことは幸運だったと思う。

　三女が入園し１年が経ったころに、父母として法人の評議員に選任された。評議員会に出席するようになったことで、多摩福祉会がどのような理念で成り立ち何を大切に実践が進められているのか、より深く知ることができるようになった。損得でなく人のために生きる、常に向上心をもって働く尊敬できる方々に出会うことができた。自分もそう生きていきたいと思い多摩福祉会で働くことを望んだ。幸いにも声をかけていただき、現在は、本園であるこぐま保育園で事務長として働いている。縁の下の支えに少しでもなれれば嬉しいことである。

　こぐま保育園では、毎日、いろいろなことが起きている。楽しいことも時に悲しいことも。どんな時も「子どもにとって」「父母に寄り添って」「自分はどうしたいのか」と考える先生方がいる。保育がサービスとなってしまいかねない今日、多摩福祉会はその流れには決して乗ることはないと思う。心地よいサービスではなく少し煩わしく感じることもあるかもしれないが、保護者も子どもも地域の方も、保育園で働くみんなと一緒に支え合って生きていくというのが多摩福祉会なのだ。働くようになっ

てその思いはいっそう強まっている。

　今、事務長の仕事をするなかでの悩みは、子どもによりよい保育を、職員に高い賃金水準と働きやすい職場をと、願えば願うほど財政が苦しくなってしまうことである。頑張れば頑張るほど苦しくなっていく。保育園経営を守り運営していくことは本当に難しい。どうにもこうにもならないこともあるが、あのころの砧保育園のことを思えば、子どものために乗り越えられない困難はないはずだ。与えられた仕事から逃げずに立ち向かっていきたいと思う。

（黒田 清美）

「みてみておっきいきゅうりだよ」
（砧保育園、2022年）

3章
４つの学童保育でグループ育成に挑戦

和田 玲子（永山小学童クラブ施設長）
中村 真理子（貝取小学童クラブ施設長）
佐藤 正（法人理事）

1　草創期──永山小学童クラブから始まった学童クラブ運営

　法人が初めて学童クラブの運営を受託したのが永山小学童クラブである。2008年4月のことである。多摩市では２番目の公設民営の学童クラブだった。当時、多摩市内でも学童クラブの待機児童が増加しており、待機児童解消のため各小学校内に学童クラブを新設し民間委託で運営するというのが市の方針であった。

　現在はすべてが公設民営で8法人20学童クラブとなっている。受託当時は多摩市内17の学童クラブ中、公設民営は第二小学童クラブと永山小学童クラブのみで、他の15クラブは公設公営だった。それまで多摩市の学童クラブは30年以上公設公営で運営されていた。多摩市の指導要領（現育成支援要領）に基づき、市が積み上げてきた学童クラブ育成の実績に民間保育園で積み重ねたノウハウを融合して、公設公営よりも質の高い学童クラブの保育を民間で実現するというのが民間委託の趣旨である。19時までの有料延長サービスを実施していくことが民間委託化の条件となっており、第二小学童クラブと永山小学童クラブで2010年9月より試行的に実施されている。

　永山小学童クラブの児童在籍数は、受託初年度が30名前後、2年目が50数名で、3年目の2010年に定員いっぱいの69名になった。私は、受託3年目の2010年4月に当法人に就職し永山小学童クラブで仕事に就いた。入職初日に永山小学童クラブ施設長を兼務する菅原猛前理事長は、法人の学童クラブ運営方針となる「運営目標」を示された。そこには、① 子どもの権利を第一に考えること、② 保護者が安心して預けることができるようにすること、③ 前2項を実現するために小学校と連携をすること、④ 職員が働きがいのある職場をめざすこと、と大きく4つの目標が掲げられていた。創設当時から常勤職員も非常勤職員も保育士資格や教員免許をもった職員で構成されており、最初から質の

カプラであそぶ（永山学童クラブ、2019年）

高い保育をめざしていたように感じた。

　法人は、2011年４月から貝取学童クラブを新たに受託した。それまで法人の学童保育は一ヶ所のみであったので運営は孤軍奮闘だったが、２学童クラブになってから情報を共有し実践交流し職員同士支え合うことができるようになっていったように思う。

　2016年に永山小学童クラブ施設長になったが、試行錯誤を繰り返してようやく現在の育成のスタイルにたどり着いたというのが実感である。永山小学童クラブのあとに法人が受託した３つの学童クラブと実践交流してグループ担当制を導入し、子どもたちを安定した環境で育成できるようになってきている。だが、まだまだこれで良しというところに到達できているわけではない。今後、それぞれの学童クラブと職員一人ひとりの力量を高めて多摩福祉会らしい学童保育実践を創造していきたいと思う。

（和田 玲子）

２　グループ育成への挑戦

　多摩福祉会が永山小学童クラブを運営受託したのが2008年。それから14年が経ち、法人経営の学童クラブは４つ（永山小学童クラブ、貝取学童クラブ、永山学童クラブ、

貝取小学童クラブ）となっている。学童クラブの運営と実践は変化し続けてきたが、特に大きな転換となったのがグループ育成の導入である。

　2015年に永山学童クラブを受託した当時の児童数は約60名ほどであった。児童館の２階にあり庭はなく育成室も決して広いとは言えない環境にあった。児童の受け入れを前に私たちは伊藤亮子理事（当時）にアドバイスをいただき、少人数グループ育成をめざすことにした。こぐま保育園で実践されていたきょうだいグループ保育（1歳から年長までのクラス保育）を学童クラブにも導入しようという試みである。最初は20名ずつ３つのグループを作ろうと考えたが、部屋の構造上どうしても２ヶ所しかスペースが作れない。おやつ配膳の動線にかかり大人の目が行き届かない場所ができるなどの問題があった。結局２グループにわけることとした。

　だが、その２グループ制も簡単にはいかなかった。常勤職員１名が８月に退職してしまい施設長を含む３名体制での運営になったため、１名が休むと保護者対応、電話対応、連絡帳係などに１名、残り１名で育成する状況となり２グループでの運営をすることが困難となっていったからである。子どもたちを分けてはみたものの、１人の職員が２グループをみる、有期契約職員に１グループを任せる、ということが多くなっていったのだ。

　個別対応が必要なお子さんも多く支援員はそれぞれの子どもの対応に入っていて、ほかの子どもたちをみる大人は１人という状態となることも少なくなかった。全体をまとめておやつや帰りの会を始めようにも、あちらこちらに騒いでしまう子がいて途方に暮れたものである。その当時は、施設長業務が増えていた時でもあったので業務をこなしきれず、夜８時９時まで残るのは当たり前だったことを覚えている。いつしかグループでの運営が崩れていった。「やっぱり無理だ……。学童クラブにグループ担当制は馴染まない」と元の形に戻す選択をせざるを得なかった。

　グループ担当制をしっかり定着させることができないまま、2017年に私は貝取学童クラブに異動した。そこで、定員いっぱいの70名の子どもたちを相手に改めてグループ育成の実践に取り組むことになる。ここでも、子どもたちは元気いっぱいである。帰りの会では子どもが司会をしていたが賑やかすぎて子どもの声は聞こえず、支援員が大きな声で注意したり逃げ回る子を追いかけたり。これは大変だ！　というのが実感だった。そんななかでのグループ制の挑戦は職員たちにとってワクワクする取り組みとなったようだ。

　実際にグループ育成を始めると、同じ地域の子どもたちをひとつのグループにしたこともあって、集団帰りの流れがよくなり時間の余裕が生まれた。その分、あそべる時間が長くとれるようになった。子どもたちのなかに「自分のグループ」という意識がしだいに芽生え、積極的に活動する姿が見られるようになっていった。グループ名を自分たちで考え、おやつや帰りの会を子どもたちで進めることが容易になった。職

員との信頼関係も日ごとに深まっていき、職員にも余裕が生まれてきた。

　こんなことがあった。入職したばかりの正規職員が20数名の子どもを一人で担当するのは無理があると考え、私とダブル担当にしたことがあった。だが、それは要らぬ心配だった。グループ担当制を誰よりもよく理解し自分のものにして実践していったのはその新人職員だったのだ。私が力を貸す場面などまったくと言っていいほどなく、グループ担当として自立した姿を見て本当にグループ制にしてよかったと思えたものである。中堅の職員も楽しくて楽しくて仕方ないといった表情で張り切ってくれた。

　子どもにも変化があった。当時2年生のKくんは特性があり切り替えることが苦手な子どもだった。貝取学童クラブでは、グループ育成をする前から子どもたちがおやつや帰りの会の司会をしていたが、そのころは、Kくんがみんなの前に立って司会をすることなど考えも及ばないことだった。ところが、グループ制になってからKくんが自ら司会をやってみたいと主張するようになったのだ。実際、見事にその役割を果たすことができた。職員がその経験を日本学童保育学会で発表したところ、全国の学童保育関係者の方々から関心が寄せられ、たくさんの質問を受けたこともあった。「もう以前のような大人数の育成には戻れない」というある職員の言葉はみんなの気持ちをよく表していたと思う。

　受託当初はグループ制を実現できなかった永山学童クラブだが、その後少しずつ児童数が減り、現在は意図せずとも少人数グループ育成ができている。40名前後という現在の児童数こそまさに国の言う一支援単位であり、学童保育の適正人数と言えるのではないか。一部屋を2つに仕切り、子どもたちの状況に合わせ柔軟に運営できるようになり、子どもたちが自分らしさをたくさん表現できる学童クラブとなっている。

　グループ育成は、2020年4月に受託した貝取小学童クラブにも受け継がれていく。貝取小学童クラブは、公設公営の豊ヶ丘学童クラブを引き継いで貝取小学校敷地内に開設されたクラブである。コロナ禍で学校が休校中という厳しい状況のなかでのスタートとなった。新規開設にともなう業務に加えてコロナ対応に追われ、気持ちはあってもなかなかグループ制を実行することができないでいた。公設公営の時から勤務していた有期契約職員も多くいたので、グループ制のイメージを共有しにくいということもあったが、思い切って受託1年目の7月からグループ制導入に踏み切ってみた。

　今では、子どもも職員も少人数のグループが当たり前になっている。子どもたちは自分のグループに愛着をもち、自分のお家のようにして毎日学校から「ただいま～」と帰って来る。今日のおやつを確認し自分の席に座り宿題をする。落ち着いた雰囲気がある。グループにしたことで、学年にこだわらないあそび方が増え子どもたちは楽しそうである。グループでは1年生が入ってくると2年生が急に大人っぽくなる。職員に言われなくても1年生にやさしくしてあげる姿が毎日見られるようにもなった。

　少人数のグループで、子どもは物おじせず意見を言ってもいいんだと思い、聞いて

大縄の様子（永山学童クラブ、2019年）

くれる仲間がいるから一緒に考えようとする。子どもたち自身が主人公になって自分たちで運営する力を発揮できるのがグループ育成のよさだと思う。まだまだ課題がたくさんあるが、グループ育成の実践をさらに磨いていきたいと思う。　　　（中村 真理子）

3　4クラブ体制に発展──職員集団の形成と法人との連携

　学童保育事業の草創期は2008年から2013年までといえる。

　永山小学童クラブ施設長でもあった菅原猛理事長が疲労蓄積のためか、2013年末に突然病に倒れた。法人経営を引き継ぐ間もないほどの急変で理事長も施設長も退任されることとなった。当時、理事長は永山学童クラブの業務受託を検討していたが、理事会は経営見通しと体制上の不安から応募を見送っていた。2014年、新たに垣内国光理事長が就任し、集団指導体制による経営会議を設けて経営会議メンバーを決定し分掌も明確にした。経営会議は、早々に永山学童クラブ受託準備委員会を設けて応募し受託が決定、2015年4月運営が開始された。

　永山学童クラブはこぐま保育園に隣接し多摩市直営の児童館に併設されている。児童館との連携により、保育園の乳児から18歳までの子どもたちの成長を見通した実践

ができる環境が整い、学童期を終えた後も子どもたちが地域社会で守られる体制ができたわけである。中村真理子施設長（後に小山牧子施設長に交代）を置き、万全な職員体制を敷いて育成を開始した。

　2020年には、公営最後の豊ヶ丘学童クラブが貝取小学校地内への移設を機に業務委託されることとなった。十分な受託準備を行って応募し委託法人として選定されることとなった。永山学童クラブ施設長から貝取学童クラブ施設長に異動していた中村真理子が施設長となり、貝取学童クラブ施設長には中村輝支援員が昇格就任した。

　現在、法人の学童保育事業は多摩市内に4施設、児童数240名を抱えるまでに発展している。学童保育事業担当理事としてその発展要因を総括すれば、以下の点を挙げることができる。

　第一は、2014年以来、現理事長のもと経営会議で学童保育事業を深く分析検討し、応募のつど、準備委員会を設置し理事会審議を経て民主的に決定してきたことである。集団的作業が結実したと確信する。

　第二に、現場任せの実践と管理体制から脱却し、法人と現場が信頼関係を醸成していったことである。2013年までは法人本部がなく理事会が現場を掌握しきれていなかった。運営は施設ごとに任されていたため適切さを欠く管理状態もあった。行政との意思疎通が十分にできておらず法人として監督責任が問われたこともあった。振り返れば職員には申しわけないことをしたと思う。どうしたらよいか分からず、理事長も経営会議メンバーも苦しい思いをしたのではないか。現場状況を把握し状況を打開するため、法人から私が学童クラブ現場に派遣されることもあった。理事2名が学童保育事業担当となって施設長、職員と本音を語り合い苦楽をともにしてきた。そこで生まれた信頼関係が学童保育の現場を活性化させている要因になっていると思う。

　第三は、児童の健やかな成長を何よりも重視した職員体制を構築してきたことである。各施設は施設長含め3〜5人の正職員構成となっている。正職員による育成に重きを置き有期職員との緊密な連携による育成を進めてきた。職員会議は小規模集団の利点を生かし、4施設合同会議を基本にしてきている。各施設の行事の学び合い、障がい児保育の経験交流などによって、職員集団としての総意・工夫の意欲が高まり、育成への自信が芽生えていった。一人ひとりの職員も実践力を飛躍的に高めていったのではないか。そうした力がグループ育成への挑戦的実践をより豊かなものに形成しつつある。

（佐藤　正）

4 章

みんなで建設した第4の保育園

つながり合える園舎づくり

椎名 朝美（上北沢こぐま保育園園長）

江原 彰子（向山保育園事務長、当時上北沢こぐま保育園準備委員）

佐藤 未来（一級建築士、株式会社象地域設計）

　上北沢こぐま保育園が建設された場所は、京王線上北沢駅から徒歩8分の保育園に適した閑静な住宅地である。4000平方メートルほどの都有地が3分割され、当園、高齢者施設、障がい者施設が並んで建っている。一部が消防施設となっている。同時期着工予定だったが、上北沢こぐま保育園はいち早く2017年春に竣工し開園している。高齢者施設、障がい者施設が揃ったのは2019年の12月だった。2022年度4月現在、0歳から年長まで定員90名、職員は常勤31名、有期雇用7名である。2時間の延長保育、産休明け保育、一時保育、おでかけひろば事業、定期利用保育を行っている。

1 応募から建設まで──書類の準備に追われて

　世田谷区が都有地利用で民間保育園設置公募要項を発表したのは2015年7月28日である。8月末に応募事前通知書提出締め切り、9月4日に申請書提出締め切り、同年12月25日に当法人が選定された。決定後、開園まで1年と3ヶ月という短期間で準備と建設を進めたことになる。ともかく書類作成が大変だった。

　応募の「申請書」や「法人に関する書類」は、理事会の議事録や予算書決算書、借入金の返済計画、直近の事業計画・事業報告などで作成した。「運営している保育所の状況に関する書類」は、砧保育園の協力を得て、施設調書や監査報告、保育計画などの実績、園だより、各種おたより、各種マニュアルなどで整えた。「計画地において整備・運営する保育所に関する書類」は、園長予定者をはじめ理事長、理事、法人本部職員で分担し作成した。事業費・資金調達の内訳や借入金の返済計画、収支見込

みの根拠書類は、税理士さんの協力も得て作成した。「開設までのスケジュール」や「整備の基本プラン」は、象地域設計と何度も設計会議をして作成していった。大量の資料印刷とファイリングなどのため徹夜作業をして提出日を迎え、当日は早朝から理事や職員が応援に来てくださった。大変な作業だったことを覚えている。

　１次審査通過後、異年齢保育状況調査のため、こぐま保育園には現地調査が行われ、砧保育園にはヒアリング調査が行われている。東京都が当法人を定期借地権の借り受け事業者として決定したのが2015年12月25日、実際の通知を受けたのは翌年正月のことだった。決定通知が来た時は本当に嬉しかった。努力が実って喜びを味わったのもつかの間のことで、すぐに基本設計を具体化しなければならなかった。異動予定職員を含めて象地域設計と詰めの会議を何度も行っている。２月に入ると工事について東京都・世田谷区・法人合同の近隣説明会、地質調査及び高低測量、３月には都との定期借地権設定契約締結と保証金支払、工事発注公表などと続いた。

　園舎建築の入札には12社の応募があった。入札指定業者を５社に絞り４月13日に入札説明書及び設計図書を発送している。建設工事入札にあたっては、象地域設計や入札経験のある玉田理事らと入念に打ち合わせ、入札の式次第、当日の流れなど確認して臨んだ。１社が辞退ため５月17日の入札は４社で行われている。最低金額を示した日本建設株式会社が落札した。

　この間、同時進行で、福祉医療機構への借入金事前相談と事前協議の準備、東京都へ計画承認申請と認可申請を行っている。見るものすべてが初めての書類で戸惑ったが、世田谷区の施設整備担当課の方がとても協力的だった。ともに新しい保育園を作ろうとしている姿勢が世田谷区行政にあることを感じた。

　更地に保育園を建設したのはこぐま保育園以来のことである。新園お披露目の会には法人設立当初の理事や法人内保育園の卒園児保護者、世田谷区行政担当課、日本建設株式会社、株式会社象地域設計の方々にご参加いただいた。これからお世話になる地域の方にもご参加いただいた。多くの方の思いが詰まった保育園ができた時の喜びを忘れることができない。

（江原　彰子）

2　つながり合える園舎の設計

● おうちを主軸にした設計

　上北沢こぐま保育園の設計の軸は、当初から１歳児〜５歳児の異年齢保育の具体化だった。異年齢の"おうち"を生活単位と据え、「見て感じて育ち合える」「おうちを超えた年齢ごとのかかわりができる」「長時間保育児が多いことを考慮して、大人もお

上北沢こぐま保育園吹き抜け（2021年）

うちを超えてつながり合える」設計である。当法人の発祥施設であるこぐま保育園の園舎をモデルとしている。

　こぐま保育園では、1歳から5歳までのおうち（クラス）を単位としたきょうだいグループ保育（異年齢保育）実践が行われてきた。そのモデルをベースに建設用地にどのような園舎を建てるか、理事長、園長予定者、幹部予定者、設計会社の担当者を中心に検討を進めた。設計をお願いした象地域設計はかなり戸惑ったようだ。こうした異年齢保育をベースとする設計は初めてとのことだったが、設計者として異年齢保育に深い関心を示してくださった。嬉しいことだった。

　住宅地にある三角形に近いおよそ1000㎡の土地にどのような園舎を建てるのか。園舎を想像しながら綿密な打ち合わせを重ねていった。一階と二階をどうつながり合える構造とするか悩んだ。検討のはじめのころは中二階案も出され、レゴブロックを使いながらあれこれと議論したものである。

　保育園の主役は感受性が高くしなやかに思考する子どもたちである。子どもたちが快適に過ごすことができる多様で豊かな空間、居場所が必要である。あそびこめる場所、落ち着ける場所、おいしく食べることができる場所など。イメージがみんなの頭を駆けめぐる。同じおうちに属しているさまざまな年齢の子どもたちに見合った空間をどう作るか、建築基準や面積基準の壁と闘いながらの設計である。保護者同士、保護者と職員がさりげなく心通い合わせる場所、元からある桜の大木を活かした園庭構想なども難問だった。「粘土でつくれば楽なのに」と何度も思ったものだ。

　同一法人内でも、異年齢保育を経験している職員もいれば経験していない職員もいる。経験のない職員がイメージを共有できるよう話し合いを重ねていった。長い間積

上北沢こぐま保育園給食室（2018年）

み重ねられてきたこぐま保育園のきょうだいグループ保育では、おうちの子ども同士で伝承される文化や生活があり、落ち着いた異年齢関係が生まれている。異年齢保育の経験のない職員の意見を共有しながら、現在の社会的な問題や子どもの育ちも学び合い、上北沢こぐま保育園の子どもたちの姿を思い描くように努めた。年齢別保育実践に学ぶことも多くあった。また、長時間保育を利用する子どもであっても、家庭のような生活ができるようにイメージして設計した。子どもたちの動線と大人の動きも幾度となくチェックした。

　家具遊具も徹底的に研究した。それぞれのおうちのなかに、１歳から５歳までの子どもが生活するための家具や遊具をそろえることはけっこう難しいことだ。一つひとつの家具遊具について、どんな場面で必要なのか、どんなサイズがいいのか、担当者会議ではメジャーを片手に徹底して研究した。法人内の他施設で試してもみた。それぞれの保育実践を活かして、プラス面マイナス面も整理し設計や家具遊具に反映できたことはとてもよかったと思う。

　しかし、こんな失敗もあった。異年齢保育の特性から季節や子どもの状況で家具を動かして環境設定をしていこうと考え、家具をできるだけ固定しない設計をしていただいた。移動できる家具も作っていただいた。ところが事前の監査で安全上の指摘を受け、すべて固定せざるを得なかった。そのため柔軟な保育がしにくくなってしまった。反省点である。

● **つながり合える園舎をめざして**

　つながり合える園舎づくりの焦点となったのが給食室である。給食を子どもの生活

のなかに位置づけるために、園舎1階の真ん中に置こうと考えた。平屋建てに給食室を囲むようにお部屋を配置したかったのだが、平屋建てでは無理だった。検討を重ね何度も図面上移動した。子どもたちには給食室からただよう匂いを感じ楽しんでほしい。そのために給食室正面にゆるい階段をつけて、小さな子どもたちも給食室をのぞけるようにしよう。その要求を受ける象地域設計は大変だったと思う。検討のかいあって夢のある素敵な給食室ができた。

　つながり合える園舎づくりのもう一つの焦点が、子どもを育てる大人同士がコミュニケーションしやすく、保育園を利用する人たちの顔が見える地域に開かれた園舎設計である。

　そのつながり合いの象徴が園舎の中心にある大きな吹き抜けである。2階の0歳児室から子どもたちがフロアに出てくると、1階から大きい子たちの会話が聞こえる。時には声をかけてもらいにっこりすることも。1階のおうちの子どもと0歳児の子ども同士がつながり合うきっかけとなっている。2階の子育てひろば事業に見える親子は吹き抜けから在園児の様子を見ることができる。食事が始まると声をかけてもらって在園児とのコミュニケーションもできる。

　保育園の顔である事務室は受け付け窓が開放的にしつらえてある。園に入る際は必ず挨拶できるようになっている。職員も在園児も保護者も地域の方々も同じように接することができる。これらすべてを設計段階で検討した。

　職員同士のコミュニケーションの場である職員休憩室にも触れておかなければならない。2階角部屋に作った職員休憩室は、職員がおうちを超えて連携し合い、お互いのこと保育のこと子どものことを語り合えるよう意識して設計した。昼食をゆったり摂り事務を落ち着いてできるよう広めのスペースを取ってある。掘りごたつまで作った。職員には好評である。

　実際に使ってみて、大人同士がつながり合えるというコンセプトで設計したことは間違いではなかったが、建設後、設計時には思いもしなかったコロナ禍に遭って感じたこともある。一時は、つながり合う園舎の開放性が感染のリスクを高めるのではないかと危惧されることもあった。しかし、「ここは○○のための場所！」と固定的にとらえない柔軟な設計を行ったことが逆に功を奏した。「こんな利用の仕方もできる！」という発見がいくつもあった。換気もしやすく利用空間の工夫で分散保育も柔軟にできる。それでいてお互いが何をしているのかが分かるので、保育者同士のよい連携効果をもたらしている。

● 短い工期で苦労したこと

　東京都の公募要項発表が2015年7月だったので、事業者が決まる前から設計を行わないと難しい日程だった。オリンピックを控えて、建築費高騰や業者が集まるのかな

どの心配もあった。待機児童解消のため4月開園が求められてもいた。より確実な工事管理ができるよう、保育内容や子どもたちの動きのイメージをていねいに象地域設計や日本建設の現場監督に伝える努力も重ねた。正直なところ時間がもう少し欲しかったが、私たちの意向を反映できたように思う。幸い、大きな災害や保育園建設反対運動などに遭わずに竣工を迎えることができた。理解してくださった地域住民の方々に感謝したい。

　いざ開園してみると、「ちょっと使い勝手が悪いね」という小さな不具合もあったが、全体として満足できる園舎になったと感じている。現場職員の声を聞きながら、施設設備の使い方を工夫し子どもたちにとってよりよい保育環境となるよう努力している。

　開園してもうすぐ6年になる。園舎整備には保護者の意見を反映するように努めている。年に数回だが保護者とテラスを研磨し塗装する作業をしているが、職員と保護者、保護者同士のすてきな交流の場にもなっている。今後も子ども・保護者にとってより魅力的な保育園となるよう頑張っていきたい。

（椎名　朝美）

3　異年齢保育の園舎設計に携わって

● 戸惑った異年齢保育の設計

　多摩市のこぐま保育園は、異年齢保育としてだけでなく園舎としても有名である。そのこぐま保育園の『きょうだい保育の園舎づくり』（草土文化、2002年）の本はいくどとなく読み込んではいたが、私たちが、その異年齢保育の園舎づくりに携わる時がくるなんて！

　振り返れば、最初のころは何かと大げさにとらえていたのかもしれない。3・4・5歳の異年齢を知った時も驚きだったが、1～5歳の異年齢保育とはいったいどういうことなのか。生活も発達も違う、使う物のサイズも大きく異なる子どもが一緒に暮らす"おうち"とは何か。厚い壁にぶつかり、「私たちが本当にできるのか？」と悩み、所内で率直に論議し合ってきた。

　私たち象地域設計のモットーは、「保育理念を形に」「環境づくりを通して保育を見つめ、高め、育む」「HOW（どうつくるか）より、WHY（なぜつくる）を大切に」である。そう、WHY（なぜ）を率直に正面から法人に投げかけ対話を重ねてきた。

　子どもがわざわざ踏み台を持ってきて使う流し台がなぜ必要なのか？　広い玄関スペースを取って児童の靴だけでなく荷物のほとんどを置けるクロークがなぜ必要なのか？　その段差はなぜ？……等々。ラウンジ、クロークという場の呼び方も独特で、

資料6　上北沢こぐま保育園平面図

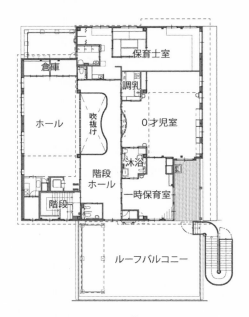

2階平面図

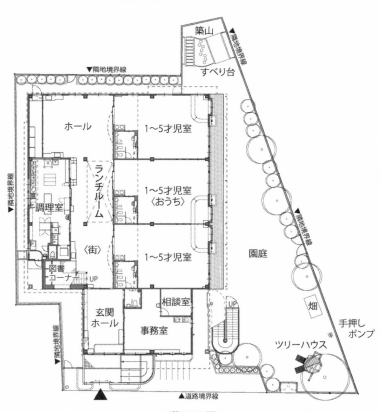

1階平面図

こぐまならではの表現の一つひとつに戸惑った。先入観を捨てなければ理解が深まらない。私たちは、こぐま保育園「しばり」にかかっていたかもしれない。今思えば、世田谷での他法人の豊富な園舎づくりの経験がある設計者といううぬぼれた「しばり」もあったと思う。自縄自縛である。

そんななか、多摩市にあるこぐま保育園に朝から滞在した経験は衝撃的だった。1〜5歳の子どもたちがひとつのスペースに40人、ゆるやかな間仕切りを隔て20人ずつのおうちに暮らしている。おうちはさらに10人の2グループで構成されている。子どもの姿が実に自然だった。想像を超える流れるような生活、暮らしがそこにはあった。外あそびに出かけ帰ってきて手足を洗い、食事の準備や布団を敷いて、食事をして勝手に（に見える）寝ている。デッキに座り込んでいつになったら部屋に入るのかなという子もいれば、布団を敷かずに布団にまみれてあそんで

いる子もいる。布団に行かずにソファで気が済むまで佇んでいる子どももいた。しばりのない包み込まれるような生活のなかで、いつの間にかそれぞれが寝入っていた。

　大人と1・2歳の子どもがしっかりかかわる場所の確保、保育者同士の連携に必須となる大人目線の通り具合、子どもが能動的に生活を進めるための建築空間など、設計が果たすべき役割をはっきりと感じることができた。また、10人の子どもの日々の細やかな変化を把握するための壁面利用や子ども一人ひとりの生活必需品がどこにどのように置かれるべきか、モノの配置に工夫を尽くされていることも学ぶことができたと思う。

● 民主的運営を形に

　どう言えばよいだろうか。こぐま保育園を見学して、建築士としてだけでなく子をもつ親として心からうなずく自分がいた。妙に納得してしまったというのが率直な感想である。

　設計打ち合せ会議では「多摩のこぐま保育園と同じに……」という意見がよく出たが、「同じ造りでいいのか？」という問いかけも多くしたように思う。設計する者としては、より高い発展系をめざしてほしいと願ったからだ。平屋の保育園を希望されるのだが、敷地条件も定員も異なり同じ平屋造りは不可能である。2階屋の暮らしにはなるが一体感のある実践を進めたい、と言う。どうしたらそれができるか考え抜いた末に、大きな吹き抜けのある形が生まれた。

　とにかく見えるようにしてほしい、と言う。よく聞くと「職員会議などで報告や検討をしていく時に、他クラスの状況をまったく知らないよりは、たとえ断片であっても見えていると、話が早い！」とのこと。なるほど。私どもの事務所でも思い当たることが多々ある。新鮮だった。保育者同士はもちろん、法人全体も保護者も地域の人もかかわり合っていくことが大切だ。大人たちの関係性が保育実践にも子ども同士の関係性にも影響する。自分が自分であることを大切にして民主的に物事を進めるためには、つながり合わなければならない。視線が通る建築的要素は欠かせない。大げさに言えば、私たち象地域設計は民主主義を形にする仕事をさせていただいたと解釈している。

　建物を隅々まで使い尽くして、個と集団の細やかでかつダイナミックな暮らしがますます育まれますように。これからも園の暮らしのエピソードを聞かせてほしい。

（佐藤 未来）

5章

経営危機の克服と民主的経営の模索

佐藤 正（法人理事）

垣内 国光（法人理事長）

1　法人設立から経営の拡大期まで──1施設から5施設に

　経営の視点から見ると、社会福祉法人多摩福祉会の歴史は大きく3期に分けることができる。

　第1期は、1972年の法人設立、翌年1973年4月のこぐま保育園開設から2006年の練馬区立向山保育園を運営受託するまでの1保育園時代である。第2期は、2006年から法人経営拠点が拡大し法人経営が危機に瀕する2013年までの7年間である。2006年の練馬区立向山保育園の指定管理受託、2008年の多摩市永山小学童クラブの運営受託、2009年の世田谷区砧保育園の運営受託、そして2011年に多摩市貝取学童クラブの運営受託と続く。5年ほどで1保育園から3保育園2学童クラブと一挙に施設が増えている。第3期は、2013年夏の経営のピンチから法人経営が安定軌道に乗る今日までの9年間である。まだ法人経営が不安定だったが、2015年に学童保育現場の努力によって多摩市から永山学童クラブを運営受託している。法人経営が安定期に入った2017年に世田谷に上北沢こぐま保育園を新設、2020年に貝取小学童クラブを多摩市から運営受託している。

　第1期は、1法人1施設の経営が30年以上続いた。こぐま保育園の運営イコール法人経営だった時代である。当時の保育園経営としてはごく一般的な姿だった。法人創立から理事長の任にあった浦辺史が1996年に退任、第2代理事長に浦辺充が就任、さらに2004年に第3代理事長に法人職員の伊藤亮子が就いている。

　地域子育て調査を行うなど地域に根ざした保育実践、園舎の建て替え、わらべうたの導入、さらにはきょうだいグループ保育（異年齢保育）への挑戦など、実践が確立し深化していった時代でもある。長時間保育を保護者の自主的事業として行っていたのもこのころである。民主的運営・経営は創立者の願いでもあり、理事会、職員、父

母の会、労働組合、友の会の五者協議会が保育園の運営に関与するしくみが作られていた。今日も五者協組織のその精神は脈々と引き継がれている。

　第2期は、2006年に向山保育園受託を皮切りに経営拠点が拡大した時期である。第1期で確立した基礎があっての事業拡大である。この間に、法人職員だった菅原猛が2009年から2013年まで理事長の任に就いている。

　こぐま保育園しかなかった第1期の法人業務はまだ限定的なものであった。ほとんどの課題は、保育園三役会議の議論や五者協を踏まえて理事長決裁で処理できていたであろう。しかし第2期に入り施設が増えると、これまで通りの法人経営では追いつかなくなる。委託を受けたばかりの保育園園長、学童クラブ施設長は、施設の実践と運営を軌道に乗せるまでの業務に追われていた。菅原理事長は学童クラブ施設長を兼ねてもいた。本部専任職員は置かれておらず、理事長一人に法人業務が集中する構造となっていた。しだいに法人経営と各現場の意思疎通、法人全体の意思決定が難しくなっていったようである。

　法人の執行機関である理事会も十分に役割を果たしていたとは言いがたい。どこの法人も同じような状態だったと思うが、理事・評議員は法人幹部や元保護者、他の社会福祉法人理事、理事長の友人知人などで構成されている。いわば頼まれ仕事である。職員理事を除く理事は法人内の日常運営や諸情報に疎く、というより情報に接する機会が乏しく、予算決算や事業計画を決めるほか実質的に経営責任を問われることもなかったようだ。

2　突然の経営危機

　2009年に菅原理事長が就任した時、法人はすでに5施設を擁し事業規模9億円ほどの法人となっていた。理事長は法人経営責任を一身に負っており、法人本部体制を作るべきとの議論はあったものの決定されるまでには至らず、2013年夏に理事長が病に倒れた。突然のことだった。ここから現在に至る9年間が第3期にあたる。

　何一つ法人業務の引き継ぎができないままの退任である。本人も無念だったろうと思う。書類のありかも分からない。理事会に議題をあげるためにどこで意思決定するかもはっきりしない。しばらくの間、法人は統治能力を失いさまよっていたと言っても過言ではない。

　折しも2013年秋に、法人とこぐま保育園の行政監査が重なった。こぐま保育園事務長らの協力を得て監査に臨んだが、「理事長不在」との厳しい文書指摘を受けた。

　困難は重なるもので法人は別に2つの課題を抱えてもいた。一つは施設管理上の問

題である。行政からは、法人幹部を現場に派遣して対処せよとの厳しい指導を受けていた。派遣可能な幹部職員の余裕があるわけでなし、設置して間もない経営会議メンバーは呆然と立ち尽くしていたというのが実相である。

　夜遅くの疲れ切った重苦しい経営会議のことである。熟慮されてのことだったと思うが、突然、Ａ理事が現場に入って対応すると発言された。すでに定年退職されていたが若いわけではない。体力の要る任務である。会議に出ていたメンバーはその決断に驚いた。難しい判断が迫られる事案だったがＡ理事の対応が功を奏し、難局を乗り切ることができた。それ以後、現場職員との信頼関係が醸成されていった。経営責任の意味を深く考えさせる事案だった。

　もう一つは、都保育所補助金制度が保育サービス推進事業補助金に切り替えられるさなか、赤字解消策、賃金体系見直しの課題を抱えていたことである。ひとり菅原理事長が事務を担当していたがかなりの負担だったと思われる。2013年11月に臨時理事会を開き、急遽、安川信一郎理事を理事長代行に立て法人再建にあたった。園長職を兼ねての業務で安川代行も消耗したことと思う。

　法人統治不全という危機に陥った最大の理由は、法人事業の拡大に対応した法人組織となっていなかったからである。法人の図体に見合った民主的統治の形ができていなかったのだ。理事会決定に至るまでの法人意思を決定する機関が実質存在しておらず、法人業務を処理する本部がなかった。矛盾が一挙に顕在化した。法人が危機を迎えた時、筆者2名も理事と監事を務めていた。そうした矛盾に薄々気づきながら、理事会で問題を明らかにし対応できなかったことが悔やまれる。責任を果たせず菅原理事長には申しわけないことをしたと思う。

　2014年4月の理事会で垣内国光理事長体制となり、引き続き法人再建にあたった。安川代行、垣内理事長のもとで、経営危機を乗り越えるために二つの措置がとられた。一つは、施設長と主な理事を構成メンバーとする経営会議の設置である。理事会議決事項を除いて意思決定し執行する機関である。もう一つは、法人本部を設置したことである。

3　民主的経営の模索——経営会議と本部設置

● 経営の要——経営会議設置と法人本部の確立

　当時の意識としては、どちらかと言えば経営会議設置は緊急避難的な措置だったように思う。社会福祉法人経営に精通し経営能力のある者は誰もおらず、英智を結集して集団的に経営するよりほかなかった。法人内5施設の意思疎通もままならず情報も

共有されていない。相互支援も成り立っていない。法人事務を分掌すべきだったが、その必要性に気づくことさえできない状態にあった。法人が一体的に運営できるよう集団運営体制が作られた。

　当初は何が重要な議題であるのかも分からないまま、あらゆる問題が経営会議で議論された。危機に陥るまで各施設は自律的に運営されてはいたが、職員処遇なども施設ごとに異なっていた。施設の問題を法人全体で共有する意識も乏しく、経営会議の決定が現場に伝えられないこともあった。理念先行で現場感覚に欠ける議論もあった。激論を交わすこともあった。処理すべき問題は山のようにあった。右往左往しながら長時間にわたる経営会議を繰り返し、しだいにていねいな経営会議での議論と決定が法人運営に不可欠であることが認識されるようになっていった。メンバー自ら経営会議に積極的に提案するなど、議論が活性化されてもいった。安定的な経営会議ができるようになるまで４年ほどかかったように思う。経営会議を通じて施設間で助け合う気風も醸成されていったようだ。現在は、副園長も加わり17名ほどが参加している。

　経営会議の前週に事務局会議で議題が整理され、ほぼ３〜４時間で能率的に運営されるようになった。経営会議と法人本部に対する信頼は揺るぎないものになっている。練り上げられた議題が理事会にあがるようになってから、理事・監事からより建設的でより厳しい意見をいただくことができるようにもなった。理事会、経営会議、各施設の三者間にいい意味での緊張感があり、相互牽制が効くようになってきている。

　法人本部の設置も法人再建の大きな力となった。経営会議の議論を実のあるものとし決定を執行していくために、法人本部はなくてはならない。法人危機直後は既存園事務長２名を法人本部に兼務させていた。今思えば、過酷な任務を課していた。当時の本部事務局長はその厳しい任によく耐えたと思う。その後、こぐま保育園事務室の一角にあった法人本部を全拠点がアクセスしやすい世田谷区に移転し、完全専任体制をとっている。現在は、法人業務に精通した事務局長、ITと総務業務に強い主任、確実な労務管理ができる社労士職員の３名の本部職員体制を敷いている。

　次に触れる情報共有業務を含めて法人本部業務は多岐にわたる。理事会、評議員会、経営会議管理のほか、事務局会議、施設長会議、事務担当者会議、規程整備委員会、研修委員会、広報委員会、リクルート委員会、50周年記念事業委員会などの所管もしくは支援、日程調整、議事録整理、本部研修受け入れ、ホームページ更新、就職希望者との連絡等々。８施設体制への業容拡大にともない一体的に法人を運営するための業務はうなぎ登りに増えている。

● 正確で迅速な情報共有

　民主経営を進めていくためにもっとも大切なことは、法人内外情報の正確で迅速な共有ではないか。的確な決定を行うために情報共有が不可欠である。情報共有とそれ

に基づく決定、そして執行が新たな法人業務のサイクルを生み出す。そのサイクルを通して、本部と経営会議による拠点運営支援が強化され、運営力がレベルアップしていく。たとえば、採用人事の業務サイクルである。各拠点は保育士や支援員、看護師の雇用を本部に求めてくるが、どこでどれほどの求人が必要か、どんなリクルートを行うか、採用面接員をどの拠点から出すか、採用職員をどこに配置するか、採用した場合の拠点財政見通しをどう立てるか、新人研修をいつどんな内容で行うかなど、経営会議を軸に迅速に情報が共有される。法人業務のループが自ずと作られていく。

　正直なところ、当初は法人内の情報共有がどれほど大事であるか分かってはいなかった。情報共有するには手間がかかり費用もかかる。民主的な法人経営には善意と熱意が必要だが、バラバラな善意と熱意に頼った経営はリスクをともなう。判断ミスや軋轢、執行不全を起こしやすい。確かな情報を共有することができれば、経営会議メンバーは自ずと考えるようになり、明確な意見や要求をもつことができる。しっかり議論することができるので、法人として適切な決定を下すことが可能となる。

　普段から園長報告、施設長報告が頻繁に行われることで、本部は各拠点で生起する主な事故や問題を掌握している。各経営会議メンバーも他拠点のことをあらかた理解している。施設長が判断に迷うことがあっても、大概のことは本部に相談すれば的確な情報を得ることができる。場合によっては本部からの応援を仰ぐこともできる。施設長の安心感は大きい。理事長報告に至らない職員の悩み相談などにも応じ、法人全体の潤滑剤的役割も果たしている。法人本部は法人全体の民主主義を支える情報センターともなっている。

　この原稿を書いているさなかもだが、2020年からのコロナ禍で現場は日々、判断を迫られ続けている。改定を続けたコロナ対応マニュアルも有効ではあったが、各施設から刻々と発信されてくる感染情報、行政情報、感染防止情報が各拠点の判断にきわめて有効だった。

4　希望をとどけ優しさに満ちた法人に

　最後に、経営危機を体験した筆者二人の多摩福祉会への思いを述べてまとめに代えたい。

　第1は、これからも多摩福祉会は社会福祉法人の王道を歩み続けてほしいということである。

　保育や学童保育に市場化の波が押し寄せている。営利企業は論外だが、社会福祉法人においても一部の役職員が法人経営を牛耳って多額の報酬を得たり、家業として実

質的に経営を私物化するなどの現象が多く見られる。保育事業の営利化・私物化は創立者浦辺史がもっとも嫌ったことである。国・自治体から社会福祉法人に下ろされる補助金は、福祉事業を確実、効果的かつ公正に行うための公金である。子どもたち一人ひとりがその子らしくのびやかに育つために、また、職員一人ひとりの専門性と労働条件を保障するために使われなくてはならない。

　戦後、社会福祉法に定められた社会福祉法人制度は福祉や保育の純粋性と公益性を担保するものであった。営利化と私物化の対極にある公益法人として期待されていたはずだ。多摩福祉会にはオーナーは居ない。いかなる形にせよ私物化されることがあってはならない。権威主義的な経営や運営が行われてもならない。理事長、理事、評議員には志のある清廉な人物を置かなければならない。役員報酬は必要にして最低限のものとし報酬額は公開されねばならない。これからも、透明性の高い民主的な経営を続けていってほしい。人権、多様性、平和を尊重したしなやかな経営を進めていただきたい。

　第2は、社会から求められる法人であり続けてほしいということである。

　それなりに安定した経営運営ができるようになると、創り上げてきたものを守ろうという傾向が強まる。実践を安定的に進めることは最優先されなければならないが、良い実践をしてさえいればいいということにはならない。停滞は保守化を招く。変革し続けなければならない。子どもをめぐる社会状況、保育・学童保育政策の変化ははげしくなっていくと予想される。できることもできないこともあるだろうが、当法人に何が求められているのか考え続けてほしい。

　多摩福祉会は社会の財産である。みんなのものである。変動する社会にあっても希望をとどけ優しさに満ちた法人であることを願う。

●コラム● **浦辺史の民主運営論**──労働組合と父母の会

　保育園の経営における労働組合と父母の会（保護者会）の重要性について浦辺史は次のように述べている。

> 「自主的父母の会と自主的職員会こそは、保育所において幼い子どもの保育・教育の保障責任を負う主体であって、職員会の民主的運営を保障し、父母の会の民主的運営を援助するのは保育所職員労働組合の役割のひとつである。保育所に民主的な労働組合が存在することは労使関係を民主化し、理事会が経営責任を負い得るものに改革する機運を作り出す。保育所が民主運営であるか否かは、父母の会と職員労組があるかどうかで見分けるのが早道である」（浦辺史『日本の保育政策を斬る』草土文化、1990年）

　かつてと同様のことができるわけではないが、法人経営のあり方に示唆を与える指摘である。

（佐藤　正・垣内　国光）

6章

働きやすく働きがいのある職場作り
こぐま保育園の労働組合活動

鈴木 玲子（元全国福祉保育労働組合こぐま保育園分会長、元こぐま保育園保育士）

針尾 政幹（こぐま保育園副園長、元全国福祉保育労働組合こぐま保育園分会長）

1　東京都保育所労組こぐま分会結成と活動目標

　こぐま保育園が創立されたのが1973年4月、翌1974年2月に東京都保育所労組こぐま分会が結成されている。私たちが労働組合を作ったのは、単に労働条件改善を求めるということだけではなかった。父母の働く権利、子どもたちが豊かに成長・発達する権利を守るには、労働条件の改善が欠かせないと考えたからである。私たちの分会の活動目標は、次の3つである。

　子どもたちにとって最良の保育内容・条件を築こう！
　そのために保育労働者の条件改善を要求していこう！
　園、父母、子どもを守る団体、地域の人々と手を結び考え合っていこう！

　創立当初からこぐま保育園は地域福祉のセンターとしての役割を果たすという方針をもっていたが、組合も当初から地域とのかかわりを重視していた。法人創立者の浦辺史先生はことあるごとに、「労働組合は必要です」「労働組合は民主主義の学校ですからね」「人任せにしないで自分たちの要求を出すことが大事です」とおっしゃっていた。戦前、教員労働組合運動にかかわっていた浦辺先生ならではの言葉である。こぐま保育園の草創期の職員は分会の労働組合活動を通じて、さまざまなことを学び論議し試行錯誤しながら、一人ひとりが成長していったように思う。
　法人は民主的に運営されていたが、分会は理事会に対してはっきり労働者側の要求を出し団交も行ってきた。現場の労働実態や生活実態を出し合って「仕事はきつくないか？　どうすれば改善できるか？」など、話し合いを進め要求を練り上げてきた。

保育園の管理者側の立場に立ってみれば、一人ひとりの労働者状態をつかむことは大変なことだが、分会が作る要求書は実態に即していて具体的である。労働者要求があるということは園運営上も望ましいことだったと思う。

団交では意見がぶつかり合い厳しいやりとりになることもあったが、全体として労使の信頼関係が損なわれることはなかったと思う。理事会は誠意ある回答を示すことが多く、ひとつまたひとつと労働条件が改善されていった。小さな要求でも実現すれば現場には大きな励ましとなる。自分たちの要求をはっきりさせることで、組合員の相互のコミュニケーションが図れるようにもなる。労働組合としての団結が強まっていった。労働意欲、実践意欲も高まっていったのではないか。こうした変化は労働組合執行部を担う者の喜びでもあった。

80年代に入ると、法人内のやりくりだけでは実現できない要求も多くなっていった。保育事業の国庫負担が削減され保育の公的責任が後退する政策動向のなかで、全国的にみても保育労働者の要求実現はしだいに難しくなっていった。理事会と労働組合は問題の根源には制度政策の問題があるとの認識で一致し、ともに行政に向けて運動を進めていった。

分会として大きな成果をあげた運動には次のようなものがある。

・1985年2月　特例保育充実の運動によって多摩市の特例保育充実費を獲得
　父母会とともに大運動を展開。たくさんの父母・保育士が市長交渉に参加し切実な特例保育の要求を訴えた。多摩市の復活折衝で次年度からの特例保育充実費が予算計上され、幼児棟に2名の正規職員を増配置できることとなった。
・1990年9月　延長保育制度が市議会で可決、制度化
　父母の会は五者協（理事会、職員、父母の会、労働組合、友の会からなる五者協議会）の協力を得て父母の実態調査、市議会請願、市内へのチラシ撒き、休日の地域訪問による署名活動などの取り組みを進めた。父母・保育園管理者・保育労働者がともに運動することで1万人を超える署名が集まり、制度化できたことは大きな自信となった。父母会の活動も大きかったが、労働組合も常に活動の中軸を担った。
・1993年5月24日　保育所措置制度解体阻止の全国ストライキに分会も決起（資料7）

90年代に入ると、いよいよ要保育児童への行政責任をなくし公的保育の基本を壊そうという動きが出てきた。いわゆる保育所措置制度解体論である。組合としてストライキを行って世論に大きく訴えたいと園と父母会に提起したが父母から大反対された。五者協の会議で「保育要員は残しているので父母が仕事に行けないということはない」と伝え、措置制度解体の問題点などを何度も学習した。その結果、「こんなに緊迫した状況とは思いませんでした」と問題意識が急速に共有されていった。

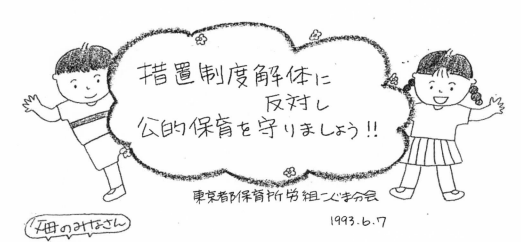

措置制度解体に
反対し
公的保育を守りましょう!!

東京都保育所労組こぐま分会

1993.6.7

父母のみなさん

更に団結を深め、
措置制度解体をゆるさない運動を
もり上げていきましょう!!

▚5.24のストライキへのご協力、本当にありがとうございました◢

　　翌日にお配りしました お礼のビラにも書きましたが、集会には、父母・保母合わせて49名の参加がありました。他団体の激励も受けて、「これから更にがんばらなくっちゃ」という思いを深め合えたと思います。

▚世論に大きくアピール◢

　　全国の仲間が国や都へ向けて抗議・宣伝行動をしたことや、東京・京都の組合がやむにやまれずストに立ち上がったことは、マスコミでも報道され、社会に対して大きなアピールになりました。
　　また、園内でも「保育所の措置をめぐる状況が こんなに悪化しているなんて はっきりいって思いませんでした」「こんな

に緊迫した状況とは思いませんでした」などの声も多く出され、五者協の学習会のあとだったこともあって、状況の認識や問題意識が、急速に広がってきたと思います。

▼なぜ急な提起になったのか ── 攻撃が急ピッチな中で ──

　　今年1月に、厚生省が、保育所を児童福祉法から切りはなして「保育サービス法」にすると検討しているらしく、11月には答申を出し、来年度予算に反映させるようだという情報が入り、私たちは おどろきました。厚生省のねらいをつかむために何回も学習してきました。

　　その中で「私たちが10年かけて、8年かけて充実させたり、獲得してきた特例保育や延長保育制度が、1年も満たないうちに根底からくつがえされることになるんだ」「公的保育が解体され、保育が利潤追求の場になりかねないんだ」という理解を一致させてきました。攻撃が急ピッチで押し寄せる中で、中西先生のお話しにもあったように、「11月に答申が出たときでは もう遅いんだ」という思いで運動にとりくんできました。

　　そして、こういう緊迫した状況の中で、憲法で保障された労働組合しかもてない、しかも最大の抗議手段としてのストライキを今こそ行使しようと、全都の福祉・保育労働者との団結のもとに 立ち上がったのです。

福祉・保育職場のストライキは企業組合のように経営者を困らせるものではなく、利用者の権利を守るために大きな世論を作り出す目的をもっていることを学べた。保育に必要な保安要員は残して行った園前広場での集会には、父母・保育士・他団体の方も含め49人の参加があった。他団体の方から「いろんな分野で起きている問題の根っこは同じ」と団結して運動していこうという嬉しいメッセージもあった。保育労働者がやむにやまれずストに立ち上がったことはマスコミでも報道され、社会的に大きなアピールになったようだ。

　制度攻撃はさらに続いていく。2000年1月には、石原都政の下で都の民間福祉施設職員公私格差是正制度が廃止された。サービス推進費補助に切り替えられ、経験年数に応じた補助制度が廃止された。その結果、法人の人件費補助金は激減し職員賃金の削減を行わなければならなくなった。保育労働者にとって痛みを感ずる制度攻撃だった。

　前後するが1988年に、こぐま保育園分会も入っていた東京都保育所労組と日本社会事業労働組合と品川私保労で、全国福祉保育労東京地本を結成した。そして1993年、3つの労組が発展的解消して一本化した。これも大きな出来事だった。　　　　（鈴木　玲子）

2　働きやすい職場、働きがいのある職場をめざして

　私（針尾）が入職したのは2007年である。先輩たちからよく聞かされてきたことは、美濃部革新都政の前まで、職員配置は、0歳児が6対1、4・5児は30対1だったことだ。ケガをさせないようにするだけで精一杯だったという。美濃部革新都政が実現して、0歳児は3対1（その後、国も追随するが）となり、公私格差是正制度によって賃金が劇的に改善された。病休制度も産前産後8週の産休も実現したと聞く。美濃部都政後もしばらく、育休もなく土休もなかったほどだったそうだから、今の若い労働者には想像もつかないだろう。これら労働条件改善には福祉保育労働者の闘いが大きくかかわっている。労働組合の果たしてきた役割は大きかったといえる。

　それ以後、2000年ごろから現在までは、「幼保一元化（一体化）」を名目にした保育の公的責任解体の動きと保育者処遇改善の動きが常にあった。幼保一元化は古くから現場や研究者から要求されてきたことでもあり、幼保の教育保育水準の均等化は積極的な考え方である。しかし、政策側から出される一元化あるいは一体化はそうとは限らない。巧妙に別の意図が隠されていることが多い。政策側のいう考え方の根底にはどんな意図があるのか、当時、みんなでよく学び合ったものである。労働組合として専門職として、私たちが実践で大切にしていきたいことは何か、子どもたちに残して

いきたい環境とは何かを語り合うことで見えてくることが多くあった。

　幼保一元化絡みと言っていいだろう。事実、2006年に、就学前の子どもに関する教育、保育等の総合的な提供の推進に関する法律（認定こども園法）が制定され、2015年には「子ども・子育て支援新制度」が始まっている。これらは当初、"待機児童対策"と幼保一元化（一体化）を理由としていたが、その実、保育を受ける権利を曖昧にして保育の市場化を進めようとするものであった。児童福祉法24条1項の公的責任が焦点である。この攻撃に対し、保護者と私たち保育労働者、経営者などの関係者は互いに手を取り合い全国的な運動を進めた。党派を超えた全国的な闘いが実って児童福祉法第24条1項が守り抜かれ、保育所の存在意義がしっかりと示された。歴史的な運動だった。全国福祉保育労の一分会として頑張ったと思う。

　この間に、法人は2006年に練馬区から区立向山保育園の運営委託を受けたことを皮切りに、経営する施設が増加していった。現在は4保育園、4学童保育の計8施設を運営するまで大きくなっている。それまでは1法人1施設だったものが2施設となり8施設となって職場環境も大きく変化した。同じ法人内の仲間であるにもかかわらず、必ずしも同一の労働条件が保障されないという事態が生じていった。施設ごとに処遇が微妙に異なるというのがこの時代の大きな特徴だったといえる。

　この変化に対して組合が重視したのは、異なる施設組合員間の情報共有である。運動体として発展していくために必要なことであった。法人内分会会議を設立して定期的に開催、労働者としての悩みを共有しつつ同一法人内でも施設ごとに微妙に異なる処遇の違いについて要求をまとめ上げていった。就業規則や賃金、労働時間などの統一化にも取り組んだ。施設によって処遇が異なることは法人側も問題だととらえていた。協議を進め処遇の改善と合わせた統一化を進めることができた。この労使協議を進めることで施設を超えた労働者の仲間作りができたように思う。

　子ども・子育て支援法の成立以後、福祉保育施設労働者の処遇の低さが注目され始め、政策の焦点となっていった。その背景には、公立保育所の民営化、企業参入などの規制緩和、待機児童解消のための民間保育園新設ラッシュにともなう全国的な保育士不足がある。2010年代後半で保育従事者の平均月額給与は全産業平均より8〜10万円ほど低いことが指摘されていた。政府は2015年に処遇改善Ⅰ、2017年に処遇改善Ⅱなどの改善策を出した。併行して東京都は保育従事者等宿舎借上支援事業として8万円ほどの事実上の住宅費助成策を出している。いずれもきわめて不十分な施策である。

　処遇改善Ⅰは低額とはいえ全職員を対象としているので許容できるとしても、処遇改善Ⅱは研修受講を条件とし限られた職員のみを対象とした「改善」である。労働者間の分断を生じさせかねない。保育従事者等宿舎借上支援事業も、自治体や行政区により補助内容が違い、受給する者としない者の格差がはげしく、これまた同一法人内に格差を持ち込まれかねない施策である。さらに言えば、全体として正規職と非正規

職の溝も深める施策にもなっている。

　これらの処遇改善策をどのように法人に適用するか、労働組合として難しい問題だった。施策に翻弄され不公平感や損得感情が組合員に生じたことも事実である。それぞれの立場の違いを認め意見を出し合い現実に向き合って要求を練り上げ、可能な限り賃金差をなくすようにしなければならない。法人側と難しい協議を進めた。労働組合として踏み込んだ提案もした。保育所と格差のある学童保育職員の処遇改善についても、同一水準になるよう法人側に要求していった。その結果、やや複雑ではあるが法人独自の規程を作り、現実的な処遇改善をすることで労使が一致した。立場の違いを超えて労働者全体で合意できるものができたと思う。

　とはいえ、そもそも国の保育士処遇改善そのものがつぎはぎである。根本的解決にはほど遠い。労働組合の全国組織として分会組織として、子どもたちの生活と育ちを保障する専門職にふさわしい闘いを進めていかなければならない。

　私たち労働組合は何のために存在するのか。労働者の思いや心情は多様だろうが、"働きやすい職場であってほしい""働きがいのある仕事をしたい"という願いは変わらない。保育園職場、学童保育職場を取り巻く状況、労働者状況は刻々と変化し続けるが、その願いを実現するために、みんなで学びみんなで考えみんなで運動することが大切だと思う。保育労働者は、子どもが生活の主人公となることを願う。その労働者が労働の主人公であり主体者であってこそ、子どもたちは幸せに育つはずだ。自らが主人公になる創造的活動が労働組合活動であると言ってもいいと思う。

　社会福祉法人多摩福祉会には労働組合が必要である。後輩の組合員たちには頑張ってもらいたい。

（針尾 政幹）

座 談 会

当事者は語る！

　こぐま保育園草創期の父母会による座談会、同じく草創期の実践運営を担った職員の座談会、そして、グループ育成に挑む学童保育若手メンバーによる座談会。当事者の息吹が伝わる。

砧保育園（2020年）

父母会の奮闘で延長保育制度実現

園への信頼と父母同士のつながりをエネルギーに

安川 信一郎（法人常務理事、こぐま保育園3代目園長、向山保育園園長）　司会
玉田 和良（法人理事、こぐま保育園6代父母会会長）
岡崎 三郎（こぐま保育園4代父母会会長）
中津川 弘（元法人理事、こぐま保育園11代父母会会長）
佐藤 正（法人理事、こぐま保育園16代父母会会長）
坂本 智子（こぐま保育園30代父母会会長、現こぐま保育園卒園児同窓会代表世話人）
伊藤 亮子（法人顧問、元法人理事長、こぐま保育園2代目園長、砧保育園初代園長）

〈2021年11月13日実施〉

共同保育──すべての大人の共同作業

安川（司会）　こぐま保育園の父母会活動は園運営に大きな役割を果たしてきました。こぐま保育園草創期の延長保育をめぐる父母会活動を中心に座談会をお願いいたします。最初に玉田さんお願いします。

玉田　私が初めて共同保育という言葉を聞いたのは、長女が生まれた1974年の9月、希望したこぐま保育園に入れず父母たちが自主的に作ったあゆみ共同保育室のお世話になった時のことです。この保育室は、少し前に制度化されたばかりの保育ママの数人が、団地内に借りた一部屋を使って合同で保育を行う無認可保育室です。維持運営は、父母・職員の全員が共同で担っていた。翌年1975年4月にこぐま保育園に入園が決まった時は、「これでようやく保育をお任せできる」とホッと胸をなで下ろしたというのが正直な気持ちでした。

　　しかし、共同保育という言葉の本当の意味が理解できたのは、こぐま在籍12年の経験を経てからです。各種行事への参加やクラス懇談会、日々のお迎え時の会話など、子どもたちを介した父母同士、職員との接触や交流が、私たち父母のボランティア意欲を支えたと感じます。その後の我が子の成長を見ると、家庭だけでなく保育園その他で育った環境や触れ合った大人や友だちとの交流経験が大きく作用し、その性格や感性などの礎となったと思う。「子育ては、その子にかかわるすべての大人たちの共同作業」と考えるのが適切であり、そ

安川 信一郎

玉田 和良

れが「共同保育」という言葉の示す意味だと理解しています。

岡崎 あゆみ共同保育室で知り合った人たちとこぐまに入り、4代目の父母会会長になりました。あゆみで一緒にやっていた人たちと「父母会で何かやらなくては」との思いで会長になった。役員になったおかげでいろいろな問題を考えさせられ活動を進められたと思います。市内の父母連もやっていましたが、他の園とくらべてこぐまは父親の参加が非常に多いという特徴がありました。他園の父母会は園の「お手伝い」だったが、こぐまは違っていたと思う。

安川 2歳児の保育室の棚の撤去のために父親がたくさん来てくれて、みんなで保育室を整備したことを覚えています。

中津川 保護者に大工さんがいたので夏まつりの作業の指揮をしてもらって夜遅くまで頑張って、そのあと、宴会だった。おかげで保護者同士が互いに知り合うことができ、視野を広げることができたと思います。他の保育園とくらべると格段の違いがありましたね。転園前の公立保育園では「親は預けて働く」というそれだけの意識だった。入園したら保母さんが入口で出迎えてくれて「何か分からないことがあったら聞いてください」と言って荷物を持ってくれました。出勤中嬉しくてたまらなかったのをよく覚えています。

13年で3人の子どもが入園、自然に父母会活動へ

岡崎 1975年に入園し、88年まで13年間も子ども3人お世話になりました。とにかく住むところがなかった時代、運よくニュータウン当初の公団が当たって入れた。団地に三角屋根の工場がなぜできるのかと思っていたら、それがこぐま保育園でした。

0歳児を預けるところが本当に足りなかった。産前産後休暇が終わったあと

岡崎 三郎

中津川 弘

どうするかがとても困りました。革新都政ができたもののあゆみ共同保育室には公的補助がないため保育料が高く、バザーを年に何度もやらなくてはなりませんでした。なんとかこぐま保育園に入れました。他園は6〜8ヶ月からなのにこぐま保育園は3ヶ月から受け入れてくれたんです。通勤が片道1時間から1時間半かかるから普通の保育時間ではとても無理です。こぐま保育園に入れなければ働き続けられませんでした。頑張り屋の父母が多く先輩父母は子連れで役員会に出ていました。それが自然でしたね。

　他の園はどうなのかと、桜ヶ丘第一保育園、みさと保育園、ゆりのき保育園、みどりの保育園、多摩市の公立保育園の父母にこぐまに集まってもらいました。他の保育園の父母はこぐまの床暖房、特例時間帯にも常勤保母配置していること、布団の持ち帰りもないことに感動していました。みさと保育園では、厚生省の役人だった人が園長になった前あたりから、国基準保育へと厳しくなっていきました。交流が必要だと2ヶ月に1回ほど集まり、他の保育園も会場にして回りました。鼓笛隊の練習ばかりさせられるところ、日々の連絡帳がないところ、給食献立を冷蔵展示するところがあり、こぐま保育園がお泊まり保育をしていることに驚いていました。

　ゆるやかな交流をと思っていましたが、すぐに保育料の値上げ問題が起きました。もともと高い3歳以下の保育料を倍くらいにしようというわけです。値上げ反対の運動を行うことになりました。こぐまの父母会が多摩市に請願書を出しましたが、市議会ではそうした動きをすることに理解はありませんでしたね。父母連は規約も作らなかったため、各園の父母会の運営自体が大変で、父母連の動きはなかなか困難でした。ゆりのきの役員に行政不服審査請求に詳しい方がおられて、みどりの保育園のHさんとこぐまの父母が中心になり紙一枚出したんです。都保育問題協議会の人からの全面的なバックアップもあり運動しました。このおかげで多摩市の父母連の知名度があがったと思います。

長時間保育問題に果敢に取り組んだ父母会

中津川　81年にこぐま入園、私が送り迎えをしていました。懇談会などにも出るように
なり2年目から父母会会長になりました。長時間保育料は財政面でこぐまの
延長保育体制を支えていましたが、集金が大変でした。当初は園が、次に父母
会が集めていましたが、行政指導によりそれはダメ、父母会が法人に寄付とし
たがそれもダメとなり、友の会が集金して法人に繰り入れる形となった。いず
れも行政指導によって余儀なくされた対応でしたが、そういった経験を通じて
長時間保育の制度矛盾に気づくことができていったと思います。行政指導がさ
らに厳しくなり、84年に「特例保育は制度基準通りに実施、保護者負担は認め
られない」ことになったため、伊藤先生から来年からやめるとの話がありまし
た。父母はそれでは立ち行かないんです。

　切実な問題となり、10回くらい市と交渉しました。そういった話をする懇談
会には100家庭以上が来てくれた。多摩市から課長を呼んで質疑応答する機会
が何度かありました。役員会できちんと学んでクラス懇談会を通じて父母に伝
えていきました。役員は非常に熱心でした。それほど切実で切羽詰まってい
た。そういった行政指導や検査を跳ね返そう、改善しようと。役員だけが動く
のではなく父母みんなの気持ちが一つになっていました。

　そういった土台があったから最終的に市が予算をつけることになったんです
が、福祉局に要請に行った際、「基準を守らないこぐまの保育は良くない」と
通報してくる人がいるという話を聞きました。すると、そういう意識を変えな
くてはということで、さらに懇談会を開いたりしたものです。

　市の教育課とも交渉したりしましたが、保育課は比較的父母の事情を知ろ
う、解決しようとしてくれるところもあった。ただ、私たちが東京都に行くと
市の保育課が嫌がりました。多摩市で解決できないから、と取られかねない
と。課長から都に行くのを減らしてくれと言われたことがありました。

　85年の制度解決前に全員集会を行った際、終わってすぐに、「ここまでやっ
て解決しなかったらどうするのか」とある母親に言われたことを覚えていま
す。「精一杯やってきたが、これ以上やることは何かありますか」と聞いたら、
「やるしかないのだが、これでダメだったらと思うと絶望的になる」と。現実
には園外で二重保育するしかないわけです。こぐまの父母はこぐま保育園の保
育をすばらしいと思っているから、絶対につぶされたくないのです。他の保育
園はこういう状態じゃないから。こぐま保育園の父母が主にならなければ変え

♡④. ₈53年度 徴収の状況

(a) ₈54年1月までの状況報告 (₈53.4〜₈54.1月分)

(イ) 徴収予定額　　　5,392,650円（父母負担金 5221050円）
　　　　　　　　　　　　　　　　　　　（父母の会会費 171600円）

(ロ) 実際の徴収額　　5,095,500円
　　　（銀行口座残高）

(ハ) 差額　　　　　　297,130円（未収金 261,660円＊）
　　　　　　　　　　　　　　　　　　（不明金 35,490円＊＊）

(注)　＊　銀行引落しのさい残高不足等で引落しできなかった分など
　　　　　（毎回、次回に加算しているが、引きり不能のほうが）
　　　　　（どんどんふえている。）

　　　＊＊　各父母の徴収予定総額と銀行残高＋未収金の差
　　　　　（計算まちがいがあるかもしれないが、実際は引落し）
　　　　　（できなかったものが銀行よりの連絡もれでぬけてい）
　　　　　（るのもありそう。今となってはチェックできず。）

(ニ) 紛失したタイム・カード等　　　1件　（1グループ[6名]分）

(ホ) 事務のおくれ　　　　　約1ヵ月

(b) 徴収の状況からみた長時間保育の実態

　次のページに、各園児について、₈53.4〜54.1月分で徴収した父母負担金を合計して、月平均額を算出し、それを30円で割って得られる月平均徴収単位で分類したグラフを示します。

　このグラフの中で月平均10単位以下の人は、通常は長時間非対象児で、まれに利用しているだけと言えますが、それは、わずか7%にすぎず、残り93%は月11単位以上利用していることになります。（月25単位以上[1単位/1日以上]の人ですら88%）　こうしてみると、こぐまにかよっている園児の90%以上が多かれ少なかれ長時間保育を定期的に利用しているといえます。（こういった状況は、多摩市の他園ではみられず、まさに、こぐま独特の状況です。）

　この点でみても、長時間保育の問題は、まさに、こぐまの父母全体の問題であるということが、お分かりいただけると思います。

,20単位.

月平均の長時間保育をうけた単位と人数の関係
（ 各園児について. S53.4～S54.1までの父母負担金の徴収 ）
（ 単位の合計を10で割ったもの［月平均徴収単位］と人数の関係 ）

調査人員
Total 171名

26人
(15.2%)

25人 (14.6%)

24人
(14%)

17人
(9.9%)

16人
(9.4%)

17人
(9.9%)

14人
(8.2%)

12人
(7%)

8人
(4.7%)

7人
(4.1%)

4人
(2.3%)

1人
(0.6%)

25人

20

15人

10

5人

保育を うけている 単位 (平均)	10 単位 以下	11 ～ 25	26 ～ 50	51 ～ 75	76 ～ 100	101 ～ 125	126 ～ 150	151 ～ 175	176 ～ 200	201 ～ 225	226 ～ 250	251 ～
1日当り	～ 0.5	0.5 ～1	1～2	2～3	3～4	4～5	5～6	6～7	7～8	8～9	9～10	10～

人数

S54.1日まで S53.4

※１単位＝15分

られないということで、すぐに署名集めを始めて半日でかなり集まりました。これが1月でした。1月後半に予算を計上するという返事がきて一安心した記憶があります。

　そういった運動に取り組む父母の力というのは、日ごろの保育園の実践や父母と共同する土台があって生まれたものだと思います。

安川　産休明けから保育をすることも長時間保育を受け入れるということも社会的には認められていないという時代でした。それを切り開いてきたわけですね。

伊藤　50年前の日本の家族と子育ての関係を考えると、多摩ニュータウンは大変な状態に置かれていたと思う。地縁血縁で助け合って子育てする時代に、全国から知らない人が核家族で集まってきて、そのなかで仕事と子育てを両立しようというわけです。対策がまったくなかったんですね。そこに私たちの困難のもとがあったと思います。ほんの数十年で一気に変化して矛盾が生じ、そこに自分たちが真正面から向き合わなければならなかったわけです。子どもを預かって「はい終わり」ではなく、親たちにとってかつて地域社会がもっていたような子育ての支え合いができる保育園を作りたかったのです。それが共同保育の理念です。産休明けの一番助けを必要とするところから共同する力が培われるような保育をめざそうと。

　しかし、美濃部革新都政から鈴木都政へ移行するとどんどん政策が転換していきました。補助金カットです。国もどんどんそうなっていきました。1981年についに都の補助金カットが行われた。そんななかで都の補助基準を上回ることをやるなんて許せないという行政のにらみが入ってきてすごかった。都は最後には是正せよという命令だった。

　1980年代の臨調行革ではとにかく公費を使うなと。児童福祉法では「国及び地方公共団体は、児童の保護者とともに、児童を心身ともに健やかに育成する責任を負う」と明記されているのに、日本は完全に遅れています。この時期はまだ「子どもを保育園に預けるなんて」と保護者攻撃があるくらいの状態でしたから。

安川　なぜ、保護者がそこまで考え、なんとかしなくてはと思えたのでしょうか。

玉田　1986年まで在園していましたが、こぐま保育園のすごいところはお迎えは何時までという制約がなかったこと。18時過ぎてもクラスの7〜8割残っている。他の園は1割2割です。ローテーションを組んで保育士がやっていましたが、昼間と同じ保育内容でやっているというのが本当にすごいと思いました。

伊藤　子どもにとってはどの時間も同じ扱いをすべきだという問題意識からスタートしています。革新都政といえども枠が決められていて、常勤職員は8時間半、その前と後ろは非常勤がやるというサンドイッチ方式にせざるを得ない。行政

佐藤 正　　　伊藤 亮子

はその時間は責任を負わないからです。それでは改善されないから、こぐま保育園では常勤職員が全時間帯、朝も夜も責任をもってやるというシフトを組んでいたんです。しかし、東京都が監査にきてチェックすると、常勤職員の日中の時間が不足していると言うのです。子どもにとって何が必要かという制度設計になっていないのです。労働者の条件との兼ね合いで制度が組み立てられていたのです。こぐま保育園の長時間保育の闘いは、日本全体の保育制度がもっている問題に風穴を開けたと思います。住民要求に応えようとすると現実とのギャップが大きくなるのですが、保護者との共同の力で子どもを育てるというところに軸足をしっかりと置いて乗り越えてきました。こぐま保育園での取り組みが拡がっていったのは、労組も周囲の保育園も同じ気持ちで一緒に取り組めたからです。本当にみんなに守られたのです。父母会の力があってあっという間に署名を集めきったんですね。市役所は驚いたと思う。

安川　10％しか認めない長時間対象児を多摩市が他の保育園に振り分けなかったのは？

伊藤　市役所にはこぐま保育園への希望が殺到していて、他に割り振ったら大変なことになると分かっていたのでは。最終的に東京都が言ってきた時に、法人として浦辺理事長名で要望を出しています。市はこぐま保育園に長時間対象児を集中させるとどういう問題が起こるかも分かっていたはずで、きちんと対応するよう指導してほしいと。住民側に理がある状況でした。

安川　その署名運動で頑張っていただいた佐藤さんお願いします。

実った請願運動──延長保育制度が実現

佐藤　1989年から1990年にかけて父母会会長を務めました。89年の父母会の活動方針は「延長保育を実現しよう」でした。父母会、職員、労組、園全体の要求でし

たが、本当に延長保育制度に取り組めるのかと懸念がありました。

　私が特にかかわったことは3つありますが、まず、父母の要求をつかもうと考えました。父母へのアンケートです。167世帯中92％の高い回収率でした。余白に保護者の想いが切実にびっしり書いてあり、それを読んだ役員はこれで運動ができるという確信が得られたことを覚えています。その当時いわゆるベビーホテルや劣悪な無認可で死亡事故が起きたりして騒がしいころだったので、国としても延長保育制度を進めるように各都道府県・市町村に通達が出ていました。早々に都福祉局児童部長あてに要望書を持参し、ぜひ多摩市に指導を入れてほしいと申し入れにも行きました。

　2つ目は、役員会で1万名の請願署名を集めることを決めたことです。これはやはり陳情ではなく請願運動が必要と考えました。10月に始めました。今までさまざまな陳情・請願運動をしていましたが、1975年〜1989年の記録を見ると最多署名が保育料値上げ反対の3005名です。不採択になっています。その他は千名か数百名がせいぜいだった。これでは請願は通らないだろうと、父母が商店街や駅頭で署名活動を展開したのです。そのなかでさまざまな保護者の声が入ってくるのを役員に教えてくれて大きな力になりました。

　3つ目は、みんなの運動にしようということで全園懇談会を何度も開かせてもらったことですね。数えきれないほどやったと思う。延長保育や特例にかかわらない父母にもみんなの気持ちが伝わり思いをひとつにできた。父母と職員で手分けして、市内47000枚の大規模ビラ配布を2回やりました。1日で撒きました。父母連のビラも作成した。市民へ運動のお知らせを徹底したことは大きな力になったと思います。

　一生懸命やっている父母に運動の状況をきちんと知らせようと、朝と夕にクロークで「延長保育速報」ビラの配布もしました。50数号まで出して、全父母に運動の進捗状況が分かるようにしました。父母全員の運動にしていく上での大切な取り組みでした。36万円くらい募金も集まりました。請願運動なので市議会議員である常任委員会のみなさんに個々に会って説明もしました。とにかく現場を見てほしいと、各委員に保育園を見に来てもらった。

　厚生産業常任委員長も視察に訪れました。そのタイミングで全園懇談会を行って父母の声をとどけることもしました。その時期には署名は1万人を超えており、議会も採択せざるを得ない空気になっていました。委員会のたびにこぐま保育園で傍聴席を埋めて入りきれず廊下や第二会場を使用したことも。私が発言を許された委員会は深夜1時半におよびました。50名以上が詰めかけてくれていました。90年8月常任委員会の全会派一致で採択された時には60数名が集まり、委員会室前の廊下は笑顔と涙で大騒ぎでした。このような運動を通

じて、1992年4月から市内全園で延長保育制
度が実施となったのです。

坂本 智子

　父母会として各保育園施設長、父母会めぐ
りも行いました。メディアにも働きかけ朝
日新聞、東京新聞に大きく掲載されまし
た。園長会の力も大きかったですね。

坂本 日曜日に保育園に集まってチラシを配布し
ました。配布に行けない人も集まってくれ
て子どもたちを見てくれたり、おやつを
作ってきてくれたりして、高揚感がありまし
たね。引っ張っていく佐藤さんの力は大きかっ
た。委員会審議で父母が発言することがあり得なかったのですから。

佐藤 議員さんも保育園制度の理解が乏しくて、子どもが一番かわいそうでした。そ
こが課題だった。延長保育問題の到達点を資料として議員に出して理解を深め
てもらいました。1990年9月に「延長保育の制度化に関する請願」はついに本
会議で賛成多数で可決されたのですが、採決に先立って賛成討論した菅原重
美、住田啓子両議員の発言は感動的なものでした。父母の感想と合わせて"お
やぐまだより"に掲載されています。

安川 今は制度問題などについて保護者と一緒に運動することが本当に難しくなって
います。預かる・預けるだけの関係になっているように思います。お話を聞い
ていて改めて学ぶことが多くあります。

伊藤 多摩市の延長保育は特例保育からの積み上げで経費がふくらんでいたのです
が、それからさらに踏み込んだのです。父母の就労と子どもたちの育ちをきち
んと保障する制度へと。富沢市長は、保育は民間依存とし、安上がりで行こう
と考えて公立は作らなかったのですが、その民間の要求でどんどん経費がふく
らんでいくという流れになった。行政が動かざるを得ないことになったのは、
父母の運動を中心とした住民運動が大きかったと思います。

安川 今も国基準自体が低いわけです。こぐま保育園の歴史を見ると黙っていてはど
んどん切り下げられてしまうと感じます。坂本さんお願いします。

保育への信頼と父母同士のつながりが土台

坂本 我が子は1985年入園です。我が家にとっては3園目でした。保育の基本方針や
実際の細かい内容が書かれている方針書を渡され、父母にここまで明らかにす

ることに驚き、同時に園の自信も感じました。実際に通い始めると、長時間保育でしたが子どもはとても楽しんで通っていて、嫌がることはありませんでした。子どもの表情から楽しんでいると感じてはいましたが、先生方からの毎日の連絡帳やおたよりなどで、より信頼と安心は高まった。定期的に行われる懇談会では子どもの様子が分かり、保育について学習することもあり、他園とは違うと感じました。学習会や全園父母懇談会などがたびたびあり、保育内容や保育情勢について学ぶ機会も多くありました。できる限り参加しました。毎日の仕事でみんな疲れているはずなのに、自分もまわりの父母も懇談会や行事に参加することを楽しみ、子どもを真ん中にしながら、先生方だけでなく父母同士のつながりも深まっていきました。父母会は今みんなが困っていることを解決しようという方向で活動していた。子どもを真ん中にして、保育園や先生方への信頼感、父母同士のつながりなどすべてが最後は父母会活動につながっていったと思います。

　卒園後、友の会の活動に誘われた時は、お世話になった保育園に少しでも恩返しになればという思いで引き受けました。活動は、夏まつりやバザーの時などの出店、労組から呼びかけられる署名のお手伝い、おたよりの配布、卒園児へのプレゼントなどです。

　振り返ると、こぐま保育園で、子どもだけではなく自分自身も育てられたと思う。先生方の保育への真剣さから保育園への信頼感は篤いものがありましたし。「保育が良い、保育を守る、今のこぐまの保育を保障しましょう」というコピーは、署名の呼びかけの時にぴったりきました。署名をして現行の制度を守るという思いがありますが、今の世代の父母にどうつながっていくのかは難しい。私がこぐま保育園で学んだことは、自分の生活や仕事などさまざまなことに役立っているし、本当に良い保育園にめぐりあったなと思っています。

次世代につなげたいこぐま保育園の精神

安川　話はつきませんが最後に一言ずつお願いします。

佐藤　坂本さんがおっしゃったように保育園に対する信頼感と父母同士のつながりがあって、今のこぐま保育園、多摩市の保育があるのでしょうね。みんなに共通する思いです。

玉田　ぼくは初期のころですが、こぐま保育園というのは最初から子どもたちの育ちにとって必要なことをやっていました。親も協力して作ってきたんだと思う。長時間保育などまさにそう。ぼくたちの時は「やるなら勝手にやれ」という感

じでしたが、だんだん自治体の方が「余分なことはやるな」になった。80年代になると、自治体の方が言う通りにやりなさいという方向に変わってきたのかなと思います。これからは、こぐま保育園でいう五者協がどこまで協力できるか、どうやって伝え合うかというところに力を入れていってほしいです。

坂本 今日は自分が入る前のこぐまの歴史が聞けて嬉しかった。取ってあったお手紙や合宿ノートなどを見返してみて、またより見える世界があったように思います。今日は振り返るきっかけにもなり、またいろいろなお話が聞けていい機会でした。

岡崎 父母会、職員が長時間保育の運動をものすごく頑張ってやったなあと。こぐま保育園が信頼されているというのは、さらけ出しているからだと思う。父母それぞれに声をかけて相互理解を深めようと努力されてきたことも大きいですね。他園の父母には驚きだったでしょうが、たとえばバザーでお酒を出していました。その時にしか来ないお父さんでも、そこで声をかけられたお父さんは次に保育園に来やすくなるのは間違いない。

　今の状況は分かりませんが、そうしたこぐま保育園の良さというのはずっと続いていかなくてはいけないと思う。何も知らなかった私が、「学ぼう」と常々言われてきたことが今になってよく分かります。

中津川 子どもがここで育ってよかったなぁとつくづく思っています。子どもをよりよく育てるにはどうしたらいいのかということを、ひとりの大人として考え、親として成長することができたことは幸せなことでした。そういうこぐまの精神がベースにあったから、あの運動も盛り上がったと思う。その精神をぜひ大事にしていってほしいです。

伊藤 こぐま保育園というのは、職員みんなが知恵と力を出し合って作り上げようとし、その願いを父母にも伝えて一緒に作ってきたんだとすごく思う。保育総括の資料を見ると、給食費ひとつとっても今こういう状況にあるんだということを父母に伝えているんですね。親たちの願いも本当に切実でしたし。そんななかで信頼を寄せてくれるというのは、なんて幸せだったんだろうと思います。

　今は時代の変化に対応する新しい保育力が求められてきていると感じています。今まで通りでは通用しないことが必ず起きてくる。それでも、子どもの本質というのは変わらないのであって、私たちの経験が少しでも生かされたら嬉しいです。

安川 目の前のことだけじゃなく広い視点のなかで見ないといけませんね。忙しい、大変だ、だけで追われてしまう。そうならずに、子どもも大人もみんなが育ち合えるような法人であり続けたいと思いました。まだまだ語りつくせませんが、本当に今日はお忙しいなかありがとうございました。

座談会 **2**

保育の探求と創造的園運営——こぐま保育園

髙橋 博子（法人理事、こぐま保育園園長）　司会

伊藤 亮子（法人顧問、元法人理事長、こぐま保育園 2 代目園長、砧保育園初代園長）

菅原 重美（元こぐま保育園栄養士）

永井 明代（法人評議員、元こぐま保育園保育士）

鈴木 玲子（元こぐま保育園子育てセンター担当保育士）

稲富 由紀（元こぐま保育園保育士）　レポート参加

谷 まち子（元法人理事、こぐま保育園 5 代目園長）

〈2021 年 11 月 27 日実施〉

髙橋（司会）「保育の探求と創造的園運営」というテーマです。はじめにそれぞれの立場から当時、どのように保育を作っていったかお話しいただきます。後半はこれから保育を創造していく若い方たちへのメッセージをいただきたいと思います。伊藤先生からお願いします。

親とともに切り開いた開園当初の保育——長時間保育、産休明け保育、給食

伊藤　こぐま保育園が開園したのが1973年です。多摩ニュータウンの開発が始まって 2 年目のことです。第 1 期永山団地ができ、そこにこぐま保育園が生まれました。経験のない子育てがニュータウンで始められたのですね。唯一あった社会施設が学校と保育園。当時の多摩町では既存地域とニュータウン地域の意識の差がはげしかった。「根無し草（ニュータウンの人）に税金は使えない」として公立保育園を作らなかったのです。1964年の東京オリンピック後、伏魔殿と言われた都政批判が強まって美濃部革新都政が生まれていました。あちらこちらから転居してきた人たちが永山自治会を作って、協力し合って街づくりをしようという機運が生まれ、保育に新しい流れが生まれていました。子育て責任は母親に押しつけられたままでしたが、女性の労働力も求められていました。

　国が長く10対 1 でその後も 6 対 1 で行っていた 0 歳児保育を1969年革新都政が都基準として 3 対 1 にしたばかりのころです。この基準でこぐまはスタート

髙橋 博子　　　　　　　　　　伊藤 亮子　　　　　　　　　　菅原 重美

した。国基準にはなかったのですが、都基準を生かし、こぐま保育園では給食を重視し離乳食ができる体制を作り、看護師も配置しました。入園希望者が殺到しましたね。２年目には乳児３ヶ月から、のちに産休明けからの長時間保育をしたのはフロンティアでした。

　通勤時間が長く、乳児からの長時間保育が開園時から課題でした。16時30分からの特例保育は定員の10％という目安がありましたが、これではとてもニーズに応じられない。別の座談会で詳しく話されていますが、父母に経済的な負担をお願いするということで父母会で論議してもらいました。特例保育はみんなの問題として取り組んでいったのです。父母のパワーはすごいものがありました。園として特例保育を実施するものの、同時にどうしたら保育内容をよくできるか真剣に考えました。

髙橋　では菅原さんよろしくお願いします。

菅原　私が上京したのは1973年２月です。ニュータウンで住むところがなくて、夫とセットなら保育園が用意した宿舎の部屋が一つで済むから来てくれと言われた（笑）。北永山小学校もまだなくて。最初にびっくりしたのが子どもの寝食が別になった園舎だったことです。調理室が隅っこでなく真ん中にあって、子どもたちが食べているところを見ることができました。浦辺先生からは「給食は保育の一環なので勉強して資格を取ってください」と言われました。開園の準備に取り組み、陶器の食器を使うことにしました。

　こぐま保育園では給食担当も保育の会議に出て保育のことを考えました。私は児童養護施設で働いていたのですが、病院給食の経験をした職員と料理教室をしていた職員に助けられました。離乳食は初期・前期・中期などに分けてはいましたが、24人の離乳食を機械的に分けただけでは子どもの状態に合うわけではない。一人ひとりの子どもの進行表を作りました。軽食問題にも取り組んでいます。３時のおやつを軽食にし４時に切り替えました。「子どもが７時半までもつ軽食を提供するので頑張って夕食を作ってください」と父母と何度も

座談会2　保育の探求と創造的園運営

話し合いました。食を充実するということの意識は初めから強くありましたね。

高橋　菅原さんはその後、多摩市議会議員となってたくさんご活躍いただきました。では永井さんよろしくお願いします。

一人ひとりを大切にする実践の源流

永井　私も初年度に秋田から出てきました。3月半ばぐらいです。宿舎が完成しておらず伊藤先生のご自宅に泊めていただきました。3畳のお部屋に2人で居候をしていました。オイルショックで材料が入らなくて保育園も完成していなかったですね。庄司園長のお宅に集まって、新卒の職員と菅原夫妻と伊藤先生と庄司先生と相談を重ねました。まず、最初にできた3歳児の部屋に5人を受け入れて乳児保育を始めました。その他のご家庭には待ってもらい園舎が完成した5月にようやくスタートしました。

　乳児保育は全国的にはほとんど実践されておらず、乳児保育の経験者がいなかったので、最初は乳児室の絨毯に子どもを寝かせ哺乳瓶を持たせて飲ませました。あるお母さんから「うちの子はミルクをコップで飲めます。なんで哺乳瓶で飲ませるのですか」と言われてしまいました。中村千代先生が主任をされていた桜ヶ丘第一保育園に見学研修に行かせてもらいました。乳児でも椅子に座って食べていたのです。そしてコ研（コダーイ芸術教育研究所）の和地先生にこぐまに来てもらって何が大切か学んで深めていったものです。乳児保育は私とあなたの関係を深めること、保育者1人がグループを担当するということを学びました。

　そうした学びのなかでわらべうたの実践がいいと感じました。話す声の音域で歌うことが快いわけです。しかし保護者はエリートの方が多くそれぞれの子育て観をお持ちで、「なぜわらべうたなのか？」ということをいつも問われたものです。必死になって勉強しました。コ研の学習で一人ひとりを大切にするとはどういうことかを学ぶことができました。分からないこともありましたが、自分の意見を言って集団のなかで考えていくということが求められたように思います。

高橋　初めのころの保育の様子がよく分かりました。鈴木先生お願いします。

鈴木　みなさんより少し遅れて1978年にこぐま保育園に入職しました。名古屋でアルバイトをしていた保育園では赤ちゃんを椅子に座らせて並べて食べさせていました。私がこぐまに来た時は一人ひとりを大切にする具体的な実践が行われていて、カルチャーショックを受けました。急に子どもを後ろから抱いたりしな

いで、声をかけてから
連れていくことなども
学びました。食べた
い、寝たいなどの意
欲を育てるためには
保育士が日課を整え
ることが大事である
ことも学びました。

鈴木 玲子　　　　　　　　永井 明代

　毎日の生活の繰り返し
のなかで、保育士がジャンパーを用意している姿を見て散歩に行こうと気持ち
が切り替わっていくとか、着替え一つにしても子どもが自分から手足を入れて
くるのを待つことを生活場面で大切にするとかですね。2歳、3歳の自己主張
が強い時には、自分で考えて決めることを積み重ねることが大事ということも
勉強し合いました。私は創立から5年目に就職したのですが、分厚い方針書や
総括集を見てびっくりしたものです。聞くと初めからあったものではないとい
うことでした。

　先輩たちは白紙状態から中村千代先生やコ研から学んだとのことです。父母
も一緒にたくさん学んだと思う。尾木ママや茂木俊彦先生、加藤繁美先生な
ど、いろいろな先生を呼んでよく学習できたなと思います。うのみにしないで
こぐまに合ったものを模索したということだと思います。「困った子として見
るのではなく気持ちに寄り添う」ということも深く学べたと思います。Aくん
がBちゃんに繰り返し繰り返し覆いかぶさることがあって困ったことがありま
した。ある時、ハッと気づいた。「Bちゃんが好きなんだ」と。その子の気持
ちに寄り添えば安心感が生まれます。そこが成長の土台と思う。

生活実態をつかみ親に寄り添う

高橋　どうやって鈴木先生のていねいな実践が生まれたか分かりました。ここで今日
　　　は出席できない稲富さんからの文書を読みたいと思います。稲富さんは開園1
　　　年目途中の入職です。

稲富　父母の生活実態に寄り添うことで子どもたちが変化し、父母の子育て意欲につながって
　　　いたと思います。Cちゃんは何かふわふわした感じで言葉かけへの反応が少ないため、
　　　できるだけ対面で対応しましたが、するっと抜けていくような感じで気になりました。

稲富 由紀

1歳児クラスの連絡帳には「朝食がカボチャパン、夕食もパン」。実態をつかむことが大切と当時の栄養士と三者面談をしました。お母さんは「煮物は大変。きんぴらごぼうは作り方を知らないし料理本にも書いてない。父は夜遅くしか帰ってこないし、外食なのでご飯は炊かない。タンパク質は牛乳とチーズ」と言う。高度経済成長時代で父親の帰りが遅く、母親が一人で知らない人ばかりの都会で子育てと家事を担っていた時代でした。その後、お母さんから「乳母車いっぱいの野菜を買って帰ったが、腐らせないように追いかけられるように料理してみるがうまくできない」と悩みが連絡帳に綴られていましたが、こんなことも書かれていました。「ご飯、豚汁、サツマイモ、みかん、牛乳。久しぶりにお父さんが疲れて早く帰ってきて、『栄養が取れた』と喜んでいた」と。お母さんの何とかしようという気持ちが表れています。懇談会ではクラスの子どもたちの家庭も大半が父親不在という生活で、帰宅すると疲れて動けないなど悩みを一緒に考え合ったこともあります。グループ面談では、3世帯の親と複数の保母が、園児の自宅で夕食を作って親子で食べたり、調理実習なども行いました。振り返ると、子どもの生きる力をつけるために、園全体で現状把握と方針を共有したことが、保育実践の力になったと感じています。総括文書を見ると、そんなお母さんたちへの接し方に問題はなかったかと実践の振り返りをしています。保育士だけでなく、園運営側も父母と一緒に考えてやっていたということを感じます。

伊藤　当時、父母の生活アンケートを五年ごとくらいに取っていました。どんどん就寝時間が遅くなっているのが分かる。そういうことが保育のなかに現れる。帰ってから延々と夜中まで生活があって子どもが巻き込まれてしまっている。生活を把握すると一律に子どもの日課をこなせない、生活リズムとか大切にすべきことを伝えるだけではだめだということが分かるのです。どうしたらいいかずいぶん考えました。一緒にやってみようと離乳食作り懇談会をしてみたり。

髙橋　グループ懇談を家庭でやったり、そこで簡単にできる料理を紹介し合おうとか。

伊藤　父母から「白砂糖を使うのはやめてほしい」という要求が出たこともありました。父母が「一緒に勉強しませんか」と持ってきた本が近藤薫樹先生の『集団保育とこころの発達』（新日本出版社）だった。

永井　革新都政ができて働く女性の意識が高まっていました。何も知らない自分がぼやっとしていて、父母が力を貸してくれました。自分たちも勉強しなくてはと頑張りました。

髙橋　稲富さんの事例は菅原さんがかかわったのですか？

菅原　自分も子育するようになって父母の苦労も分かるようになりましたが、自分の

技量がついていかず悩みました。4、5年くらい経って楽な方へ流れそうな時に父母とどうしていけばいいか考えて、自分も成長できたように思う。家庭訪問して台所を見ると料理しているかどうかが分かる。哺乳瓶の消毒は完璧にするが料理はできないとか。手の抜き方を知らないから親も大変だったと思います。

なぜ、異年齢保育に転換したのか

高橋 そういうことがのちの保育につながっていったと思います。話を少し進めて、異年齢保育にだんだん移っていく時期のことを谷先生、お願いします。

谷 私が就職したのは1976年です。2019年に退職しましたので40数年、こぐま一筋で働いてきたことになります。入職したころは永井さんが話したような雰囲気が残っていました。必死にコ研に通って勉強しました。保育で大切にすることの基本の考えは実践にずっと根づいていると思います。

　1980年代の半ばごろから子どもの育ちが変わってきました。全体に落ち着きのない子が増えてきて、ちょっと目を離すとケガにつながることが増えました。年齢別保育のなかでどう保育を組み立てたらいいか難しくなってきました。大人主導の保育が顕著になっていたんですね。目標に到達させられる保育士がいい保育士、到達できない子は問題がある子だとかですね。年齢別保育の構造は「がんばれがんばれ」に傾斜しがちです。できると「ほらできたでしょ」と。

　異年齢保育の試行期間で、土曜保育に異年齢保育を意識的に取り入れたら、どの子もよりのびのび育つ姿が見られました。悩む事例があっても、みんなで問題を共有しみんなの知恵を出し合うことで、保育を充実させることができました。85年度から2000年近くまで試行は続きました。大人が育ててあげる実践から「子どもは自ら育つ、ステップアップしたい時に寄り添えばいい」という実践に変化しました。子どもの姿から大人たちはたくさんのことを学び、異年齢保育の実践を積み重ねることで、私自身もすごく成長させてもらいました。

　実際異年齢保育に移行してから、みんなで考え合うということを大切にしてきたと思います。異年齢を始めたころ、休憩室は子どもの姿への感動があふれていました。子どものとらえ方を聞くたびに共感し、職員同士も違いを認め合い、一人ひとりの人権を大切にできるようになったと思います。その作り合いを大切に、子

谷 まち子

どもの育つ権利まで保障するなかで、子どもは人間本来の力が出せるんだなということを感じました。小さい子は大きい子をまねするし、大きい子も小さい子のそばに寄ってホッとしたり、子どもたち一人ひとりがイキイキして、どんな姿であっても受け入れるという、それぞれ違っていてそれが当たり前という生活を築くことができました。子どもたちはちょっとした変化（表情、気持ち）の気づきができ、さりげなく救いの手を差し伸べてくれます。大人も子どもの対応から学ぶことが多々ありました。卒園した子どもたちが、学校や学童でさりげなく励ましたり、困った友だちやひとりぼっちの友だちの橋渡しをしてくれるという話を聞くと、自分たちのやっていることがちゃんとつながっているんだと思います。

鈴木 始めたばかりの時は、小さい子が来ると、大きい子は「来るな来るな！」と言って押し倒したりする姿があった。でも今ではまる早（早番のこと）をやっていると私を通り越してお姉さんのところに行く。多様性の時代に異質なものを受け入れる力が育っているのを感じます。1歳の子が「ぼくはどんどんさん」と言う。どんどん（年長）にあこがれて、エプロンして三角巾して「どんどん」と。研修に行くと2歳から3歳へ進級するところが大変という話がありました。こぐまでは3歳児に進級する時は誇らしくうれしくて、大きくなるのが見通せることがすごい。

髙橋 父母も縦割りで育っています。いやいや時代に悩んでいると先輩ママが「時間かかるよね」と励ましてくれたり。初めて子育てしている父母は「先輩に聞けばいいんだ」と思えてホッとしたり。学童でも学校でもこぐまの子は人づきあいがうまいとほめられることが多くなっている。自然と人づきあいの基本が生活するなかで身につくんだなと思います。乳児保育について伊藤先生の方からお願いします。

伊藤 経験が浅いなかから出発しましたが、一人ひとりを大切にするにはどうしたらいいかを考えました。労働環境と保育環境を統一的に検討する必要があった。1歳児の定員が0歳児の2倍なので、他園の0歳児から1歳児に転園が殺到しました。子どもを抱っこして申請に行っていたんです。開園5年目に認可定員を変更して0歳児24名の定員にすることを条件に、乳児室を2クラスに、0・1歳専用の厨房を設置する補助金を得て乳児棟の増改築をしました。部屋の増改築と乳児室・厨房の設備、備品を整備した。排泄指導のおまる使用を廃止し、乳児用の便器をとりつけて、管理の大変さから保育者を解放。保育者の身体に合わない沐浴槽も変えた。生活の世話をする環境を整え、鉄製のベッドを木製に変更した。狭い保育室で子どもが安心して休息し、保育者が無理なくていねいに世話ができるベッド作りに知恵を出し合った。おむつ交換台も検討して保

育者の腰高を目安に考えた。大人が授乳する椅子やテーブルの関係、1歳の子が自分で足を洗える高さはどういう高さか考えた。環境が整っていれば子ども自身ができることを学びました。乳児24名の保育はこうして実現できたんです。

菅原　小窓を通して給食室と乳児室がやりとりする構造になり、前期・中期・後期の分け方の離乳食を一人ひとり押さえないと難しいね、となって、白板に一人ひとりの進行状況を書いて給食を出して、食器返しもその窓からやって残したものが分かる形になった。そういう状況になると保育士とも父母とも一般論でなく問題提起ができるようになりました。

永井　給食も保育の一環として、何をするにもみんなで考え合える。一人ひとりの職員が考えて集団の力で乗り越えてきたのは大きいと思います。環境衛生も総括し、意見を出し合ってきました。ずっと柱が通っていました。それが浦辺先生が言っていたことだと思います。

伊藤　全職員が意見を言うわけだよね。200名規模の保育園で総括することがみんなの力になっていったと思う。初めての総括で庄司先生が一言書いています。「全職員で総括などまったくできませんでした。それをこぐまでするということで感無量です」と。

　　　環境衛生は、保育の片手間ではどうしてもうまくできなかった。それを専門とする職員を配置する提案をして実践したことで保育環境は一変しました。担当職員も自分の仕事の成果が保育士や保護者に理解され励みになった。保護者に提案や実践報告を配っていたのですが、普通はまずいところがあったら隠すものです。ところがそれを、みんなに出すということに「すごい自信だな」とびっくりされて信頼がより深まったとの声もいただきました。簡単に決めたわけではなく、何回も何回も論議して提案を文書化した。大変だったけれど、浦辺先生は「必ず記録しなさい」と言っていたものね。

髙橋　こぐまの保育は父母に支えられてきました。父母は行事で力を出していましたが、それだけではなく、その後クラスの運営委員会でも父母と相談して交流会をしたり、懇談会はいつがいいか相談したりしました。今の父母の集団には新しい人を仲間に入れていこうというのがはっきり目的としてある。そして子育て仲間を作って、助け合ったりして、子育てに対する主体性を引き出しています。そうした父母たちに支えられているということを伝えていきたいと思います。

次の50年に希望をつなぐ人の輪を

髙橋　今は悲しい事件がいろいろ続いている。現代はストレス社会で、そのストレス

を社会的に弱い者が受け止めざるを得ない。そんな生きづらい世の中で、楽しい子育てをということで保育を創ってきたと思います。これから法人の実践を担っていく職員たちへのメッセージをお願いします。

永井　多摩市の産後支援事業にかかわったことがあります。その事業は、一人の子について15回使えるサービスがあるのですが、私が入った家庭は、電磁調理器、食洗器、アレクサなどあらゆる便利な器具がありました。食事を作ってほしいと言われたが材料が肉と野菜１種類しかなくて、何を作っていいか分からないと言います。「何か違うものを用意した方がいいですか？」と聞かれて、食べたいものは何か相談すると食材の種類も増えていき、だんだん変化がみられるようになりました。上からでなく一緒に考えていくと変化が生まれました。「まねして作ってみました」と。どういう生活をしているのかもう少し突っ込んで「一緒に考える」ことが必要かなと思いました。

菅原　今私は、お年寄り向けのお弁当を作って配食しています。食は生まれた時から死ぬまでやめられない。今の父母に食の面から何が必要なのかを考えると、普通の食を提供することが必要かなと思う。働く父母を支援することが実現できたらと思います。

谷　今は混とんとしています。コロナを契機に監視、同調圧力が強まって息苦しい。子どもや親たちの姿から保育の構造を変えないと自ら育つ保育はできないと、同年齢から異年齢に移行しました。今はコロナのなかで経済格差がさらに大きくなり、米が高くて食べさせてあげられないという家庭も出てきている。子ども期の成長、発育が不安定になっているなかでどういう生活をして登園してきているのかをつかんでいく必要があると思います。生活様式が大きく変化しているなかで、異年齢保育のあり方も考えていく時にきていると思います。生活アンケートなどを取り、実態をよくつかんだ上で今後10年どういう保育をしたらいいのかを考え続けてほしいと思います。

鈴木　昨年度まであそぼう会の担当をしていましたが、食事のことが悩みのお母さんが多かった。「赤ちゃんが母乳ばかりで食べない」「作ったのに食べない」など。保育園に来ている人は食べさせてもらって、一緒に考えられている。また、あそぼう会に出てきて悩みを出せている人はいいが、家で悶々と孤立している人は大変。また、いろいろな事件を見ていると、子どもたちは初めから悪い子になってやろうと思っているわけではなく、否定されてばかりいるうちに「どうせオレなんて」となってしまうことが多いのではと思います。ぜひ保育園では気持ちを引き出して認めてあげることをたくさんしていってほしいなと感じています。

伊藤　法人合研で食事の問題が提起されています。１歳児の新入園児は半数が食事配

慮児です。4、5月は奥歯が生えていなくても食べられるものということで、ひき肉料理とか。昔は0歳児にはそういう配慮をしていましたが、今は1歳児にそういう配慮が必要。道具も使わないということがある。奥歯の発育など、社会問題として考えないといけないのではと思います。東京農大の先生が書いているのは味覚障害のこと。小学生で味が感じられない味覚障害の子が3割いると。

髙橋　表現できないのではなく？

伊藤　そうではなく、食生活が激変してきているのね。「日本の食生活のなかで発酵食品をもっと上手に使うことが必要ではないか」との提案もされている。今年の合研の実践提案で2歳児が食べる意欲がないことに、プチトマト栽培などで刺激を与えようと苦労している報告もありました。社会全体が今考えなくてはいけないことは、食が命の根源なのに、なんでも商品化されてしまって、調理の経過を体験できる機会もなくなっていること。味を知るとか匂いを感じる、命に直結したところの感覚が育ちにくくなっています。子どもたちの育ちの問題を大人たちも一緒に学び、ともに育ち合う関係を作り、新しい時代を切り開く職員集団作りを希望し、心から期待しています。

菅原　今育てた子たちが親になっています。これから先の50年を引き継いでいくということですね。

髙橋　たくさんの卒園児が父母となってこぐまに来てくれている。卒園児も6人が職員となって働いています。当時の親御さんたちが祖父母となって迎えに来てくれていてすごいと思います。たくさんの課題が出されましたが今後につながっていくといいなと思います。本日はありがとうございました。

座談会 **3**

グループで育ち合う子どもたち──学童保育

小山 牧子（永山学童クラブ施設長）　司会
江藤 龍之介（永山小学童クラブ支援員）
舩越 久美子（貝取小学童クラブ支援員）
今野 若葉（貝取学童クラブ支援員）

〈2021年11月30日実施〉

　2021年11月30日、多摩福祉会が50周年を迎え記念誌を作成するにあたり、法人内学童クラブ職員による座談会を行いました。テーマは「グループ育成に挑む学童保育について」。国内でも珍しい、学童クラブのグループ育成を実践している法人の4施設の職員が集まり、グループ育成とは何なのか、また行ったことによって子どもや職員たちの変化はあったのかなどをざっくばらんに語り合いました。

職員が大声を出していたグループ制の前

小山（司会）　進行を務めます永山学童クラブの小山牧子です。今日はよろしくお願いします。最初に、自己紹介と施設について少しお話をお願いします。グループ育成を取り入れた順でいこうかな。まずは貝取から。

今野　貝取学童クラブの今野若葉です。貝取ではグループ制を取り入れた5年前は定員いっぱいの70名いて、グループの人数は大体20～25名ずつだったかな。現在は少し減って53名の在籍児が15～20名ほどのグループに分かれて過ごしています。

小山　次にグループ制を取り入れたのは永山小ですね。

江藤　永山小学童クラブの江藤です。貝取学童クラブがグループ制を取り入れたと聞いて、永山小学童クラブでも取り入れました。取り入れた4年前も現在も変わらず在籍児は70名ほどで、大体20～27名の子が地域別のグループに分かれて生活しています。

小山　舩越さんお願いします。

舩越　貝取小学童クラブの舩越久美子です。子どもからはくみちゃんと呼ばれていま

小山 牧子

今野 若葉

舩越 久美子

江藤 龍之介

す。貝取小学童クラブは定員が80名で、現在は67名の子どもたちが大体20〜25名ほどのグループに分かれて生活しています。2020年度に新しく受託した当初からグループ制を取り入れて実践しています。

小山　ありがとうございます。私の在籍する永山学童クラブは定員70名に対して35名の子どもたちがいます。2つのグループに分かれて過ごしています。このグループ制を取り入れる前の一斉に育成していたころってどんな感じだったか、みなさん覚えていますか？

江藤　全体で育成していた時は仕切りをしていませんでしたから、全体が見られるというのはメリットだったと思います。ただ、デメリットとしては目立つ子にみんなの視線が集まってしまうところかな。それ以外の子たちになかなか目がいかないという環境になってしまっていたと思います。

舩越　2、3年生たちは一斉でも話を聞けたけど、新しい1年生が30名以上入ってきてからは、とにかく職員が大きな声を出さないと全然聞こえなくなっていました。「みんな聞こえてる!?」とめちゃくちゃ大声で話していましたね。子どもたちは右から左に聞き流してしまっていて。みんなが聞けるような環境を作るこ

とは難しかったですね。結局目立つ子にみんなフォーカスしてしまうので。江藤さんが言っていたみたいに全体のよさももちろんあるけど、個々を見てあげられないというもどかしさはありましたね。

江藤 全体で見ていると、こっちを注意するとあっちがうるさくなるって感じでしたね。

舩越 そうそう！　常に職員が大声出してる感じ（笑）。大人が落ち着かないと子どもも落ち着かないんですよね。

小山 貝取でも同じような雰囲気だったですか？

今野 そうですね。私が入職した当初は一斉で育成を行っていたのですが、もうどこもかしこもうるさくて。ひどい状態でした（笑）。大人はずっと注意しているし子どもはとにかく反発するって感じで、負のループでしたね。そんな時、以前から伊藤顧問が提案されていた地域別のグループ育成を中村真理子施設長（当時貝取学童クラブ施設長、現貝取小学童クラブ統括施設長）がやってみようと取り入れたのがきっかけでした。当時は"育成見直し大作戦"というプロジェクト名をつけてみんな手探りのなか必死に頑張っていました。

前に出る子どもたち

小山 地域別のグループ制って具体的にはどんな形で作っていったのですか？

今野 2つ大きなことを変えました。1つ目は、部屋のレイアウトです。それまでは一面の大きなマットにたくさん机を並べて生活していたのですが、マットを3つに分け、棚やロッカーで仕切ることで小さなお部屋のようにしました。2つ目は子どもたちを地域別に3つのグループに分けました。人数や配慮児の数に差はありましたが、子どもたちはいずれ卒クラブしたあとは地域に帰っていくので、地域別はなるべく崩さないようにしましたね。職員は1つのグループに1人入り、担任の先生のような形を取りました。臨職（有期契約職員）さんたちもそれぞれのグループに入ってもらいました。

小山 永山小学童クラブは貝取学童クラブの様子を見てグループ制を取り入れたのですか。

江藤 学校がすでに30人学級とかで生活しているのに、学童クラブに来ると70名で過ごすって難しいことだよねってなって。いずれ地域に帰ることを考えると、地域別に分けるのが最良なのではと思いました。永山小学童クラブも地域別に分けたグループ制をスタートしています。

小山 永山学童クラブでも永山小学童クラブが取り入れたあと、やってみようと始め

てみたんですよ。でも人数が少ないからか、なかなかグループ制のメリットが感じられなくて。

舩越 　そうなんですよね。私は当時、永山学童クラブに勤務していたんですが、あまり必要性を感じなかったですね。

小山 　人数が少ない施設だとなかなかグループ制が生かせないところは、今でも悩んでいるところです。でもよかったこともあったかな。

今野 　なんですか？

小山 　なかなか前に出て話すことが難しい子が、グループ制にしてから前に出る機会が増えたの。徐々に慣れていったみたいでお楽しみ会の時、緊張はしていたけどみんなの前でちゃんと話すことができていました。

舩越 　へぇ、それはいいですね。

大人も変わったグループ制

小山 　みんなさまざまな理由でグループ制を始めたと思うけど、どんな変化があったか聞かせてください。

今野 　子どもたち一人ひとりの小さな悩みとか変化に気づけるようになりました。あとは保護者との関係も以前より密になりましたね。

江藤 　最初のころはグループになったことで臨職さんから自分のグループ以外の子をどう見たらいいか分からないなどの相談はありました。その問題を解決するために始めたのが月案会議です。

全員 　うちもやってる～！

舩越 　貝取小は子どもたちのグループ意識が強いんですよ。グループ対抗のドッジボール大会はめちゃくちゃ盛り上がりましたね。「うちのグループ強いぜ！」って感じで（笑）。地域が近いからか、よく一緒にあそんでいる姿を見ます。せっかくグループ別に分けているので、自分たちのカラーを出しながら、うちのグループのよさみたいなものを探していきたいです。

小山 　グループをやめて一斉での育成に戻りたいと思いますか？

江藤 　いや～、まぁやれっていうならできますけどね（笑）。

舩越 　グループっていいところももちろんあるけど、見すぎちゃうところもあるんですよね。自分でできることなのに、手伝いすぎちゃうというか……。まぁそこは職員側の課題でもありますね。

今野 　グループは大人よりも子どもの方が変わったかなと思います。みんなホッと一息つける居場所ができたという感じがします。あとは縦のつながりが深まった

かなと思います。

小山　縦のつながりというと。

今野　うちのグループの子たちに今年の夏の思い出を聞いたら、グループ内の2、3、4年生で一緒にあそんだことって言う子がいたんですよ。これってグループ制をやっていたからこそ、地域での縦のつながりが深まって一緒にあそぶようになったんじゃないかなって。

舩越　保護者も近所でつながれると安心ですね。うちは保護者会のグループ懇談で連絡先を交換している家庭もありました。

今野　もう一ついいことがありました。グループにしてからは子どもが前に出て話す機会が増えて、みんなの"やりたい"の気持ちをかなえてあげられることが増えたの。目立ちたがり屋の子じゃなくても、実はみんな前に出て話したかったんだなって気づけたし。グループで日々行っているからこそ、行事の時もみんなの前でしっかり話せるようになりましたし。

小山　永山学童クラブはまだ特定の子だけ前に出て、ほかの子はやだ〜って感じがあります。でも学年に関係なく、1年生でも前に立つことができるというところはグループ制ならではかなと思います。

舩越　貝取小学童クラブはまだ3年生が主にやっています。本当は2年生にもやらせたいけど、子どもたちのなかで3年生の特権みたいになっていて。でも最近は3年生たちが勝手に"金曜日は2年生の日"にしちゃってるんだけどね（笑）。

江藤　当番の話で言えば、うちはぐるぐる回す当番表を使っていて、休みだと次の人に飛ばされちゃうんですよ。だから飛ばされたくない子は自分たちで交渉しながら当番を決めています。「明日オレ休みだから交換して」という感じで。そういうことができるのもグループ制のよさかなと思います。

今野　私は同じグループを担当して5年目になるのですが、グループが軌道に乗るまで最低でも3年はかかりましたね。細かく段階を踏んで少しずつ子どもたちがグループを運営できるように進めたので、今は本当に私がいなくても全部自分たちで回せるようになっています。

小山　グループ担当の職員が変わる時はどうやって引き継ぎとかしました？

江藤　永山小学童クラブは産休に入った職員の代わりにフリーだった私が入ったんですが、その職員が作り上げてきたものを残しつつ、子どもたちと新しいルールを作りつつといった感じで引き継ぎました。

今野　貝取学童クラブの場合は職員の異動は何度かありましたが、臨職さんが安定的に各グループを担当していてくれたことで、あまり子どもたちが不安定にならなかったですね。

舩越　臨職さんの存在って本当に大きいです。貝取小学童クラブの場合は、委託に

なって常勤職員がガラリと変わったので、以前からいる臨職さんに助けてもらうことがたくさんありました。常勤職員よりも子どもたちに近い位置にいるのは臨職さんですからね。

今野　グループになって臨職さんも変わりましたね。かなり積極的に育成に参加してくれるようになりました。今では私の代わりに進行も務めてくれています。

江藤　永山小学童クラブもそうですよ。みんなとても積極的にかかわってくれています。

小山　グループ制にしたことで臨時職員の方も仕事が具体的に見えるようになったんですね。施設長が変わった時はどうでしたか？

今野　施設長が変わる時は職員も子どもも保護者もみんな不安にはなります。でもグループ制を始めてからは、保護者とも子どもともグループの担当職員が密に関係を築いていたために、あまり大きな混乱は起きなかったですね。むしろグループの職員が辞める時の方が保護者や子どもたちの影響は大きかったかもしれません。

子どもが安心できる場に

小山　グループ制はみんなの安心感にもつながっているんですね。みなさんはグループのなかで子どもの主体性を伸ばすためにどんなことをしていますか？

江藤　今はコロナ禍になってしまったのでできませんが、以前はおやつを配るのも子どもに任せていました。

舩越　うちはおやつを配ることはやらせていないなー。やらせてあげたいけど現状では難しい。今は日直とかゴミ集めとかをやってもらっています。あと最近ではおやつ時に使うパーテーションなどは自分たちで持っていくようになりました。

今野　貝取でもコロナ禍になってからはおやつの配膳は任せていなかったんですが、子どもたちから「やりたい！」と声が上がったので、最近また袋菓子の時だけは消毒をした上でお願いするようになりました。みんな配りたいようで急いで準備しています（笑）。

小山　グループのなかで子どもと意見が対立することってありますか？

舩越　基本的には子どもの意見を優先しています。

江藤　席替えとかも子どもの意見を聞いているかな。3年生に座席表を渡して決めてもらっています。

舩越　うちは席替えだけは大人が決めています。去年は子どもたちの意見を聞いていたんですが、今年はやっていません。

江藤　うちは子どもたちが結構配慮してくれているなぁ。「こことここがくっついたら絶対うるさい！」みたいな（笑）。

今野　貝取も３年生にお願いしていたこともありましたが、子どもたちがけっこう好き嫌いで分け始めたから一回中止としました。去年は自由席を週一回取り入れていました。最近はアンケートボックスを設置して、自分の座りたい班を投票してもらうという形を取りました。なかなか好評だったから次回もやろうかなと考えています。

小山　グループごとに何かイベントとかやっていますか？

舩越　貝取小はドッジボール大会やカロム（ビリヤードに似たボードゲーム）大会をやっています。グループ対抗戦って燃えるよね！

今野　貝取もドッジボール大会は毎年開催していますね。以前、法人全体研修（法人合研）でも発表しましたが、かなりのドラマが起こりましたよ（笑）。

小山　ドッジボールだとルールとか作戦も子どもたちが考えるんですか？

今野　そうですね。自分たちで「こうすれば勝てるよ！」といろいろ考えて戦っていました。

舩越　うちはそこまではまだできていないかな。子どもたちの意見を聞きつつ大人が調整してって感じです。ドッジボールに関してはグループによって戦力差があったので、みんなが楽しめる"王様ドッジボール"をやりました。王様が当てられたら負けというルールなので、「誰が王様だったら勝てるかな」と各グループ頭を悩ませて考える姿が印象的でしたね。

小山　そうやってみんなで話し合いができるのってやっぱりグループだからなんでしょうか。

江藤　やっぱりいつも一緒に過ごしているから、団結力みたいなものはあると思う。永山小学童クラブは特別支援学級の子が多く在籍していますが、その子たちも積極的にかかわる機会があるのでその点はいいなと感じています。

今野　私もそう思います。ほかのグループの子とももちろん仲はいいですが、やっぱりいつも一緒にいるメンバーだからこそ、１年生が４年生に意見を言うこともできるのかな。

舩越　本当にグループって安心できる場所だと思います。現在はコロナの影響で１つの班４人でおやつを食べているので、人数が多いとほかのグループに移ってもらうこともあるんです。「おれ行くよ！」と率先して移ってくれていた子が、４～５回すると「もう移動したくないよ～今日は自分のグループで食べたい」って。自分で言ったのに（笑）。

今野　みんなほかのグループに移動すると借りてきた猫みたいになるよね（笑）。

これからのグループ育成の課題

小山　グループって必ずしも同じ人数で分かれていないでしょう？　人数に差が生まれた時や、相性が悪くてみたいな時はどうしているの？

今野　貝取では子どもが直談判しに来たことは何度かありました。人数調整でほかのグループに移った際、落ち着かないので元のグループに戻りたいという子や、学校でうまくいっていない友人関係を学童クラブでも引きずりたくないから変えてほしいと訴えにくる子、など理由はさまざまでしたね。訴えがあるたびに、子どもとも保護者とも話し合いをし、グループを変えることもありました。地域ごとに分けてはいますが絶対ではないので、臨機応変に変えています。

江藤　永山小学童クラブの保護者はグループに対して何か意見を言われたことはないですね。まだ保護者にグループ制のことが浸透していないのかな……。

小山　始まったばかりの取り組みだから、理解してもらえるまで少し時間がかかるかもしれませんね。

江藤　あと、うちは新しくマンションができてそこの子がどんどん増えてきているので、今は３つに分けているけど、いずれそこのマンションの子だけになってしまいそうな勢いです。どうしたらいいかはまだはっきりしていません。

小山　地域ごとに分けるメリットはたくさんあるけど、やっぱり人数差や配慮児の差などの課題はまだまだありますね。永山学童クラブもグループ制をもっと取り入れたいけど、そこの課題がなかなか解消されないんです。でも今日みなさんの話を聞いて、もう少し工夫してみようかと思いました。ほかに今、みなさんがグループを運営していく上で悩んでいることはありますか？

舩越　グループごとに運営の仕方が全然違うところですかね。帰りの会ひとつとっても、しっかりやるところもあればさらっと流すところもあります。

今野　貝取もそれは同じですよ。でもそれは職員も子どもたちも違う人間なので、別にそれぞれやり方があってもいいのかなと思います。私のグループもずっと同じやり方ではなくその年によって子どもたちのカラーも変わるので、話し合いながら少しずつ変えていますね。大切なことは、ほかのグループをまねるのではなく、さまざまな方法を知ってどう自分のグループに取り入れるかだと思います。

小山　グループ内の職員でも会議を行っているんですか？

今野　私のグループは２人で運営しているので、基本毎日打ち合わせはしていますね。みんなグループごとに大まかな打ち合わせをして、それを日々の全体の打

ち合わせで共有し、細かなことは月案会議でという感じでしょうか。

江藤　最近はあまりできていないけど、以前はグループ会議というものを夕方に行っていました。

舩越　貝取小学童クラブも子どもの帰りが早いのでなかなか時間が取れず、細かいところまでは打ち合わせできていないのが現状ですね。打ち合わせという形ではなく、合間に作業をはさみながら話すという感じです。

小山　もうお時間がきてしまいました。最後にこれからやってみたいと考えていることをうかがいたいと思います。

今野　現在職員が当たり前に行っていることを、徐々に子どもたちへお願いしていこうかなと考えています。それの第一弾がこの前行った投票式席替えだったので、もっと子どもたちと意見を交えながらよりよい"自分たちのグループ"を作っていけたらと思います。

江藤　今日の話を聞いて、グループ対抗戦を何かやってみたいなと思いました。

舩越　最終的には自分たちでグループの運営を行えるようになってほしいけれど、まだ時間がかかると思います。目の前のことでいうと、来年に向けて2年生の意識が強まっているので、そのやる気をくんで2年生を主で考えたグループ作りに移行していきたいですね。

小山　今日の話を聞くだけでも、施設ごと、グループごとにさまざまなやり方があることが分かりました。また、考えなくてはいけない課題もあるように思います。こういう話し合いの機会をこれからも作っていきながら、子どもたちが自ら考え行動できて安心感のあるグループ育成を行っていきましょう。今日はみなさん、ありがとうございました。

全員　ありがとうございました。

V部

多摩福祉会の
過去・現在・未来

法人評議員・理事・監事・事務局長の言葉

向山保育園（2020年）

私とこぐま保育園

佐藤 正（法人理事）

　多摩福祉会創立50周年、おめでとうございます。この記念すべき節目を、一緒にお祝いできることを嬉しく思います。2人の子どもが卒園して30有余年。振り返るともっとも子育ての困難なころ（出張や宿直勤務の私と妻の深夜勤）が懐かしく思い出されます。いかに日々の送迎を無事果たすかだけでも大変でした。そんな私が父母の会会長を務めるという波乱に満ちた保育園時代でした。懐かしさの言葉では語り尽くせない思いです。

　当時、雇用機会均等法や週休2日制の導入などが平日の労働時間の延長に現れるなど、父母の就労形態は多様化して、働く時間と通勤時間をプラスした保育時間の保障が大きな壁になったのです。延長保育制度が時の課題となり、私はその請願運動で明け暮れる2年間となりました。駅頭やマーケット前での署名集め、市内へビラ配布、議会への必死の訴え、父母と保育士の思いを語り合った全園懇談会等々、みんなが輝いていました！　運動は大変だったが、とっても愛おしい父母と保母さんたちの活躍でした。

　そのころの私の支えは、子育ての労苦をともに歩んでいただいた家族仲間が持てたことです。旅行や毎年のキャンプに始まり、四季折々の酒宴の交わりなど、私たち夫婦が成長するのにどれほど力となったか計りしれません。親同士は黄昏の時期に差しかかりつつあります。成長した子どもたちは家族をもち子育ての情報を共有する時を迎えています。親子ともコロナの収束を願いながら、再会を約し夢見ています。

　終わりに、多摩福祉会の益々の御発展と共育ちの広がりを心から願っています。

保育で出会った子どもたちが大人になって多摩福祉会に現れた！

髙橋 博子（こぐま保育園園長・法人理事）

　私のキャリアのなかでは0歳児保育が1番長いです。16年間ぐらいは0歳児室にいた計算になります。50歳のころには、ぎっくり腰の繰り返しと、ひどい肩こりから来る不調に悩まされましたが、福祉保育センターに来ていたスタッフさんから「腰痛は運動不足の印よね！」と言われ、そうだったんだと納得したものです。

　0歳児保育をしていて、嬉しい瞬間はたくさんあります。しかし、ひとりで3人を担当するわけだから、そんなにうまくはいきません。毎日、おなかが空く時間だっ

て、同じではありません。

　一人ひとり膝に抱いて食事介助をし、入眠介助をしてお風呂に入れて、なんてやっていると、「はやく！　ごはん！」という感じで待っている担当の赤ちゃんが泣き出します。腕の中にいる赤ちゃんを世話しながら、他の保育士に抱かれていたり、ベッドで待っていたりする担当の子に、「待っててね。もうすぐだからね」と視線を送ります。視線が合った瞬間、相手から「早くしてよね！　でも待ってるよ」という気持ちが伝わってきます。心が通い合う、その瞬間が好きでした。16年間、0歳児保育をやっていても、奥が深くてもっともっと現場の保育もやりたかったです。たくさんの同僚と力を合わせていたから、楽しさを味わえたのだろうと感謝しています。父母の方々にも本当にたくさんの力を貸していただきました。

　そんな保育のなかで出会った子どもたちや、卒園児が保育士となって多摩福祉会にまた現れて働いてくれています。また、父母となって、こぐま保育園に赤ちゃんを連れてきた方も何人もいます。最高に嬉しい瞬間です。

　保育士として働いていても、我が子を預けていても、うまくいかないことや心配なこともたくさんあるだろうと思います。でも「楽しかった」というバトンを、一緒に力を合わせてつないでいければと思います。

保育運動、そして多摩福祉会への思い

田川　英信（法人理事）

　39年も前のこと。第一子が待機児童になったことで、大田区で保育運動にかかわり始めました。転居した世田谷区では公立保育園の父母会長となり、世田谷区で父母の会連絡会を発足させました。その後、東京都の保育園父母の会連絡会も結成させるなど、上げ潮の時代でした。

　初めて「全国保育団体合同研究集会」に参加した時は驚きと感動の連続でした。こぐま保育園という素敵な実践をしている保育所が多摩市にあると知ったのもその時でした。

　今の理事長である垣内さんが、まだ全国保育合研の事務局をしておられ、2回目に参加した保育合研では、私も裏方として湯田中温泉郷を汗だくで動き回りました。その後、分科会の司会、助言者なども務め、首都圏初の開催となった横浜での合研では会場の総責任者、第40回の東京での保育合研では総務（裏方の総責任者）を担当するなど、保育制度をよくしたいと活動してきました。

　しばらく保育運動から離れていた私に、法人理事にとお誘いくださったのが垣内理事長でした。それから2年。運営体制がしっかりしていること、そして法人内でも合

同研究集会を継続していることなど、多摩福祉会にはすばらしい面がたくさんあります。

　ふだんから、よりよい実践とは何かを法人として追求していく姿勢はとても大切なことだと思います。欲を言えば、保育所や学童保育のみならず、母子生活支援施設などにも手を広げ、幅広く運営できるようになれば、と考えております。

多摩福祉会に学ばせてもらったこと

玉田 和良 （法人理事）

　私と多摩福祉会とのかかわりは、1975年4月に長女をこぐま保育園に預けた時から始まります。その後、長女は1981年3月に卒園、入れ替わりで長男が1981年4月から1987年3月に卒園するまで、都合12年間お世話になりました。

　私が多摩福祉会とのかかわりのなかで学んだことは、ひとことで言えば「『子育てとは見守り』ということを実感として感じさせてもらった」ということです。言い換えると「『子育て』とは、我が子が『自らの意志と能力で生きていく』という主体性とそれを支える力を身につけてもらうための作業」であり、そのためには「子どもは大人に育つ過程で、たくさんの『自主的に行動かつまわりに対応する経験』と『優しく見守られて楽しい時間を過ごした思い出』が不可欠」ということ、そして「『見守り』とは、子どもが育つ途中で、まだ自分ではできない時期に、その育つ環境を整えるとともに必要に応じてそっと手を添えてあげること」ということを、こぐま保育園に通った子どもたちの成長の様子から、つくづく感じさせてもらいました。

　現在、子どもたちはこぐま時代に培った力をベースに自分たちの人生を歩んでおり、その子ども（孫）たちを自分が接してもらったように育んで、おおらかに育てている様子を見るにつれ、貴重な経験をさせてもらったと感謝している次第です。

多摩福祉会との出会い

安川 信一郎 （練馬区立向山保育園園長・法人常務理事）

　養護学校の教員になろうと試験は受けたもののすべて惨敗。そんな時、大学の指導教員が、「多摩にこぐま保育園という保育園があるから受けてみる？」と声をかけてくれました。実家が東京ということ、サークルが児童文化ということもあり、“子どもが好きだからまあいいか”という軽い気持ちで永山にあるこぐま保育園を受けることにしました。当時は、現在の保育士でなく保母。保育の仕事は女性がするもの。よ

く両親が許してくれたと今でも感謝しています。大学でも保育士資格は取れず無資格で働き始めました。

　1年目は2歳のトコトコ組。2年目は持ち上がりで3歳のナゼナゼ組。休憩時間もなかなかとれず、食事も子どもと一緒に食べていたように思います。気持ち的にも余裕がなく保育士としても人間としても非常に未熟で、子どもの気持ちに寄り添いながら保育をしていくことが大事だよねと今でこそ職員にも話していますが、その当時は自分の思いばかりが強く自分の思い通りにしようと、子どもたちを怒ってばかりいました。

　働きだした時には男性のKさん、Sさんがすでに就労していて、私が落ち込んでいるとよく飲みに誘ってくれ、いろいろと相談にのってくれました。

　保護者にも恵まれ、"あの新米職員を何とかしないといけない"と思ってくれたのか、家庭訪問に行った時も晩酌つきの夕飯をごちそうしてくれたり、懇談会の時も緊張している私を和ませようとしてくれたりする保護者ばかりでした。

　本当にさまざまな失敗（挙げればきりがありません）をしながら職場の仲間や、保護者、そして何よりも子どもたちに支えてもらい今の自分がいるように思います。

多摩福祉会ここにあり！

赤沼 陽子（法人評議員）

　多摩福祉会、50周年おめでとうございます。

　私が保育の世界に入って50数年、奇しくも多摩福祉会と同じ時代を駆け抜けてきたんだと感慨深く思います。50数年前の多くの保育現場は、女性で占められていたにもかかわらず産休育休制度もなく、就業規則や給与体系もありませんでした。

　保育が積み上がるわけもなく、保育の面白さと意義が感じられなくて苦しんでいた私が、こぐま保育園の子ども主体の保育と民主的な保育園作りに出会い、自分の置かれている現状との違いに、保育のあり方を考えるきっかけをもらいました。私が、保育に意欲をもち続ける原点になった出来事でした。

　今、多摩福祉会は、4保育園4学童と規模も大きくなり、法人の発展は、目を見張るものがあります。評議員会に出される資料の充実ぶりと適度な緊張感あふれる会議が、透明性の高い経営と運営の元になっていることを実感しています。保育も各職場の環境と成り立ちの違いを大事にしながら展開され、会報や法人内の合同研究集会などの実践交流の場も保障されています。保育士の学びと自信につながっていると確信しています。

　多摩福祉会で行われている数々の取り組みを、全国の仲間は見て学んでいます。私

のように励まされている人は多いはずです。「多摩福祉会ここにあり」、本当に大変な日々ですが、気概をもってこれからも歩んでくださることを願っています。

不思議な縁

井原 哲人（法人評議員）

多摩福祉会とは不思議な縁を感じます。最初は、大学時代の恩師である垣内理事長から評議員に就くようにとの依頼をいただいたことから始まります。しかし、それだけではなく前法人事務局長の鵜飼さんは大学時代の後輩で一緒に学生生活を過ごし、砧保育園の西田園長とは大学の同期です。今では、私の教え子が砧保育園で保育士として働かせていただいています。最初は点だと思っていたつながりが、今ではいろいろな人のつながりになっています。

私自身は、大学での職のほかに、3つの保育園を運営する社会福祉法人の理事長を務めさせてもらっています。多摩福祉会の法人運営から多くを学ばせていただいています。特に、民主的に法人を運営することの大切さ・大変さの一端に触れ、私の法人運営のモデルのように感じています。評議員会では、事業計画や（補正）予算・決算について審議することがほとんどですが、時にユーモアを交えながら、子どもや保育者、保護者のために多くの意見が出されており、何のために法人や保育園があるのかという根幹に対する熱い思いを感じます。理事会や法人本部事務局、各園長・施設長の報告を受け、ともに悩みながらも前向きに審議・検討している場に身を置くと、評議員として責任を感じます。保育園の運営、法人の運営にとって厳しい時代ですが、微力ながら多摩福祉会の発展、そして子どもや保護者、保育者の安定した生活に寄与できるように尽力していきたいと思います。

子どもの自立をみんなで支える

江口 寛子（法人評議員）

こぐま保育園のうみのおうちで育った我が家の子どもたちは18歳と15歳になりました。在園中から10年以上、毎冬うみのおうちの有志でスキーに行きます。参加者は在園児から大学生・社会人まで、多い時で50人近く。そして春には市内の公園でお花見。子どもたちは毎年の再会を楽しみに、大人はそれに加え子どもたちの成長を楽しみに集います。

こうした経験と仕事で大学職員として大学生たちと接した経験から、私は幼少期に

安心できる環境で自分らしく過ごせることが子どもの成長にとても大事だと考えています。そして子どもは親だけでなく、多くの大人や子どもとのかかわりのなかでこそ健やかな成長ができると実感しています。多摩福祉会では、異年齢の子ども、保護者、保育者が複数の関係の糸でつながり、お互いを認め合い、たくさんの失敗とそれを乗り越える小さな成功体験の積み重ねを通して子どもたちが安心して自分らしく成長できる環境をつくっていると感じます。

　世の中は便利になりますます効率化が進みます。一方で、非効率のなかにも子どもの成長にとって大事なことが含まれることがあります。これからの保育園・学童に求められることは、そうした状況を見極め、適切に対応する力だと思います。これまでの積み重ねと、その根底に明確な理念・基盤がある多摩福祉会だからこそできることです。子どもたちの真の自立のためにこれからもこの理念と基盤を大切にしていってほしいです。

浦辺先生のこと

桐山 研（法人評議員）

　1991年にパートでこぐま保育園に入り、3年間、3〜5歳児の保育補助で保育にかかわりました。1994年から2002年3月まで正規職で働かせていただきました。

　1994年に正規になった時、若い先生たちが集まって学習会をしていました。『未来を育てる保育労働者』（学習の友社）という保母（当時）になったばかりの人向けの本を読んでいました。民主的保育の教科書のような本です。この本は1980年に発行されていますが、40年経った今でも大切なことをたくさん教えてくれます。この本の第5章「保育政策と保育運動」を浦辺史先生が書かれています。運営費のしくみや保育財政の実態、課題を解き明かしています。また、保育施設の民主的運営についても述べていて、「設立事情や施設の歴史がどうであれ、……保育所は公共福祉サービス施設です」「直接利害関係者である父母と職員は保育所の運営経費についてもっと関心を持つ必要があります」「設置者個人がどんなに民主主義者であったとしても、職員集団と父母の会集団によって施設の民主的運営を組織的に保障しないならば、その施設は民主保育所とはいえません」「いずれにせよ、職場の民主的人間関係を保障するものは民主的労働組合です」と締めくくっています。

　また終章にはこうも書かれています。「保育労働者にやさしさ、厳しさ、共感といった豊かな人間性の持ち合わせがなければ、保育労働者としての適性はないものとみなさなければならないでしょう。子どもの悲しそうな眼を見て悲しみを分かち合う高い情緒が保育労働者に求められます」「社会の激動期に生きるものとして、ともす

れば日々の保育にかまけて、保育をめぐる政治、経済や社会、文化の危険な動向にも疎くなることを戒めて、学習また学習とどんなに忙しくても共同で学習の機会を作り出し、何よりも保育労働者自身が未来を見つめてたくましく生き抜いてほしいと祈る気持ちで、このささやかな助言を保育労働者に贈るものです」。この本を何度繰り返し読み、励まされ、奮い立たせてもらったか分かりません。

また、学習会に浦辺先生に来てもらったこともありました。お好み焼きパーティーをして、浦辺先生にまえかけエプロンをしてもらい、みんなで大笑いしているのをにこにこしてみている先生の顔が思い出されます。また、若い保育士に向けて、「実践しているあなたたちは園長よりも子どもたちのことを分かっているのだから、自信をもっていい」と常に励ましてくれました。

ぼくは先生をご自宅まで送迎する役目でした。お迎えに行くと、ちょっと上がっていきなさいとまだ夕ご飯を食べていないだろうとカレーをご馳走してくださったこともありました。帰る時に車から降りると、いつも深々とお辞儀をしてくださる先生の姿は今でもぼくのあこがれであり手本です。

2001年に社会福祉法人民友会がふくしかんを立ち上げ、高齢者の食事会を開催した時のことです。浦辺先生はこぐまの地域活動にも通じるから担当の先生を連れていきたいと話してくださいました。食事会に参加された時には、私の母が疲れているようですと手紙をいただきました。常に「子どもの悲しそうな眼を見て悲しみを分かち合う高い感性」をもっておられました。

もう一つ。卒園文集に「クマのおやこがかわいそう」と浦辺先生が綴られたことがありました。卒園児へのはなむけではなく、玄関に無造作に置かれているクマの像がさびしそうだ、ということです。文集に書かれた意味を、浦辺先生に尋ねることはできませんでしたが、浦辺先生が何をおっしゃりたかったのか、何か、意味があるのではないかと時々思い出しては考えています。

常にまわりにアンテナを張り、気遣いを忘れず、共感したり課題を示したり、発信し続けてくださった浦辺先生の姿がありました。若い保育士に求めたものを自ら生涯実践し続けていたんだなと感じます。

多摩福祉会50年によせて

永井 明代 （法人評議員）

こぐま保育園ができたころは永山駅もなく保育園北側は何もない赤土の空き地でした。そればかりではなく、保育そのものが何もないところからのスタートでした。何人かの経験者のほかは新卒の保育者がほとんどで、保育計画もない遊具もないなど0

からの出発です。

理事長の浦辺先生からは「自分たちで考えるのですよ！」と言われました。それでもこぐま保育園の3つの目標が示されました。

　　1　働くお母さんが安心して預けられる保育園に
　　2　子どもたちが生き生きと育つ集団の場に
　　3　職員が働きやすい民主的な職場に

この目標をもって手探りの保育が始まりました。その後、地域の人々、教育関係者や他の保育園のみなさんと手をつなぎ力を合わせることが大切だとの論議をし、6目標に発展したのでした。

何を始めるのも自分たちで考えるのですからかなりの時間が必要です。子どもたちの姿から大切なことを見つけたり、お父さんやお母さんに教えられたりすることもありました。もちろん研究者や先進的な保育から学ぶこともありました。しかし、浦辺先生からは「人まねではいけない」「自分たちで考える」と言われていましたから、発見したり学んだりしたことをみんなで話し合い、次の保育に生かすにはどうしたらよいかを考え合いました。50年も前の昔のことになってしまいます。

多摩福祉会はとても大きな法人になりました。その法人を運営するために理事会のみなさんは大変な努力をされたことと思います。法人の基礎をつくるのは各施設の一人ひとりの保育者の力です。自分の考えで運営し、保育をしていけることがそれぞれの喜びになる。そんな多摩福祉会の益々の発展を願っています。

私と多摩福祉会

西原　敬仁（法人評議員）

私は1998年以降、多摩市に在住していますが、それまでは日野市に住んでいました。1997年7月に長男が生まれ、夫婦ともに働いていたため、1998年度からは保育園に預けなければなりません。夫婦で話し合った結果、義母が住んでいる多摩市で長男を預かってもらえる保育園を探そう（何かあれば義母を頼ることができる）ということになりました。義母は多摩市に住んでいて、その近くに多摩福祉会が運営しているこぐま保育園がありました。多摩市に申し込んだところ、運よく1998年度よりこぐま保育園に入園することができました。こぐま保育園入園に合わせて多摩市に転居しました。

入園当時、現在は多摩福祉会顧問の伊藤亮子先生が園長をされておられました。旧

園舎は老朽化がはげしいものでしたが、長男在園中に旧園舎が取り壊され、現在の園舎が完成しました。建物がクリーム色でとても温かみのある色合いでした。

　こぐま保育園は異年齢保育を実施しており、1歳児から5歳児がいくつかのグループ（きょうだいグループ）に分かれて過ごしておりました。長男も同い年の園児だけでなく自分より年長の園児や小さい園児と一緒にいることで、いろいろなかかわり合いをもつことができてよかったと思いました。

　その後、2002年度より次男、2006年度より三男もこぐま保育園に入園しましたので、合計で13年間、こぐま保育園にお世話になったことになります。現在、私は、多摩福祉会理事を経て多摩福祉会評議員に選任されております。少しでもお役に立てるよう努めてまいります。今後ともどうぞよろしくお願い致します。

多摩福祉会の評議員として

西巻 民一（前法人評議員）

　多摩福祉会の50周年おめでとうございます。

　3年前に多摩福祉会の評議員になりまず圧倒されたのが、法人の規模の大きさとともに、その規模を生かした事業展開のダイナミックさでした。法人の事務所を構え、複数の専従者を置き、法人規模で人事配置を行い、多摩福祉会合研をはじめとした多様な研修を行うことで多くの人材を育成し、どの施設でももっとも切実な課題である人財確保の可能性を切り拓こうとするなど、さまざまな課題に挑み実践的にリードする力強さを感じました。

　34年も前のことですが、大学時代に地域に根ざし子育てのセンターとして大きな役割を発揮するこぐま保育園の取り組みにあこがれ、多くのことを学ばせてもらいました。

　その法人の評議員となり、一人ひとりの子どもの願いやその子らしさを尊重する法人理念や実践に触れ、当時から大切にされてきた多摩福祉会の根幹がぶれずに、しかもさらに発展させ続けていることを心強く感じます。今後も法人を構成するみなさんの意欲や発想を尊重しながら、それぞれの持ち味を生かして、新たな歴史を創り続けていかれることを心から期待しています。保育をめぐる状況は厳しいものがありますが、全国の保育関係者を励まし、子ども尊重の保育の流れをより太く豊かにする力になっていくと思います。微力ながら、その役割の一端を担えれば幸いです。

理念という願いを具体化する

柿田 雅子（法人監事）

かれこれ40年ほど前、私が所属する全国幼年教育研究協議会は創立20周年を迎え、その節目にあたって浦辺史先生からいただいた提言は、「幼年教育の理念の現代化」というものでした。会の創立の理念は、平和、人権、平等、独立を重んじる教育です。「創立の理念を幼年教育の現状に照らし合わせ、その積極的意義を広く伝えなければならない」というのが提言の主旨です。それを受けて会では、「理念学習会」と銘打って学びを深め、人間らしく育ち、育ち合う実践と運動に向けて活動を展開していったのでした。

少しの幼稚園勤務と主には公立保育園の経験しかない私が多摩福祉会の法人運営にかかわるようになり、昨年からは法人監査を担当しています。不慣れな上にコロナ下では各施設への実地監査は絶望的であり、資料の読み解きや各施設への問い合わせ、そして本部での聞きとりと、それは懸命の日々でした。そして見えてきたのは、「人権」を大事にするのが多摩福祉会の仕事だということでした。それはどこを切り取っても見事なほどに。思えば、浦辺史先生が園の創立にあたって掲げた理念を検証し具体化する日常がそこにあったということです。事業の全貌、活動の詳細は、この50周年誌に明らかでしょう。困難は多いけれど、健康で、支え合って、頑張りすぎずに頑張って、歩み続けてほしいと願います。

167

私と多摩福祉会

持田 晶子（法人監事）

社会福祉法人多摩福祉会50周年おめでとうございます。

この度、監事に就任致しました税理士の持田と申します。私と多摩福祉会の出会いは2011年、都内のつくしんぼ保育園の長沢さんから、当時顧問税理士のいなかった多摩福祉会をご紹介いただいたことがきっかけでした。

多摩のこぐま保育園と言えば、保育関係者でない私も名前を知っているくらい、その規模も保育内容も「東京の良心的な保育園のランドマークの保育園」として有名な保育園でした。

そんな有名な保育園の関与税理士として、私が勤まるのだろうかと不安になったものです。それ以来、必死な思いをしながらも顧問税理士（第一経理）として第一経理

を退職するまで担当致しました。関与当初は、会計ソフトも含め過去のデータの根拠が分からず、当時の事務長の鵜飼さん・江原さんと夜遅くまで悪戦苦闘したことや、上北沢こぐま保育園の開設の資金計画を検討したことなどを懐かしく思い出します。今では、本部機能も整い、あのころとはくらべ物にならないほどの経理体制になりました。これで苦労が報われ、一件落着、いつでも辞められると思っておりました。

しかし、まさかの監事就任の機会が与えられ、立場は異なりますが、またみなさんと楽しく仕事をさせていただくことを楽しみにしております。多摩福祉会が60年70年と続きますように、経営計画のお手伝いもさせていただきたいと思いながら。

次の50年を見据えて「変わること・変わらないこと」

清水 芳之（法人本部事務局長）

高度経済成長期における都市部の人口増加に対応するため、多摩ニュータウンが開発されました。人口が急増した地域における、働く保護者の就労保障や子どもの成長保障の需要の高さは想像に難くありません。そのような社会情勢に応えるため、多摩福祉会は1972年12月11日に設立されました。以来、50年間、法人理念のもと、保育などの実践を深め事業を展開してきました。

しかし、これからの50年は、これまでと異なって人口減少の社会を歩むこととなります。これまでの社会のデザインは、人口が右肩上がりに増加していくことを前提に作られたものでしたが、今後は人口減少の変化に対応していかなければなりません。

時代や社会の流れのなかで、福祉サービスの需要や役割が変化していきます。私たちは、変わらぬ理念のもと、社会に対して常にアンテナを張り、地域で何が必要とされているのかを読み取り、サービスとして提供していかなければなりません。これまで是として行ってきたことについて変化を求められることがあり得ることを意味します。

確かに、私たちを待ち受ける未来は困難が多いかもしれません。しかし、私たちには、それを乗り越えていける集団として積み上げてきた経験・知識・実践があります。多摩福祉会の次の50年は、これらの財産を生かし時代に即して柔軟に対応し、その時に最善と考えられることを集団として検討し実施していきたいものです。

資料・年表

上北沢こぐま保育園（2020年）

社会福祉法人多摩福祉会 定款

第1章　総則

（目的）
第1条　この社会福祉法人（以下「法人」という。）は、多様な福祉サービスがその利用者の意向を尊重して総合的に提供されるよう創意工夫することにより、利用者が、個人の尊厳を保持しつつ、心身ともに健やかに育成されるよう支援することを目的として、次の社会福祉事業を行う。
　　第二種社会福祉事業
　　（イ）保育所の経営
　　（ロ）放課後児童健全育成事業の経営
　　（ハ）一時預かり事業の経営
　　（ニ）地域子育て支援拠点事業の経営

（名称）
第2条　この法人は、社会福祉法人多摩福祉会という。

（経営の原則等）
第3条　この法人は、社会福祉事業の主たる担い手としてふさわしい事業を確実、効果的かつ適正に行うため、自主的にその経営基盤の強化を図るとともに、その提供する福祉サービスの質の向上並びに事業経営の透明性の確保を図り、もって地域福祉の推進に努めるものとする。
2　この法人は、地域社会に貢献する取組として、子育て世帯等を支援するため、無料又は低額な料金で福祉サービスを積極的に提供するものとする。

（事務所の所在地）
第4条　この法人の事務所を東京都世田谷区北沢二丁目36番9号に置く。

第2章　評議員

（評議員の定数）
第5条　この法人に評議員7名以上9名以内を置く。

（評議員の選任及び解任）
第6条　この法人に評議員選任・解任委員会を置き、評議員の選任及び解任は、評議員選任・解任委員会において行う。
2　評議員選任・解任委員会は、監事2名、事務局員1名、外部委員2名の合計5名で構成する。
3　選任候補者の推薦及び解任の提案は、理事会が行う。評議員選任・解任委員会の運営についての細則は、理事会において定める。
4　選任候補者の推薦及び解任の提案を行う場合には、当該者が評議員として適任及び不適任と判断した理由を委員に説明しなければならない。
5　評議員選任・解任委員会の決議は、委員の過半数が出席し、その過半数をもって行う。ただし、外部委員の1名以上が出席し、かつ、外部委員の1名以上が賛成することを要する。

（評議員の任期）

第7条　評議員の任期は、選任後4年以内に終了する会計年度のうち最終のものに関する定時評議員会の終結の時までとし、再任を妨げない。

2　任期の満了前に退任した評議員の補欠として選任された評議員の任期は、退任した評議員の任期の満了とする時までとすることができる。

3　評議員は、第5条に定める定数に足りなくなるときは、任期の満了又は辞任により退任した後も、新たに選任された者が就任するまで、なお評議員としての権利義務を有する。

（評議員の報酬等）

第8条　評議員に対して、各年度の総額が650,000円を超えない範囲で、評議員会において別に定める報酬等の支給の基準に従って算定した額を、報酬として支給することができる。

第3章　評議員会

（構成）

第9条　評議員会は、全ての評議員をもって構成する。

（権限）

第10条　評議員会は、次の事項について決議する。

（1）理事及び監事の選任又は解任

（2）理事及び監事の報酬等の額

（3）理事及び監事並びに評議員に対する報酬等の支給の基準

（4）計算書類（貸借対照表及び収支計算書）及び財産目録の承認

（5）定款の変更

（6）残余財産の処分

（7）基本財産の処分

（8）社会福祉充実計画の承認

（9）その他評議員会で決議するものとして法令又はこの定款で定められた事項

（開催）

第11条　評議員会は、定時評議員会として毎年度6月に1回開催するほか、必要がある場合に開催する。

（招集）

第12条　評議員会は、法令に別段の定めがある場合を除き、理事会の決議に基づき理事長が招集する。

2　評議員は、理事長に対し、評議員会の目的である事項及び招集の理由を示して、評議員会の招集を請求することができる。

（決議）

第13条　評議員会の決議は、決議について特別の利害関係を有する評議員を除く評議員の過半数が出席し、その過半数をもって行う。

2　前項の規定にかかわらず、次の決議は、決議について特別の利害関係を有する評議員を除く評議員の3分の2以上に当たる多数をもって行わなければならない。

（1）監事の解任

（2）定款の変更

（3）その他法令で定められた事項

3　理事又は監事を選任する議案を決議するに際しては、各候補者ごとに第1項の決議を行わなければならない。理事又は監事の候補者の合計数が第15条に定める定数を上回る場合には、過半数の賛成を得た候補者の中から得票数の多い順に定数の枠に達するまでの者を選任することとする。

4　第1項及び第2項の規定にかかわらず、評議員（当該事項について議決に加わることができるものに限る。）の全員が書面又は電磁的記録により同意の意思表示をしたときは、評議員会の決議があったものとみなす。

（議事録）

第14条　評議員会の議事については、法令で定めるところにより、議事録を作成する。

2　議長及び会議に出席した評議員のうちから選出された議事録署名人2名がこれに署名し、又は記名押印する。

第4章　役員及び職員

（役員の定数）

第15条　この法人には、次の役員を置く。

（1）理事　6名以上8名以内

（2）監事　2名

2　理事のうち1名を理事長とする。

3　理事長以外の理事のうち、1名を常務理事とする。

4　前項の常務理事をもって社会福祉法第45条の16第2項第2号の業務執行理事とする。

（役員の選任）

第16条　理事及び監事は、評議員会の決議によって選任する。

2　理事長及び常務理事は、理事会の決議によって理事の中から選定する。

（理事の職務及び権限）

第17条　理事は、理事会を構成し、法令及びこの定款で定めるところにより、職務を執行する。

2　理事長は、法令及びこの定款で定めるところにより、この法人を代表し、その業務を執行し、常務理事は、理事会において別に定めるところにより、この法人の業務を分担執行する。

3　理事長及び常務理事は、毎会計年度に4箇月を超える間隔で2回以上、自己の職務の執行の状況を理事会に報告しなければならない。

（監事の職務及び権限）

第18条　監事は、理事の職務の執行を監査し、法令で定めるところにより、監査報告を作成する。

2　監事は、いつでも、理事及び職員に対して事業の報告を求め、この法人の業務及び財産の状況の調査をすることができる。

（役員の任期）

第19条　理事又は監事の任期は、選任後2年以内に終了する会計年度のうち最終のものに関する定時評議員会の終結の時までとし、再任を妨げない。

2　補欠として選任された理事又は監事の任期は、前任者の任期の満了する時までとすることができる。

3　理事又は監事は、第15条に定める定数に足りなくなるときは、任期の満了又は辞任により退任した後も、新たに選任された者が就任するまで、なお理事又は監事としての権利義務を有する。

（役員の解任）

第20条　理事又は監事が、次のいずれかに該当するときは、評議員会の決議によって解任することができる。

（1）職務上の義務に違反し、又は職務を怠ったとき。

（2）心身の故障のため、職務の執行に支障があり、又はこれに堪えないとき。

（役員の報酬等）

第21条　理事及び監事に対して、評議員会において別に定める総額の範囲内で、評議員会において別に定める報酬等の支給の基準に従って算定した額を報酬等として支給することができる。

（顧問）

第22条　この法人に顧問を置くことができる。

2　顧問は、理事会の議決を得て理事長が委嘱する。

3　顧問は、理事長の求めに応じ、理事長に

助言することができる。

4　顧問の任期は、選任後２年間とし、再任
　を妨げないが、再任は１期２年を限度とす
　る。

5　顧問に対して、評議員会において別に定
　める規程に従って算定した額を、報酬とし
　て支給することができる。

（職員）

第23条　この法人に、職員を置く。

2　この法人の設置経営する施設の長他の重
　要な職員（以下「施設長等」という。）は、
　理事会において、選任及び解任する。

3　施設長等以外の職員は、理事長が任免す
　る。

第５章　理事会

（構成）

第24条　理事会は、全ての理事をもって構成
　する。

（権限）

第25条　理事会は、次の職務を行う。ただ
　し、日常の業務として理事会が定めるもの
　については理事長が専決し、これを理事会
　に報告する。

（１）この法人の業務執行の決定

（２）理事の職務の執行の監督

（３）理事長及び常務理事の選定及び解職

（招集）

第26条　理事会は、理事長が招集する。

2　理事長が欠けたとき又は理事長に事故が
　あるときは、各理事が理事会を招集する。

（決議）

第27条　理事会の決議は、決議について特別
　の利害関係を有する理事を除く理事の過半
　数が出席し、その過半数をもって行う。

2　前項の規定にかかわらず、理事（当該事
　項について議決に加わることができるものに
　限る。）の全員が書面又は電磁的記録によ
　り同意の意思表示をしたとき（監事が当該
　提案について異議を述べたときを除く。）は、
　理事会の決議があったものとみなす。

（議事録）

第28条　理事会の議事については、法令で定
　めるところにより、議事録を作成する。

2　出席した理事長及び監事は、前項の議事
　録に署名し、又は記名押印する。

第６章　資産及び会計

（資産の区分）

第29条　この法人の資産は、これを分けて基
　本財産とその他財産の２種とする。

2　基本財産は、次の各号に掲げる財産を
　もって構成する。

（１）東京都多摩市永山三丁目五番地所在の
　　鉄筋コンクリート造亜鉛メッキ鋼板葺地
　　階一階付二階建こぐま保育園一棟（延
　　1,485.71平方メートル）

（２）東京都世田谷区上北沢一丁目818番地
　　９所在の鉄骨造合金メッキ鋼板ぶき２階
　　建上北沢こぐま保育園一棟（延816.80平
　　方メートル）

3　その他財産は、基本財産以外の財産とす
　る。

4　基本財産に指定されて寄附された金品
　は、速やかに第２項に掲げるため、必要な
　手続をとらなければならない。

（基本財産の処分）

第30条　基本財産を処分し、又は担保に供し
　ようとするときは、理事会及び評議員会の
　承認を得て、東京都知事の承認を得なけれ
　ばならない。ただし、次の各号に掲げる場
　合には、東京都知事の承認は必要としない。

（1）独立行政法人福祉医療機構に対して基本財産を担保に供する場合
（2）独立行政法人福祉医療機構と協調融資（独立行政法人福祉医療機構の福祉貸付が行う施設整備のための資金に対する融資と併せて行う同一の財産を担保とする当該施設整備のための資金に対する融資をいう。以下同じ。）に関する契約を結んだ民間金融機関に対して基本財産を担保に供する場合（協調融資に係る担保に限る。）

（資産の管理）
第31条　この法人の資産は、理事会の定める方法により、理事長が管理する。
2　資産のうち現金は、確実な金融機関に預け入れ、確実な信託会社に信託し、又は確実な有価証券に換えて、保管する。

（事業計画及び収支予算）
第32条　この法人の事業計画書及び収支予算書については、毎会計年度開始の日の前日までに、理事長が作成し、理事会の決議を経て、評議員会の承認を受けなければならない。これを変更する場合も、同様とする。
2　前項の書類については、主たる事務所に、当該会計年度が終了するまでの間備え置き、一般の閲覧に供するものとする。

（事業報告及び決算）
第33条　この法人の事業報告及び決算については、毎会計年度終了後、理事長が次の書類を作成し、監事の監査を受けた上で、理事会の承認を受けなければならない。
（1）事業報告
（2）事業報告の附属明細書
（3）貸借対照表
（4）収支計算書（資金収支計算書及び事業活動計算書）
（5）貸借対照表及び収支計算書（資金収支計算書及び事業活動計算書）の附属明細書
（6）財産目録
2　前項の承認を受けた書類のうち、第1

号、第3号、第4号及び第6号の書類については、定時評議員会に提出し、第1号の書類についてはその内容を報告し、その他の書類については、承認を受けなければならない。
3　第1項の書類のほか、次の書類を主たる事務所に5年間備え置き、一般の閲覧に供するとともに、定款を主たる事務所に備え置き、一般の閲覧に供するものとする。
（1）監査報告
（2）理事及び監事並びに評議員の名簿
（3）理事及び監事並びに評議員の報酬等の支給の基準を記載した書類
（4）事業の概要等を記載した書類

（会計年度）
第34条　この法人の会計年度は、毎年4月1日に始まり、翌年3月31日をもって終わる。

（会計処理の基準）
第35条　この法人の会計に関しては、法令等及びこの定款に定めのあるもののほか、理事会において定める経理規程により処理する。

（臨機の措置）
第36条　予算をもって定めるもののほか、新たに義務の負担をし、又は権利の放棄をしようとするときは、理事総数（現在数）の3分の2以上の同意及び評議員会の承認がなければならない。

第7章　解散

（解散）
第37条　この法人は、社会福祉法第46条第1項第1号及び第3号から第6号までの解散事由により解散する。

（残余財産の帰属）

第38条　解散（合併又は破産による解散を除く。）した場合における残余財産は、評議員会の決議を得て、社会福祉法人のうちから選出されたものに帰属する。

第8章　定款の変更

（定款の変更）
第39条　この定款を変更しようとするときは、評議員会の決議を得て、東京都知事の認可（社会福祉法第45条の36第2項に規定する厚生労働省令で定める事項に係るものを除く。）を受けなければならない。
2　前項の厚生労働省令で定める事項に係る定款の変更をしたときは、遅滞なくその旨を東京都知事に届け出なければならない。

第9章　公告の方法その他

（公告の方法）
第40条　この法人の公告は、社会福祉法人多摩福祉会の掲示場に掲示するとともに、官報、新聞又は電子公告に掲載して行う。

（施行細則）
第41条　この定款の施行についての細則は、理事会において定める。

附則
この法人の設立当初の役員は、次のとおりとする。ただし、この法人の成立後遅滞なく、この定款に基づき、役員の選任を行うものとする。

2022年度 法人現況

１．評議員、法人役員

評議員（7名）
赤沼陽子・井原哲人・江口寛子・大石隆寛・桐山研・永井明代・西原敬仁

評議員選任解任委員（5名）
柿田雅子・井上礎幸・中村尚子・奥名和子・清水芳之

理事（6名）
理事長　垣内国光
常務理事　安川信一郎
佐藤正・髙橋博子・玉田和良・田川英信

監事（2名）
柿田雅子・持田晶子

２．施設概況（認可定員は2022年4月1日現在）

● **法人本部　事務局長：清水芳之**
東京都世田谷区北沢2-36-9　ベル下北沢4F

● **こぐま保育園　園長：髙橋博子**
東京都多摩市永山3-5
認可定員211名（0歳21名・1歳35名・2歳38名・3歳39名・4歳39名・5歳39名　0歳児－1つのおうち　1歳～5歳児－5つのおうち）

● **練馬区立向山保育園　園長：安川信一郎**
東京都練馬区向山1-5-7
認可定員120名（0歳9名・1歳18名・2歳21名・3歳23名・4歳24名・5歳25名）

● **砧保育園　園長：西田健太**
東京都世田谷区祖師谷4-3-17

認可定員76名（０歳６名・１歳12名・２歳12名・３歳14名・４歳16名・５歳16名　３歳〜５歳
児−３つのおうち）

● 上北沢こぐま保育園　園長：椎名朝美
東京都世田谷区上北沢1−32−10
認可定員90名（０歳９名・１歳16名・２歳16名・３歳16名・４歳・16名・５歳17名　０歳児−
１つのおうち　１歳〜５歳児−３つのおうち）

● 多摩市永山小学童クラブ　施設長：和田玲子
東京都多摩市永山2−8−1　永山小学校内
定員70名（３グループ制）

● 多摩市貝取学童クラブ　施設長：中村輝
東京都多摩市貝取1−44−1
定員70名（３グループ制）

● 多摩市永山学童クラブ　施設長：小山牧子
東京都多摩市永山3−6
定員70名（２グループ制）

● 多摩市貝取小学童クラブ　施設長：中村真理子
東京都多摩市貝取3−9　貝取小学校内
定員80名（３グループ制）

３．経営会議

垣内国光（理事長）・安川信一郎（常務理事・向山保育園園長）・佐藤正（理事）・髙橋博子（理事・こぐま保育園園長）・清水芳之（事務局長）・西田健太（砧保育園園長）・椎名朝美（上北沢こぐま保育園園長）・中村真理子（統括施設長・貝取小学童クラブ施設長）・和田玲子（永山小学童クラブ施設長）・中村輝（貝取学童クラブ施設長）・小山牧子（永山学童クラブ施設長）
陪席者　　針尾政幹（こぐま保育園副園長）・中本琢也（向山保育園副園長）・谷本紗恵（砧保育園副園長）・井原明子（上北沢こぐま保育園副園長）・岡田織（法人事務局主任）・伊藤陽平（法人事務局員）

2021年度 社会福祉法人多摩福祉会事業報告

1．50周年事業・中期計画・災害対策

・法人綱領策定、法人理念整理

　　50周年事業に向けての法人綱領策定、法人理念の整理は21年度には着手できなかった。経営会議に綱領策定委員会が設置され22年度中に策定見込みとなっている。

・法人50年誌発行

　　原稿が集まって50年誌編集委員会で最終の編集作業に入っている。22年度に発行見込み。法人50周年記念祝賀会は22年11月に行う予定で準備が進められている。

・中期計画

　　法人全体の中期計画を改定したが十分な中期財政計画を立てることはできなかった。こぐま保育園の財政検討に着手し、数年先に想定される大規模修繕、実態に合わせた定員変更などの検討を進めることができた。

・災害対策

　　大災害に対応できる拠点毎の危機管理について検討を開始することができなかった。

・新型コロナウイルス対策

　　迅速な感染情報の共有ができたものの、何度かの休園、休所と登園登所自粛要請を出さなければならなかった。感染対策マニュアルの改正を行った。

2．評議員会理事会の開催、日常経営体制

・評議員会の開催

　　定時評議員会及び臨時評議員会を2回開催し、決算書類承認等を決定し法人運営について積極的な意見交換をすることができた。いずれもweb会議で行った。
　　理事、監事の改選にあたり、理事6名、監事2名を選任した。うち新任理事が1名、新監事が1名であった。評議員1名が3月末をもって辞任した。

・理事会の開催

　　理事会を7回行い、事業報告事業計画、予算決算、補正予算の審議決定、諸規程の改廃を

行った。選任・解任委員会に諮るため、21年6月をもって任期満了となるため評議員の次期候補者名簿を承認した。理事長、常務理事、事務局長の再任を決定した。何れもweb会議で行った。法人全体の日常運営経営と保育内容に関して定期監査を実施したが、コロナ禍のため各拠点監査は書面監査で行った。

・経営会議の開催

　理事長、常務理事、理事長指名の理事、各拠点代表により構成される経営会議を21回行った。保育情勢、人事採用・人事異動、処遇改善、研修事業等について審議執行し日常的な法人運営を行うとともに、予算及び決算、事業計画及び報告案を審議し理事会提案議題を決定した。また、経営管理者研修としての位置づけで、月に一度のペースで1時間ほどの実践、情勢、ハラスメント問題などの研修を行った。経営会議メンバーの学びの場となっている。事務局会議による事前の議題整理、フォーマットによる提案・報告様式を定め、経営会議の時間を短縮することができた。

・施設長会議、課題別会議

　施設長会議は、各自治体の保育情勢の交換、各施設運営の問題を共有し意見交換して、施設運営の改善に反映することができた。特にコロナ禍対応について重点的に意見交換した。

　施設長会議の他、人事委員会、就業規則等改定委員会、賃金・処遇改善委員会、研修委員会、広報委員会、リクルート委員会等の課題別の各種委員会および、職種別会議として事務長会議を行った。給食部会は行うことができなった。それぞれ必要に応じて経営会議に提案を行うことができた。

・法人本部

　職務を明確にした常勤3名体制で安定的に運営することができた。

3．対外任務

・社会福祉経営全国会議、全国民間保育園経営研究懇話会、全国保育団体連絡会、東京民間保育園経営研究懇話会、日本学童保育学会、全国幼年教育研究協議会でそれぞれ役員として任務を果たしたほか、関係自治体施設長会議では任務を果たした。また、各種団体等において報告記事論文等の投稿、研修業務講師などを担った。

4．人事管理・研修

・労働時間の統一

　労働組合と合意を得て懸案だった全拠点の労働時間の統一が図られた。すでに賃金制度につ

いては統一が図られているので、これで原則として法人内労働者処遇格差は解消した。

・職員処遇改善

　　均衡待遇確保に向けて有期契約職員の社会保険適用について処遇改善が図られた。長期的な職員処遇改革問題については十分に検討をすすめることはできなかった。

・職員人事データの法人本部集約

　　入職退職データ、法人内職位データ、辞令等のデータの蓄積整備ができた。引き続き改善を図っている。

・職員採用、人事異動

　　リクルートは各拠点希望の職種に応じた人数を確保することができた。全国からオンライン就職説明会への参加があり、これまでのリクルート活動が結実しつつある。リクルート活動と連動した人材定着策の検討が求められている。また、十分な規模ではないが拠点間の定期人事異動を行った。

・職員研修

　　研修委員会が核となって、新人研修、中堅研修、法人合研などの部会をおき、活発に進めることができた。いずれもオンラインで行った。特に多数の職員参加のもとで初めてオンラインで行われた法人合研は大変スムースで好評であった。なお、研修については、経営会議より諸研修の体系化が必要との意見があり検討を開始している。

・他法人との交流研修

　　進めることができなかった。

5. 広報・ICT化

・法人ニュース

　　3回定期発行することができた。

・法人ホームページ

　　各拠点情報、リクルート発信、ウクライナ問題への発信など法人ホームページの充実を図ることができた。

・ICT化

　　各拠点のICT化の検討を開始しているが、法人全体のICT化に至っていない。

2021年度 砧保育園事業報告（抄）

1．児童状況

（1）認可定員：76名（0歳6名、1歳12名、2歳12名、3歳14名、4歳16名、5歳16名）

（2）利用定員：85名（0歳6名、1歳13名、2歳15名、3歳16名、4歳17名、5歳18名）

（3）保育年齢：産休明け〜就学前

（4）保育時間：7：15〜22：15

（5）新入園児状況　17名16世帯（2021年4月1日現在）

　　①認定　全員　標準時間認定　②入園経過　育児休業12名、認可保育所3名、認証保育所2名　③きょうだい関係　0歳児2名、1歳児3名　④延長対象児（1時間延長2名、2時間延長0名）　⑤困難・配慮家庭　0家庭　⑥障がい児　0名　⑦アレルギー食対応児2名（1歳児2名）　⑧健康面配慮児　1名

（6）在園児状況

　　①世帯数　67世帯　②保育時間認定　全員　標準時間認定　③きょうだい関係　13組　④アレルギー配慮児　7名　⑤発達要観察配慮児　1名　⑥配慮家庭　1家庭　⑦延長対象児　1時間延長8名　2時間延長　12名

（7）休日保育状況

　　①登録人数　10人　②利用児数　1日平均5名程度　③利用時間　7：15〜18：15　④保育体制　正職員2〜3名（保育士1〜2名、調理1名）有期契約職員2名

2．職員状況

（1）正職員（2021年4月1日現在）

　　32名（園長1名、副園長1名、事務長1名、主任4名、看護師1名、保育士20名、栄養士・調理師4名）

（2）正職員状況（略）

（3）有期契約職員（2021年4月1日現在）

　　10名（乳児2名、幼児1名、給食1名、環境衛生1名、土日祝担当5名）

（4）嘱託医、講師

　　①嘱託医：橋本倫太郎小児科医、三上直一郎歯科医　②講師：ウラベイク（造形）　西山裕子（わらべうた）　Pichard Astrid（異文化交流）　永田裕美子（言語聴覚士）　守屋明徳（公認心理師・臨床心理士）

3．新型コロナウイルス感染症対策報告

・全面休園なし

クラス休園期間　２月１日〜７日、２月９日〜15日、２月22日〜28日、３月５日〜９日、
３月24日〜30日

４．2021年度　重点課題に対する取り組み

（１）子どもの自発性、主体性が発揮される保育を目指しました。

①個々の子どもの特性を理解し、子どもの気持ちに寄り添った保育を行うことを目標としました。

　　各講師の助言を随時伺いながら、個々の子どもの特性を理解し、その子自身が本当に求めている保育について検討し続けてきました。その中で、「だからあのような言動となっているのか」と気付き、それに対して具体的に「このように対応する必要があるのか」と新たな視点を得ながら、日々子どもに学んだ１年となりました。

　　また、子どもの人権について意識できるよう、「世田谷区保育の質ガイドライン」のチェック項目を各おうち毎にチェックするようにしました。それにより、自分達ができていることとできていなかったことに気付き、今後意識していく必要があることが明確になったことはとても有意義でした。

②異年齢保育を深め発展させることを目標としました。

　　2020年度に引き続き、新型コロナウイルス感染拡大防止の観点から、基本的にセクションを越えた異年齢交流を行わないようにしてきました。その中でも、気持ちの交流はしていけるといいという意見が出され、幼児クラスに乳児クラスの子どもたちの顔写真を飾ったり、作ったものをプレゼントしたりしました。秋頃には感染者数が著しく減少したため、機会を逃さず異年齢交流を進めようと散歩に一緒に行くようにしました。例年ではお互いの保育室に行き来したり、きょうだい関係を中心に食事や午睡を共にしたりもしていましたが、年明けには再度感染拡大が起こり、残念ながら異年齢交流をそこまで進めることはできませんでした。感染力の強いオミクロン株が主流となったことで、異年齢交流どころかおうち毎の単独体制を取らざるを得ないという状況となってしまいました。

　　また、この間異年齢の関わりの大切さを再確認できたことで、常に「いつ異年齢交流が可能になるのか」という声が現場から聞こえてくる状況でした。職員が保育に対してより主体的に向かっていることが感じられ、嬉しくもなかなか叶えられず複雑な思いを抱えた１年となりました。

③保育内容を深め合うために、会議内容の精査を行うことを目標としました。

　　2021年度は幹部職員が数名抜けることや、正職員数が減少する中でスタートする状況もあり、より保育内容を押さえ合う会議の必要性が高まっていました。そのため、計画としては運営会議でも保育内容に重点を置いた会議内容に精査し、職員と確認し合いたい保育実践を検討しながら進めたいと考えていました。しかしながら、運営課題を論議するだけでかなりの時間を要し、保育内容を深めるところまでなかなか行きつけないもどかしさを感じていました。そのような状況の中で、保育内容に絞って論議する場として主任会議を行いたいという意見が出され、後半期から実施しました。それにより、より踏み込んだ保育内容の検討がなされ、今学習し合うべき内容の精査もできたことで、運営責任者会議で論議もより気付き

の多い場となりました。

④担当制実践の押さえ直しを目標としました。

　担当制については、担当がどの範囲に責任を持って関わるのか、他の職員との連携についてどのように考えるのかということ等について、園によって考え方が異なる状況があります。砧保育園内でもそれぞれの考え方の擦り合わせが必要な状況が生じていました。押さえ直しという目標は達成しきれていませんが、それぞれに自分達が理想とする担当制を意識した1年となりました。

⑤2024年度に向け幼児の各年齢16名ずつの定員を目指すことを目標としました。

　砧地域は幼児については待機児童がほぼいない状況が続いており、砧保育園でも2021年度は定員割れを解消しきれませんでした。また、3〜5歳児の定員を各16名とする目標としていましたが、世田谷区より「今後弾力定員を認可定員化していく」という方針が示されたことを受け、財政検討の中で公定価格区分との関係や子どもの環境としても各15名とした方が好ましいという判断となりました。それに向けて2022年度は3歳児15名、4歳児16名、5歳児17名としました。

⑥延長保育専任職員を配置することを目標としました。

　2021年度は専任職員を配置することができたことにより、2020年度と比較してより利用児童に寄り添った保育の提供を行うことができました。しかし、新型コロナウイルス感染拡大を受けて延長保育についてもセクションを分けたことで、専任職員が継続的に関われない時期も多くなってしまうという課題が生じました。感染拡大防止と安定した保育保障という点でかなり葛藤がありましたが、状況的に濃厚接触者の特定範囲を狭め、基本的な園生活の保障を優先することが必要と判断しました。今後も状況に応じて最善と思われる判断をし続けていきたいと考えています。

⑦世田谷区休日祝日保育事業の安定的な運営を目標としました。

　新型コロナウイルスの影響を受けて2020年度より利用人数が減少し、2021年度もその状況が続きました。少しでも利用人数が増加するよう、ホームページや掲示板に休日保育の様子や利用家庭の声を掲載しました。今後もこのような取り組みを継続していきつつ、安定的な運営となるよう努めたいと考えています。また、毎週末に利用家庭に電話連絡して家族を含めた体調確認を行うことと、他園にも情報提供依頼をすることにより、新型コロナウイルスが園内に持ち込まれるのを未然に防ぎ安定的に運営できるよう努めてきました。その甲斐もあり、2021年度中には休日保育内で感染拡大が生じることはありませんでした。

（2）職員一人ひとりが自分は必要とされていると感じられて安心できることを土台に、職員集団が意欲的に高まり合える職場作りを目指しました。

　新型コロナウイルス対策を含んだ現状に求められる新たな保育実践を模索する中で、特に特徴的だったことはおうち別保育と行事の関係でした。大きなものとしては卒園式が挙げられます。通常はおうちを越えた大きな範囲で行うものも、日常をおうち別にしている状況では練習も一斉には行えないということで、当日も3つのおうちに分けて3回行いました。できれば5歳児全員で式ができればという思いがありつつも、運動会でおうち別に

行ってきた経験から、それはそれで成立するだろうという見通しが持てていたことも大きかったです。荒馬踊りをおうち別で踊るかどうかということについては論議となり、子どもにとってや、保護者にとっての思いを擦り合わせ、最終的には当日行わないこととなりました。荒馬踊りは5歳児全体で行うことの意義が大きいということで、後日行う荒馬引継ぎ会の様子を後日配信することで保護者にも見ていただく形としました。

　式当日は実際に行ってみると、とてもアットホームな雰囲気で、保護者と子どもの気持ちもより通い合っていたような印象を受け、おうち別で行ってよかったという振り返りも多くだされました。職員の思いをそれぞれ率直に出し合い、納得して決定する過程を踏み、結果的に「よかった」と感じられた学びのある体験となりました。今後も職員一人ひとりが自分の思いを率直に出し合い、自分の意見が大切にされているという体験を積み上げながら、意欲に繋がるようにできればと考えています。

①財源的な課題解決のため、2020年度よりも正職員数を減少させることを目標としました。

　この間、砧保育園は人件費率の高さが財源的な課題となっており、税理士の方や法人職員の協力も得ながら解決策を検討してきました。その中の一つとして、正規職員と有期契約職員の置き換えを進める必要性が指摘されたこともあり、具体化してきました。現場職員へ財源についての学習や周知を随時行って理解を進めつつ、2020年度と比較して、正規職員は事務室1名、保育2名、給食1名減でスタートしました。続けて7月には保育士1名が上北沢こぐま保育園へ異動、2022年度に向けて育休復帰職員が3名という見通しの中で、そのうち1名が向山保育園へ異動ということも職員の希望を募った上で行ってきました。職員一人ひとりが課題を自分のこととして受け止め、真摯に向き合って検討してくれたことに心から感謝しています。年度途中で有期契約職員の方を補充し、無資格者への補助金である保育補助者雇上加算も活用しつつ、保育体制も財源も安定できる方法を模索しつつ現在に至っています。

②保育園運営を推進する幹部の担い手の経験積み上げに長期的な視野で取り組むことを目標としました。

　ここ近年継続的な状況として、砧保育園の幹部を担う世代が結婚・出産の可能性が高い世代となっています。2021年度では、産休育休により主任が2名抜ける状況となりました。また、ここ数年は0歳児主任と1、2歳児主任を独立させて運営してきていましたが、財源的な課題解消のために0〜2歳児対象の乳児主任とし、主任の数も減らしてきました。次世代の管理職、主任の担い手の経験の積み上げという課題が残りますが、現場責任者の経験も確かなものとして主任へという展望も大切にし、主任にとって最も大切となる現場で子どもから学ぶ経験を豊かに積んでもらいたいと考えています。今後は現場にいながらも運営的な視点を学べるよう、運営責任者会議にて運営課題を論議する経験を積みながら、主任となる職員の裾野を広げていきたいと考えています。

③砧保育園の特徴として、異動職員等の他施設経験者が多く在籍している利点を活かし、砧保育園が積み上げてきた保育を土台にしつつも多角的な視野で保育を捉え直しながら、子どもを中心とした豊かな保育実践をさらに積み上げることを目標としました。運営会議では砧保育園の「今までこうしてきた」を土台に、こぐま保育園や向山保育園での経験を出し合ったり、施設長会議や経営会議での他施設の情報を共有しながら、随時客観的な視点で捉え直して判断することを意識してきました。職員が納得できるよう、判断理由が伝わりやすいよう

努めてきました。ただ、会議で共有という時間が取り切れず、書面での周知となることが多くなることで意図が伝わりきっていない状況も生まれやすかったように感じています。今後はできるだけ現場の職員と直接やり取りしながら、風通しの良い情報共有に努めたいと考えています。

④ここで働きつづけたいと感じられる労働環境作りを皆で検討し実践していくことを目標としました。

変形労働制を活用することにより、休日保育の出勤回数を軽減し、振休を減らすことで平日の保育を充実できるようにしました。また、子育て中の職員が家族との時間をしっかりと確保できるよう、土休日を主に担当する有期契約職員の雇用を計画し、保育１名、給食１名の増となりました。また、ここでも新型コロナウイルスの影響が大きく、本人が体調不良でなくても家族内で体調不良者がいれば出勤を控えざるを得ない状況となり、「出勤したくてもできない」という葛藤を抱えている職員の姿もありました。支える側の葛藤もあれば支えられる側の葛藤もあり、お互いに理解し合いながら働き合うことが重要な１年となりました。

（３）保護者と共に歩んでいくことを目標としました。

①各おうちの懇談会や保育参加、日常的な会話等を通して保護者の思いや、悩みを理解し共有し合う関係を意識的に形成していくことを目標としました。

2021年度は引き続き新型コロナウイルスの影響により、保護者同士を繋ぐ取組みが思うようにできないというもどかしさがありました。その中で、コロナ禍以降は日々の写真付きおたよりの発信頻度がかなり多くなり、子ども同士が育ち合っている様子がよりリアルに伝わるようになってきました。懇談会では動画が好評で、「保育参加できないので日々の様子が気になっていました。動画で見られてよかったです」という感想も寄せられ、おたよりだけでは伝わりきらないものがあることを実感しました。懇談会の中で、コロナ禍においても子どもたちの主体性を大切にする保育や異年齢保育への信頼と感謝が語られる場面もありました。これまで例年通りにはできない葛藤で悩みながらも作り上げてきた保育を認めてもらえた喜びを職員と共有でき、職員としても保護者への信頼を強くする機会となりました。

②父母会と園の協議会を継続し、保育内容や保育情勢について意見交換を行い、共に育ち合う関係を作っていくことを目標としました。

2021年度も父母協議会において保育の状況共有や保護者からの意見を聞く機会を持ってきました。特に運動会については、zoomで臨時役員会を開いていただき、園で検討した形や内容について父母会と協議して決定する過程を踏みました。それにより、職員側の視点のみで作るのでなく、保護者の思いを踏まえて決定していくことの大切さが感じられたと共に、保護者にとっても自分達が園と共に保育を作るという思いを持てる機会となったのではないかと感じています。

③環境整備や行事等、保護者が子ども達のために力を発揮できる場を位置付けることで、子どもへの思いをさらに膨らませたり職員との信頼関係をより確かなものとすることを目標としました。

秋頃のコロナが落ち着いていた時期には、芋掘り遠足や冬祭り（餅つき）は希望者に参加していただいて、久しぶりに保護者と保育を共有でき有意義な時間となりました。

④お迎えの際に事務室職員が子どもの見守りも兼ねて外門に立ち、保護者に声をかけることで園全体への信頼関係の形成に努めることを目標としました。

　新型コロナウイルス感染拡大が乳幼児でも深刻化したことを受け、園庭受け渡しを1年間の多くの時期に実施していたことにより、実質的に園内で行っていた状況となりました。また、地域住民への苦情対策の位置付けとしていましたが、その側面としては機能していない状況でしたが、2021年度中は直接苦情に繋がることはありませんでした。しかしながら、地域住民の方が気にされている様子は保護者の方からもお知らせいただく状況は引き続きあり、今後も意識していく必要があります。

⑤新型コロナウイルス感染対策について丁寧に且つ迅速に説明を行うことで信頼関係の形成に繋げていくことを目標としました。

　2021年度実施した第三者評価結果において、新型コロナウイルス感染対策等、当園へ大変高い評価をいただくことができました。保護者の方から直接「いつも配信していただきありがとうございます。ちゃんと見ています！」と声をかけていただくこともあり、随時情報共有をすることで信頼関係が形成されていることを度々実感することができました。

（4）地域に必要とされ、異年齢保育という特色ある保育園として地域に根付くよう努力することを目標としました。

①地域担当チームを中心に地域要求に応える活動を行うことを目標としました。

　2021年度はコロナ禍であっても地域要求に応えることを大切にし、感染拡大が生じている状況でもzoomで施設見学や赤ちゃん広場、モグモグ離乳食等に積極的に取り組みました。zoomであっても、沢山質問が出されたり、参加者同士で交流できて安心感に繋がったりと有意義な時間となりました。また、小中高生の育児体験では、卒園児を中心に声をかけて参加を促しました。いつも一緒に生活していた卒園児が来てくれると在園児も本当に嬉しそうにしており、異年齢の積み重ねを感じる機会となりました。ある卒園児は何度も参加し、回を重ねる毎に打ち解けていく様子が見られました。保育園が地域の中の大切な居場所となっていると感じられて嬉しかったです。

　二つの新たな取り組みも行いました。一つは、わらべうた講座です。園児や職員にわらべうた指導に来ていただいている西山先生にお願いし、親子で楽しめる年齢に合ったわらべうた遊びを体験できる機会となりました。家庭でも歌えるようにと後日楽譜を郵送しました。もう一つは芋掘り遠足への参加です。園行事に参加していただくことで、園児の様子を見てもらえることや、職員にとっても地域活動を知る機会ともなり有意義な取り組みとなりました。

　ホームページや掲示板、児童館等への広報活動にも力を入れてきました。それにより、入園希望者や実習希望者の増加に繋がったのではないかと感じています。行っている保育内容は今までと大きく変わりませんが、発信の仕方で大きく影響があるのだと実感しました。今後もより多くの方に砧保育園の良さが伝わるよう、広報活動をより充実していきたいです。地域活動の参加後にはアンケートにご協力いただき、どの媒体で地域活動を知ったのかや、参加してみての感想やニーズ等を把握し、今後の活動計画に活かすよう努力してきました。

②近隣の保育園や児童館、自治会、住民とも交流しつつ協力関係を作っていくことで、災害時

に互助の関係性が発揮される土台作りを進めることを目標としました。

　この点につきましてはコロナ禍で進められておらず、今後の課題となります。

（5）施設整備を計画的に行うことを目標としました。

　建築士の力を借りて中・長期の修繕計画を作成し、今後の施設の建替え費用も含めた財政の見通しを持ちました。その過程の中で2021年度の修繕計画を見直し、ダムウェーターの取替や蛍光灯のLED化については延期としました。

　2021年度に行った主な修繕工事は、木育補助金を活用した砂場のパーゴラ全面改修や、厨房用排風機の取替です。財政的な懸念もあり、子どもにとっても職員にとっても安全に過ごすために必要なものに精査して実施しました。

　また、砧保育園は躯体が世田谷区の所有物であるため、区として行うべき整備に関しては積極的に要望していくことについても目標としていました。その中で、中門前の窪みの修繕が決定し、2022年度中に工事が行われることとなりました。登降園の際の動線上にできる大きな水たまりが長年の課題となっていたので安堵しました。しかしながら、休日利用児が落下し怪我をした駐輪場横の塀撤去や外壁のクラック補修等、重要課題が山積しており、今後も引き続き修繕要望を上げ続けていく必要があります。

（6）新型コロナウイルス感染防止対策と、人間同士の関わり合いに必要なことのバランスを常に意識していくことを目標としました。

①新型コロナウイルス感染防止対策は世田谷区のガイドラインを遵守しつつ、子どもにとって必要な体験については可能な限り工夫を凝らして行っていくことを目標としました。

　この点につきましては、上記でも触れたようにおうち別で行事を行ったり、目的を明確にして内容を精査して実施したりと、その都度検討しながら予定していた取組みは基本的に実施してきました。

②可能な範囲でリモート会議を計画しつつ、状況として可能であれば対策をしっかりと行った上でリアル会議も大切に位置付けることを目標としました。

　感染状況を常に把握し、可能と思われる時期にはホールでリアル会議を行いました。zoom会議では発信しづらいという傾向もあるので、次年度に向けた職員体制を検討する重要な職員会議をリアルで行い、思いを直接共有できたことには大きな意義があったと感じています。

4．職員研修実施内容（略）

2021年度 永山小学童クラブ事業報告 ⁽抄⁾

1．児童状況

（1）定員：70名
（2）育成年齢：6歳〜12歳（小学校1年生〜6年生）
（3）育成時間：学校下校時〜19：00、学校休業時　8：00〜19：00
（4）学年別状況：（2021年4月1日現在）1年生23名、2年生23名、3年生21名、4年生1名、5年生1名、6年生1名　計70名　※待機児童14名（第2希望の永山学童クラブに入所）

2．職員状況

（1）正職員：（2021年4月1日現在）5名（施設長1名、放課後児童支援員4名）
（2）有期契約職員：11名

3．2021年度に取り組んだこと

（1）「子ども会議」の拡充

　もともと「子ども会議」と銘打たずとも、日常の遊びやちょっとしたトラブル、行事の計画など子どもたちと話し合いながら作っていくことは学童クラブでは当たり前のことだが、ことさら計画に掲げたのは、大人発信で話し合いが始まるのではなく、こどもたちからの発信で行事や日常のことについて大人を巻き込んでいけるような話し合いができることを念頭に置いていたからだ。

　わざわざ「○○会議」などともいわずに、グループ内の席替えや、遊びのルール、集団降所時の問題など日常的に話し合うことが多かった。特に勝ち負けのある遊びでのトラブル（サッカーなど）がいつも以上に多発し、その都度話し合いがもたれた。大人からのルールの押し付け、決めつけにはならないようみんなが納得でき、気持ちよくできるようにするにはどうするかというスタンスで何度も話し合った。一度の話し合いで全て解決には至らず、この前の話し合いはなんだったのかと大人のほうが落ち込むことも多々あった。子ども発信でできるようにするには、自然発生的に出てくる意見をくみ取ることは必要だが、低学年の子どもたちがより発信しやすい環境を大人のほうで整えること（行事などでの事前予告周知など）に、大人が追いついていなかった。大人発信にならざるを得なかった原因の一つといえる。コロナ感染拡大を理由にするのは言い訳かもしれないが、第6波では今までになく子どもの感染が増え、主体の子どもたちが揃わず、行事そのものも実施できるのかという綱渡り的な状況があった。何とか子どもたちと作り上げようとしたもののなかなか成果が見えず落ち込むことがあったが、少し

でも子どもたちとやり取りしつつ作るよう努力してきた。子どもたちもコロナ対応で学童クラブ以外で我慢することも多く、学童クラブでは、話し合いに時間を費やすより遊びの実質時間を少しでも確保したいと思っていたのも痛いほどわかった。話し合いを提案する大人も悩んだ。事業計画で掲げたような子ども発信の一歩先を目指した「子ども会議」には、程遠い結果ではあるが、そこを目指し頑張ったことは、今後に繋がると思いたい。大人発信ではあっても子ども自身が自分の気持ちを言語化し他児の気持ちも再確認することを何度もやることで、やりとりを重ねて折り合いをつけることを経験できたケースもある。１年で成し遂げられないことを掲げてしまった感はあるが、大人のほうも、事前準備と研究と経験がまだまだ足らないということが見えるという「成果」もあった。○○をすればできるということではなく、日々の地味な研究と実践の繰り返しかもしれない。この１年の努力を無駄にしないためにも研鑽、研究を積み重ねていきたい。

（２）自発的な制作活動への支援

　コロナ感染防止のための制約が多い中、制約なく自由な制作活動を応援するための空間と素材の保障は、かなり実現できたと思われる。段ボールや空き箱などの利用はリサイクルにはなっているが、ガムテープの使用は無制限で、かなり無駄を生んでいることも事実。SDGsの視点からすると、もう少し子どもたちにも適切な使い方を学んでもらいたいところだが、それは次なる課題とした。作りたいだけまずは作るということでは、子どもたちも少しは制約の多い日常を忘れることができたのではないかと思う。とはいえ共用のペンやボンドなどをこどもが自由に使用できる環境がまだ実現できていない。もっと自由度を高めつつ子どもたちにも後のことを考えて使用できるような（それも言われなくても）提供の仕方が今後の課題である。

（３）おやつやクッキングを通した食育

　日常のおやつで食育を意識してやりたかったが、おやつ時のコロナ対応で精一杯になってしまったのが実情で日々の活動にまで落とし込めなかった。
　防災対応のパッククッキングは、2020年に実施して以来２回目となる。１度経験している２年生以上はやりかたを覚えていて前回よりもスムーズにできた。21年度はごはんのパッククッキングだけでなくバリエーションを増やしたかったが、コロナ感染拡大により、実施できなかった。研究と構想はあたためて今後の実施に繋いでいきたい。
　食に関する研修については、学童保育向けの食の衛生管理の研修を自主研修で受けた職員もいて職員の意識も高まってきている。コロナ後も見据え継続していきたい。

４．行事

　コロナ感染対応のため、父母会との共催のCAPワークショップは実施できなかった。それ以外は、日程変更しながらも予定していたものは実施できた。

5．グループ担当制

　コロナ感染防止対応でディスタンスを取る必要から、おやつなどの飲食が基本的にグループではできず、グループでの活動は宿題や帰りの会など飲食をしない集合時になっている。日々宿題タイムや帰りの会や降所時のかかわりで、グループ担当職員との関係性は構築できている。あそびの時間はグループや学年関係なく職員もすべての児童と関わるようにしている。何かあったときは、グループにかかわらず対応している。学級担任のような固定した担当ではないが、押さえるところは押さえていくという担当の仕方も職員間での共有が、かなりできるようになってきた。グループ内の職員同士のミーティングを月2回は実施したいが、1回できるかできないかというのが当年度の実績である。シフトのやりくりをしているが短い時間でも共通認識がもてるようにしていくことが課題である。

6．保護者との関係

　父母会との共催行事の親子交流会がコロナ感染防止対応のため実施できなかったが、秋に延期して実施できた。ハロウィンと合わせて秋晴れの下、開催できた。参加した保護者からも自分の子どもから仲の良い子の話はよく聞くが、親子で交流したことで、顔と名前が一致し話もできて良かったなどの意見が寄せられた。父母会の役員の方々もこの行事をきっかけにお互いが分かり合えたのもあり、コロナ禍でいかに人と人との生の交流がなくなっていて大人の関係が構築しにくくなっているかがわかった。

7．障がいのある児童の継続育成について

　前年同様、年度当初は第一希望の永山小学童クラブに残れず第二希望の永山学童クラブに入所となった児童が7月以降順次戻ってきた。結果的に10月には全員戻ってきた。今までの育成の積み重ねは、そう簡単には崩れず、戻ってきて児童の顔ぶれに変化はあってもなじみの職員がいることでスムーズに以前のように過ごすことができた。今後、ニーズの高い児童については、これまでのように年度途中で行ったり来たりになることはないと思われるが、学校内学童クラブへのニーズの高さ等から、引き続き市に増設の要求を継続していく必要があると思われる。

8．環境整備、施設整備

　テラス係の発足で、前年度実施できなかったテラスの整備を行なった。久しぶりに年間通じてプランター活用ができた。前述の「子ども会議」ともリンクするが、係の子どもたちと話し合いをしながら、植え付けや日常管理、テラス利用の約束事などを決めて実施できた。観賞用の花だけでなく、トマトやイチゴ、ブロッコリー、ダイコン、ホウレンソウなどを栽培した。おやつに使えるほどの収穫はゴーヤ以外は難しいが、いつも食卓にのぼる野菜の成長を、観察できた。また、プランターで発生した青虫を蝶になるまで観察もできた。校舎の北側なので、

日当たりが悪く無機質な外観だったのが、緑と花があることで、明るさや温かみを添えてくれている。

委託当初からあったカーテンの損傷が激しく、市のほうにも以前から言ってはいたが、創設13年目にしてこちらの方で新調することにした。遮光カーテンは黒の暗幕からライトグリーンにし、レースも引っ掛かりの少ない素材に変えて明るさと温かみのある室内になった。

9．学校、地域、関係機関との連携

コロナ感染防止対応のため学校施設をなにかと利用させていただいている。また、児童の育成で子ども同士のトラブル等それぞれが必要なものは学校と共有し、良好な協力関係を継続している。関係機関とも情報共有や相談を適宜行い育成に反映できている。

10．コロナ感染対応関係

デルタ株までは、職員の家族や児童の家族の感染があっても、児童が感染する事例はなかったが、オミクロン株の流行になってから児童や家族の感染が増えてきた。これに伴い、学童クラブでの感染防止対応も徐々にグレードが上がり、おやつの時の対応を何度も見直した。第6波に入ってから、シールドは使っていたが対面をやめ、シールドを扱いやすいものに変え、1テーブル3人までで同一方向を向くことや、時差式など様々なやり方を模索した。3月の春休みには、4月からのアレルギー対応とコロナ対応に備え、時差式に切り替えた。

学級閉鎖などに至らなかったので、学童クラブも自粛要請などをすることなく通常育成を続けたが、体調不良の児童が増えていた2月3月は多くの行事もあり、いつも綱渡り的な状況だった。

11．民主的で働きやすい職場環境

月1回の月案会議では学生以外は加配の職員も含め午前中から、児童理解や育成面での共有及び検討をしている。加配の職員も積極的に発言してくれることが増え、常勤職員との忌憚ない意見交換ができるようになった。コロナ対応や育成面では、もっと時間をとって会議を持ちたいが、シフトの関係で難しい。グループ会議は小規模なのでもっと回数を増やしていきたい。

12．研修関係（略）

法人単位資金収支計算書

第一号第一様式（第十七条第四項関係）

（自）2021年 4月 1日（至）2022年 3月31日

（単位：円）

勘 定 科 目			予算(A)	決算(B)	差異(A)-(B)
事業活動による収支	収入	保育事業収入	1,129,522,500	1,135,146,824	-5,624,324
		学童事業収入	164,182,000	173,631,517	-9,449,517
		借入金利息補助金収入	397,000	397,224	-224
		経常経費寄附金収入	10,000	10,000	
		受取利息配当金収入	21,000	5,148	15,852
		その他の収入	19,046,000	19,845,660	-799,660
		事業活動収入計(1)	1,313,178,500	1,329,036,373	-15,857,873
	支出	人件費支出	1,010,742,000	1,006,578,521	4,163,479
		事業費支出	90,518,000	88,639,106	1,878,894
		事務費支出	122,921,800	122,248,270	673,530
		支払利息支出	540,000	539,012	988
		その他の支出	9,261,000	9,085,817	175,183
		事業活動支出計(2)	1,233,982,800	1,227,090,726	6,892,074
		事業活動資金収支差額(3)=(1)-(2)	79,195,700	101,945,647	-22,749,947
施設整備等による収支	収入	施設整備等補助金収入	1,023,000	1,618,388	-595,388
		その他の施設整備等による収入	1,239,000	1,745,760	-506,760
		施設整備等収入計(4)	2,262,000	3,364,148	-1,102,148
	支出	設備資金借入金元金償還支出	2,484,000	2,484,000	
		固定資産取得支出	9,371,000	9,465,713	-94,713
		その他の施設整備等による支出	942,000	1,374,768	-432,768
		施設整備等支出計(5)	12,797,000	13,324,481	-527,481
		施設整備等資金収支差額(6)=(4)-(5)	-10,535,000	-9,960,333	-574,667
その他の活動による収支	収入	長期運営資金借入金収入	2,937,000	2,327,172	609,828
		積立資産取崩収入	6,095,000	4,793,780	1,301,220
		その他の活動収入計(7)	9,032,000	7,120,952	1,911,048
	支出	積立資産支出	68,435,000	73,488,480	-5,053,480
		その他の活動支出計(8)	68,435,000	73,488,480	-5,053,480
		その他の活動資金収支差額(9)=(7)-(8)	-59,403,000	-66,367,528	6,964,528
予備費支出(10)				—	
当期資金収支差額合計(11)=(3)+(6)+(9)-(10)			9,257,700	25,617,786	-16,360,086
前期末支払資金残高(12)			230,832,737	230,832,737	
当期末支払資金残高(11)+(12)			240,090,437	256,450,523	-16,360,086

法人単位事業活動計算書

第二号第一様式（第二十三条第四項関係）

（自）2021年 4月 1日（至）2022年 3月31日

（単位：円）

勘 定 科 目			当年度決算(A)	前年度決算(B)	増減(A)-(B)
サービス活動増減の部	収益	保育事業収益	1,135,146,824	1,116,606,346	18,540,478
		学童事業収益	173,631,517	163,050,789	10,580,728
		経常経費寄附金収益	10,000	10,000	
		サービス活動収益計(1)	1,308,788,341	1,279,667,135	29,121,206
	費用	人件費	1,013,516,208	993,801,018	19,715,190
		事業費	88,648,536	81,554,524	7,094,012
		事務費	122,248,840	116,828,387	5,420,453
		減価償却費	41,303,173	40,083,931	1,219,242
		国庫補助金等特別積立金取崩額	-18,720,740	-18,717,482	-3,258
		サービス活動費用計(2)	1,246,996,017	1,213,550,378	33,445,639
		サービス活動増減差額(3)=(1)-(2)	61,792,324	66,116,757	-4,324,433
サービス活動外増減の部	収益	借入金利息補助金収益	397,224	449,351	-52,127
		受取利息配当金収益	5,148	11,992	-6,844
		その他のサービス活動外収益	19,911,400	17,687,400	2,224,000
		サービス活動外収益計(4)	20,313,772	18,148,743	2,165,029
	費用	支払利息	539,012	596,688	-57,676
		その他のサービス活動外費用	9,085,817	7,532,409	1,553,408
		サービス活動外費用計(5)	9,624,829	8,129,097	1,495,732
		サービス活動外増減差額(6)=(4)-(5)	10,688,943	10,019,646	669,297
		経常増減差額(7)=(3)+(6)	72,481,267	76,136,403	-3,655,136
特別増減の部	収益	施設整備等補助金収益	1,618,388	1,685,038	-66,650
		特別収益計(8)	1,618,388	1,685,038	-66,650
	費用	固定資産売却損・処分損	5	68,804	-68,799
		国庫補助金等特別積立金積立額	1,618,388	1,685,038	-66,650
		特別費用計(9)	1,618,393	1,753,842	-135,449
		特別増減差額(10)=(8)-(9)	-5	-68,804	68,799
		当期活動増減額(11)=(7)+(10)	72,481,262	76,067,599	-3,586,337
繰越活動増減差額の部		前期繰越活動増減差額(12)	358,518,451	335,599,165	22,919,286
		当期末繰越活動増減差額(13)=(11)+(12)	430,999,713	411,666,764	19,332,949
		基本金取崩額(14)			
		その他の積立金取崩額(15)		15,951,687	-15,951,687
		その他の積立金積立額(16)	62,017,000	69,100,000	-7,083,000
		次期繰越活動増減差額(17)=(13)+(14)+(15)-(16)	368,982,713	358,518,451	10,464,262

法人単位貸借対照表

第三号第一様式（第二十七条第四項関係）

（単位：円）

2022年3月31日現在

資産の部

	当年度末	前年度末	増減
流動資産	300,793,183	287,844,311	12,948,872
現金預金	242,165,030	234,235,132	7,929,898
事業未収金	50,512,594	45,760,140	4,752,454
立替金	796,457	837,420	-40,963
前払金		265,131	-265,131
前払費用	7,319,102	6,746,488	572,614
固定資産	1,200,089,565	1,164,243,522	35,846,043
基本財産	532,191,898	556,302,439	-24,110,541
建物	532,191,898	556,302,439	-24,110,541
その他の固定資産	667,897,667	607,941,083	59,956,584
建物	16,676,726	18,685,034	-2,008,308
構築物	31,079,054	34,699,830	-3,620,776
器具及び備品	29,218,407	30,535,341	-1,316,934
ソフトウェア	830,659	1,611,565	-780,906
退職給付引当資産	78,496,030	72,458,530	6,037,500
人件費積立資産	119,564,203	110,164,203	9,400,000
保育所施設・設備整備積立資産	315,819,717	263,202,717	52,617,000
施設・設備整備積立資産	56,000,000	56,000,000	
浦達基金積立資産	5,100,000	5,100,000	
差入保証金	14,337,199	14,426,099	-88,900
長期前払費用	775,672	1,057,764	-282,092
資産の部合計	1,500,882,748	1,452,087,833	48,794,915

負債の部

	当年度末	前年度末	増	減
流動負債	98,553,940	111,018,607		-12,464,667
事業未払金	16,874,862	30,727,720		-13,852,858
1年以内返済予定設備資金借入金	2,484,000	2,484,000		
未払費用	21,256,032	20,881,524	374,508	
預り金	420	66,339		-65,919
職員預り金	6,041,518	5,128,897	912,621	
前受金	147,148	207,094		-59,946
仮受金	22,680		22,680	
賞与引当金	51,727,280	51,523,033	204,247	
固定負債	140,439,202	134,558,530	5,880,672	
設備資金借入金	59,616,000	62,100,000		-2,484,000
長期運営資金借入金	2,327,172		2,327,172	
退職給付引当金	78,496,030	72,458,530	6,037,500	
負債の部合計	238,993,142	245,577,137		-6,583,995

純資産の部

	当年度末	前年度末	増	減
基本金	41,949,781	41,949,781		
基本金	41,949,781	41,949,781		
国庫補助金等特別積立金	354,473,192	371,575,544		-17,102,352
国庫補助金等特別積立金	354,473,192	371,575,544		-17,102,352
その他の積立金	496,483,920	434,466,920	62,017,000	
人件費積立金	119,564,203	110,164,203	9,400,000	
保育所施設・設備整備積立金	315,819,717	263,202,717	52,617,000	
施設・設備整備積立金	56,000,000	56,000,000		
浦達基金積立金	5,100,000	5,100,000		
次期繰越活動増減差額	368,982,713	358,518,451	10,464,262	
次期繰越活動増減差額	368,982,713	358,518,451	10,464,262	
（うち当期活動増減差額）	72,481,262	76,067,599		-3,586,337
純資産の部合計	1,261,889,606	1,206,510,696	55,378,910	
負債及び純資産の部合計	1,500,882,748	1,452,087,833	48,794,915	

拠点別資金収支予算内訳表

2022年4月1日

（単位：円）

勘定科目	法人本部	こぐま保育園	向山保育園	砧保育園	上北沢こぐま保育園	多摩市永山小学童クラブ	多摩市貝取学童クラブ	多摩市永山学童クラブ	多摩市貝取小学童クラブ	合計
事業活動による収支 — 収入										
保育事業収入		334,223,000	281,991,000	231,136,000	260,457,000					1,107,807,000
学童事業収入						41,000,000	33,000,000	30,000,000	50,000,000	154,000,000
借入金利息補助金収入					381,000					381,000
経常経費等寄附金収入		10,000								10,000
受取利息配当金収入	1,000	5,000		5,000	1,000	1,000	1,000	1,000	1,000	16,000
その他の収入		4,950,000	4,181,000	6,597,000	4,368,000					20,096,000
事業活動収入計(1)	1,000	339,188,000	286,172,000	237,738,000	265,207,000	41,001,000	33,001,000	30,001,000	50,001,000	1,282,310,000
事業活動による収支 — 支出										
人件費支出	23,271,000	297,459,000	231,207,000	157,181,000	182,132,000	34,835,000	29,357,000	26,125,000	43,860,000	1,025,427,000
事業費支出	0	32,600,000	16,266,000	15,920,000	17,827,000	2,494,000	1,904,000	1,717,000	2,588,000	91,316,000
事務費支出	17,485,000	18,113,000	24,311,000	42,559,000	29,013,000	1,603,000	986,000	1,159,000	1,207,000	136,436,000
支払利息支出					519,000					519,000
その他の支出		4,500,000	1,800,000	1,601,000	2,400,000		10,000		10,000	10,321,000
事業活動支出計(2)	40,756,000	352,672,000	273,584,000	217,261,000	231,891,000	38,932,000	32,257,000	29,001,000	47,665,000	1,264,019,000
事業活動資金収支差額(3)=(1)-(2)	-40,755,000	-13,484,000	12,588,000	20,477,000	33,316,000	2,069,000	744,000	1,000,000	2,336,000	18,291,000
施設整備等による収支 — 収入										
その他の施設整備等による収入		264,000		66,000						330,000
施設整備等による収入計(4)		264,000		66,000						330,000
施設整備等による収支 — 支出										
設備資金借入金元金償還支出					2,484,000					2,484,000
固定資産取得支出	350,000	3,000,000	200,000	1,700,000	200,000				150,000	5,600,000
その他の施設整備等による支出				76,000	496,000					572,000
施設整備等支出計(5)	350,000	3,000,000	200,000	1,776,000	3,180,000				150,000	8,656,000
施設整備等資金収支差額(6)=(4)-(5)	-350,000	-2,736,000	-200,000	-1,710,000	-3,180,000				-150,000	-8,326,000
その他の活動による収支 — 収入										
長期運営資金借入金収入		4,406,000								4,406,000
積立資産取崩収入	5,100,000	5,766,000		313,000	527,000					11,706,000
拠点区分間繰入金収入	30,000,000	6,100,000								36,100,000
その他の活動収入計(7)	35,100,000	16,272,000		313,000	527,000					52,212,000
その他の活動による収支 — 支出										
積立資産支出	249,000	3,300,000	2,603,000	4,789,000	22,502,000	323,000	293,000	250,000	276,000	34,585,000
拠点区分間繰入金支出		8,833,000	10,266,000	6,884,000	6,115,000	1,066,000	857,000	779,000	1,300,000	36,100,000
その他の活動支出計(8)	249,000	12,133,000	12,869,000	11,673,000	28,617,000	1,389,000	1,150,000	1,029,000	1,576,000	70,685,000
その他の活動資金収支差額(9)=(7)-(8)	34,851,000	4,139,000	-12,869,000	-11,360,000	-28,090,000	-1,389,000	-1,150,000	-1,029,000	-1,576,000	-18,473,000
予備費支出(10)	1,000,000	2,000,000	200,000	1,000,000	2,000,000	150,000	200,000	100,000	200,000	6,850,000
当期資金収支差額合計(11)=(3)+(6)+(9)-(10)	-7,254,000	-14,081,000	-681,000	6,407,000	46,000	530,000	-606,000	-129,000	410,000	-15,358,000
前期末支払資金残高(12)	25,371,098	48,003,297	38,685,091	32,802,274	27,746,578	21,228,274	14,502,806	17,318,604	5,248,715	230,906,737
当期末支払資金残高(11)+(12)	18,117,098	33,922,297	38,004,091	39,209,274	27,792,578	21,758,274	13,896,806	17,189,604	5,658,715	215,548,737

2021年度 監事監査業務報告書

2022年6月1日

社会福祉法人　多摩福祉会
　　理事長　　垣内国光様

監事　　井上　礎幸
監事　　柿田　雅子

　過去二年間の監事監査は新型コロナウイルス感染症の影響により、監査手続きに制限を加えざるを得なかった。しかし今回は、監事二名の協議のもとできるだけ積極的に施設を回って職員との意思疎通を図り、現地に訪れることで施設の周辺状況を確認することができた。
　監事監査は、事前の資料収集のほかに三日間に渡り実地監査及びヒヤリングを行った。また、監事両名が同時進行することにより、業務監査と会計監査を同時に行い、それぞれの監事が専門外の課題に対しても理解を深めることができた。

【監査の実施日時】

実施日時：2022年5月11日（水）　13：00〜15：00
対象施設：砧保育園
実施場所：同施設

実施日時：2022年5月13日（金）　10：00〜15：00
対象施設：永山学童クラブ、永山小学童クラブ、こぐま保育園（実施順）
実施場所：各施設

実施日時：2022年5月17日（火）　10：00〜14：00
対象施設：貝取学童クラブ、上北沢こぐま保育園、向山保育園、貝取小学童クラブ、本部
実施場所：本部事務局（ヒヤリング）

【監査の内容及び結果①】 会計監査について　　　報告責任者：井上礎幸

① 学童クラブの会計については、会計担当の正規職員を置かず小口現金以外の決済は統一的に処理がなされている。
② 保育園に関しては、いわゆる直営方式や行政からの委託契約などそれぞれの施設ごとに

会計処理がなされている。

【監査の内容及び結果②】業務監査について　　　報告責任者：柿田雅子

はじめに──理念に基づき理念の実現をめざす法人の改善改革50年目の歩み

　実地訪問や提供された資料、聞き取りによる監査から見えてきたのは、「命と人権尊重」を根っこに、「安全への配慮」を土台に、「育ちをうながす活動」を柱に、日々営々と業務、運営に取り組まれる職員の皆さんの姿であり、それを先導し支える法人本部の姿勢及び強力な事務局体制です。多摩福祉会として21年度は、懸案の「全拠点の労働時間の統一」や職員処遇改善をはかることができました。解決に向けた努力に敬意を表します。「コロナ」収束にいたらず、全施設の実地訪問は叶いませんでしたが、初日に訪れた砧保育園の年長児には、キラキラの目で問いかけられ、あたたかく接してもらって監査はスタートしました。かつて都の監査を受けた際、監察官に「子どもをみれば保育がわかる。この園は大丈夫です」といわれたことを思い起こします。

　法人の発展と何より子どもの幸福実現を願い、各施設の工夫や頑張り、それでもなおの課題について、主に「安全」と「保育・学童育成の充実」に焦点をあて、報告及び若干の提起をします。

1　安全の確保

　1人の保育士が1歳児6人、3歳児20人、4・5歳児30人を受け持つような日本の保育条件の下で、子どもの安全確保と育ちの保障の両立は可能なのでしょうか。面積基準は、2歳以上1人あたり1.98平方メートルと「密」は避けられず、その「最低基準」も緩和が進む状況です。法令に定める学童クラブの基準も十分ではない点で同様です。工夫をもってあたるにも限度がありますが、まずは各施設の創意、実践に注目します。

①「新型コロナウイルス」対応

　理事長、各施設長のリーダーシップ発揮のもと、状況に即応した対策が随時とられました。こぐま保育園のように病欠の子どもが増え、自治体や保健所が事態に応じきれない状況下では、医師会の特別診療につなげるなど、園がキーステーションともなって収拾にあたり、法人・園の危機管理能力の高さを示しました。職員の出勤体制にも制約がかかる中、濃厚接触者名簿の作成や保護者の理解を得ながらの情報提示など、昼夜を分かたない、考えうるあらゆる手を打ちながらの対応は、事態の収束とともに保護者の安心と園への信頼をより強固にしたと推察されます。必要な情報が得られ法人の姿勢を見ることによって、こぐま保育園以外の保護者の不安も払拭されたことでしょう。しかしながら現場任せで終わらせてよいわけはなく、国や関係機関の責務を問い、今後の検証が待たれます。

② 防災について

　各施設ともさまざまな災害発生を想定し、「防災・自衛消防訓練」、そのほかを実施しています。次にあげるのはその一例です。災害はいつ何時起きるか予測不能であり、一方、異常気象

による災害も増えていることから、想定を広げての訓練―施設周辺からの出火、救急車の要請、交通マヒや道路寸断による迎えの遅延、停電・暗闇の中での保育・育成や引き渡しカードの記載などなど―が求められます。それが実際の場面での「臨機応変」につながります。机上や職員のみの訓練も有りです。

- 上北沢こぐま保・向山保：「遅番時間帯の18時20分」「土曜」に地震・火災発生想定
職員間の「合言葉（歌）」を決め不審者侵入に対応
- 砧保：散歩コースや戸外活動箇所の安全を点検、「散歩危険箇所確認資料」作成
- こぐま保：炊き出し訓練
- 永山小ク：防災対応「パッククッキング」活動を子どもとおこなう（2020年から）
- 貝取ク：防災に関する「自主検査チェック表（日常・定期・随時）」を作成し活用
- 永山ク：火災時の「煙」害を想定しての避難体験
発災後、施設内に数日間とどまる事態を想定し、水や食品（日頃のオヤツも応用。数日分を発注）、簡易トイレ、エマージェントシート備蓄。
- 貝取小ク：玄関の靴が履けない状況を想定し、テラスに緊急用サンダルを置く

　なお、理事長からは「災害時の地域住民の受け入れ」についての意見があり、その役を負うとされる公立園が縮小の途にあることから、保育施設に関する避難計画策定の練り直しは実は待ったなしです。提起の先見性に呼応し、ならば何をするか、何ができるかできないか、を考え合うのは大事です。

③ 事故防止・事故対応

- 向山保育園より「園外行事（お泊り保育、バス遠足、小学校訪問等）には具体的な想定による災害対策が必要」として『お泊り保育計画書・非常時マニュアル』の提示がありました。前日の買い物から調理、入浴、就寝などあらゆる場面での事故や災害を想定しての緻密な手引きとなっており、万全の対策を講じながら子どもに豊かな体験を、と願う保育者の思いが読むほどに伝わります。こうした活動は、公立園ではほぼ禁止です。区の了承を得るまで何度も計画書を作り直したという粘り強さに熱意と使命感のほどを知りました。
- こぐま保育園は、プール遊び実施の記録表をつくり、そこに都からの通達の要点を刷り込んでいました。周知に役立つ方法です。
- 園の「食」の扱いには最善の注意が払われています。学童クラブでもアレルギーのある子どもへの配慮をはじめ、食品・食材納入時に誰が受けたかわかるように職員の名前を納品書に残す（貝取小ク）、検食、食材保存を習慣化（永山ク）など細かな配慮がされていました。

　さまざまな安全対策に守られ、子どもたちが育っています。「したことは記録に残す」ことが大切です。新施設公募に応募する際の雄弁な資料ともなり得ます。合わせて記録は簡潔に、時に見直し、簡素化できるものは簡素化し、「記入しやすく、大事なことが見てすぐよくわかる」用紙様式にしていくことも肝要です。

2 保育・学童育成の充実——学び合う　語り合う

　コロナ禍にあっても困難をはねのけて保育・学童育成の充実をめざした1年でした。それを支えるのは各種会議や日常の対話、話し合いです。拠点代表の経営会議では、予算執行をはじめ運営に関する多岐にわたる審議のほかに、実践や防災、ハラスメント・人権問題がテーマの学習を組み込み、限られた会議や時間を有効活用する工夫がされていました。

　各職場では、話し合いの時間など到底持てないような現状でも、「保育内容委員」を中心とした話し合い（向山保）、保育内容に絞った主任会議（砧保）、園長・副園長も加わってのクラス保育会議（上北沢こぐま保）、有期契約職員を含む「全員会議」（貝取小ク・永山ク）のように、「話し合いをあきらめない」様子が伝えられ、それが主体的な職員を育て、また「こども会議」（永山小ク）、「3年生会議」（貝取ク）などの子どもたちの話し合いにつながって、主体的な子どもを育てる手だてになることを教えてくれています。聞いてもらえる関係・環境が「よく聞き、話し、考え、学習する」人を育てます。話し合いを可能にする条件改善を一方で求めつつ、引き続きの取り組みに期待します。

3　検討課題

① コロナ禍での子どもの育ちの検証
　密の回避とマスク生活が続いていますが、こぐま保育園からは心配されるようなことばや認識、対人関係の築きの遅れは見られないとの報告がありました。なぜでしょうか。結論づけるのは早計ですが、1歳から5歳の異年齢保育にその答えがあるかもしれません。大人はマスクをしているけれど、子どもたちはほとんどマスクを着用せず、年齢の幼い子どもは年上の子の豊かな表情やことばに接することができます。子どもは子どもの関係の中で育つことを考えれば、異年齢保育の有意性がもたらす子どもの育ちと言えるかもしれません。

　合わせて年齢別、同年齢保育についての検証も必要と考えます。上北沢こぐま保育園の「5歳児指導計画」には、5歳児集団の保育が取りあげられています。（5歳児同年齢の活動だからこそ育つ力のありやなしや。あるとすれば異年齢保育に軸足を置きながらも、5歳児年齢別保育を軽視しない立ち位置は。学童クにも共通する課題）異年齢・同年齢保育の検証、実証を重ねたいものです。

② 名は体を表わす——「名前」の精査を
　巡回相談と巡回指導－専門職同士のコラボ。保育者の専門性、主体性が問われる事業でもある
　学童保育と「育成」－歴史と今の実態、実情に鑑みて検討を

③「子どもの権利条約」を日常に生かす
　12条「意見表明権」と13条「表現の自由」の意味／締約国の「広報」義務／「一般的見解」の活用

以上

年表──多摩福祉会50年の歩み（1972〜2022年）

年	法人の出来事	社会の動き、保育の動向
1972	◉多摩ニュータウン永山地区にこぐま保育園建設着工 ◉12月、社会福祉法人多摩福祉会設立（初代理事長浦辺史）	◉沖縄、日本に返還 ◉児童手当制度発足
1973	◉**こぐま保育園** 4月、開園（初代園長庄司豊子）・5月、園舎完成・父母会結成・延長保育希望者全員受入・東京都保育所労働組合こぐま分会結成	◉オイルショックで買いだめでパニック ◉**多摩市** 市内5私立保育園職員連絡会発足 ◉摂津訴訟、保育所設置費超過負担をめぐって国を提訴（80年摂津市敗訴）
1974	◉**こぐま保育園** 理事会、園、労組、父母会の四者協議会発足・乳児3ヶ月から保育開始・わらべうた実践開始・年齢別長時間保育実施	◉金脈問題で田中内閣総辞職
1975	◉**こぐま保育園** 運営体制再編成・保育内容の構造的検討開始・乳児用幼児用プール設置・食生活実態調査	◉ヴェトナム戦争終わる ◉国際婦人年 ◉育児休業法公布
1976	◉**こぐま保育園** 24時間の生活を見通した保育探究・午後おやつを軽食化・第1回1泊2日園外保育実施	◉ロッキード事件
1977	◉**こぐま保育園** 乳児定員増（15名→24名）・環境衛生を保育の一環に位置づけ・こぐま保育園友の会発足・地域向け「ほいくだより」創刊	◉**多摩市** 特例保育パートの市単独補助実現・保育をよくする会結成
1978	◉**こぐま保育園** 運営目標保育方針書を冊子化し父母に提案・乳児室増改築・0歳1歳の厨房増築・地域子育て相談室開設	
1979	◉**こぐま保育園** 長時間保育受け入れ厳しく対市交渉・父母会600万円負担、父母と協議・乳児保育受け入れ困難に	◉国際児童年 ◉**自民党** 乳幼児保育基本法案を公表 ◉保育抑制キャンペーン始まる
1980	◉**こぐま保育園** 領域別から年齢別方針書に改定、父母に提案	◉ベビーホテル問題社会問題化
1981	◉**こぐま保育園** 都・市より行政指導検査で特例保育制度に沿うよう指導受ける	◉第2次臨調答申 ◉国際障害者年 ◉**国** ベビーホテル問題を契機に、延長保育特別対策実施
1982	◉**こぐま保育園** 10周年記念事業で幼児棟改築、乳児中庭改築 ◉**浦辺理事長** 多摩市に特例保育独自補助緊急要望	◉教科書検定問題

年	法人の出来事	社会の動き、保育の動向
1983	●**こぐま保育園**　都・市の行政指導検査で長時間保育父母寄付金是正指示される	
1984	●**こぐま保育園**　特例保育寄付金を認めない都に再指導を要請・父母会労組が特例保育職員体制確立を求め対市集会・子ども一人ひとりの保育計画作り	●サラ金被害多発
1985	●**こぐま保育園**　特例保育多摩市単独補助で運営費赤字改善・大規模修繕	●女性差別撤廃条約批准・男女雇用機会均等法成立 ●**国**　保育所運営費負担8割を5割に削減 ●**多摩市**　父母会と労組の請願を受け単独補助「特例保育充実費」条例採択
1986	●**こぐま保育園**　庄司豊子園長退任、伊藤亮子園長就任・五者協議会発足・友の会活動開始・「保育目標と計画」改定	●**多摩市**　特例保育多摩市単独補助開始
1987	●**こぐま保育園**　全国からの見学者増	●国鉄分割民営化 ●**多摩市**　障害児保育乳児保育公費助成開始
1988	●**こぐま保育園**　創立15周年記念事業（シンポ、レセプション）	●贈収賄リクルート事件
1989	●**こぐま保育園**　乳児室大規模修繕工事・父母会「延長保育制度に関する請願」を市議会に提出	●国連子どもの権利条約採択 ●ベルリンの壁崩壊 ●消費税3%実施
1990	●**こぐま保育園**　アレルギー児増加・0歳児24名中10名・障害児プロジェクトチーム開始・全園児生活アンケート実施	●出生率低下1.57ショック ●東西ドイツ統一 ●**多摩市**　市議会「延長保育制度に関する請願」採択
1991	●**こぐま保育園**　臨時職員処遇改善し運営組織に位置づけ・保育センター室常設（読み聞かせ、文庫、ハイキング、水泳教室など）	●ソ連崩壊 ●湾岸戦争
1992	●**こぐま保育園**　開園時間7時〜19時に・労働時間週平均40時間実施に向け市単独補助	●PKO法成立 ●**多摩市**　延長保育実施、全園7時〜19時に
1993	●**こぐま保育園**　五者協主催法人20周年記念事業・父母参加の年齢別運営委員会設置・異年齢きょうだいグループ土曜日保育試行・「保育方針・目標・計画」の再編3分冊化・『アレルギー児の保育』発行	
1994	●**こぐま保育園**　労働条件改善・就業規則改定・異年齢きょうだい保育日常保育試行	●子どもの権利条約日本批准・発効 ●**練馬区**　区立施設委託民営化実施計画

年	法人の出来事	社会の動き、保育の動向
1995	●**こぐま保育園** 1〜5歳異年齢保育について父母と協議開始	●阪神淡路大震災 ●地下鉄サリン事件 ●**国** 緊急保育対策5か年計画
1996	●**法人** 浦辺史理事長退任、浦辺充理事長就任 ●**こぐま保育園** 子育て支援補助事業開始	●**多摩市** エンゼルプラン策定、緊急一時保育開始
1997	●**こぐま保育園** 市の子育て支援事業受託・保育基礎集団を年齢別から異年齢保育に転換	●山一證券破綻 ●児童福祉法「改正」、市町村の保育実施責任維持 ●学童保育を"事業"として法制化
1998	●**こぐま保育園** 園舎建て替え都予算決定	●**国** 最低基準改善で0歳児3対1に
1999	●**こぐま保育園** 仮園舎に引っ越し、障害児10名、アレルギー児59名・都補助金削減にともない労組と賃金問題協議開始	●国旗・国歌法成立 ●**東京都** 民間福祉施設職員公私格差是正制度廃止、民間福祉サービス推進費に
2000	●**こぐま保育園** 新園舎完成・1000人以上から募金	●介護保険法施行企業参入容認 ●保育所新会計基準に移行 ●**国** 新エンゼルプラン（2000〜2004年） ●**東京都** 保育園公私格差是正制度廃止
2001	●**こぐま保育園** 園見学者23団体150名	●**東京都** 認証保育制度発足 ●**多摩市** 子ども家庭支援センター創設 ●**世田谷区** 区子ども条例制定
2002	●**こぐま保育園** 『きょうだい保育の園舎づくり』（草土文化）発行	●**国** 待機児ゼロ作戦 ●全国で公立保育園民営化がすすむ
2003	●**こぐま保育園** 伊藤亮子定年退職、安川信一郎園長就任	●少子化対策基本法、次世代育成支援対策推進法成立 ●個人情報保護法成立 ●有事法制関連3法成立
2004	●**こぐま保育園** 都多摩市の補助金削減で1500万円収入減・職員制度、賃金、労働条件等の検討開始	●内閣府少子化社会対策大綱 ●**国** 公立保育所運営費の国負担廃止、一般財源化 ●**東京都** サービス推進費補助金見直し ●**多摩市** 延長保育特別保育補助金削減・子ども家庭支援センター設置
2005	●**向山保育園** 指定管理者制度による練馬区プロポーザル応募、受託	●**国** 子ども・子育て応援プラン（〜2009年） ●**世田谷区** 「世田谷区子ども計画」策定
2006	●**法人** 浦辺充理事長退任、伊藤亮子理事長就任 ●**こぐま保育園** 吉野智子園長就任・向山保育園受託を五者協に報告、不安の声も ●**向山保育園** 練馬区より受託開始、安川信一郎園長就任・こぐま保育園より6名異動	●認定こども園法成立施行 ●各地で公立保育所民営化反対の裁判はじまる

年	法人の出来事	社会の動き、保育の動向
2007	●**法人** 砧保育園の世田谷区公立保育園民営化事業者として選定される	●郵政民営化 ●**国** 放課後児童クラブガイドライン策定 ●**多摩市** 学童保育民営化開始 ●**多摩市** 地域ネットワーク会議発足
2008	●**こぐま保育園** 島田療育センターの指導ケース、子ども家庭支援センター連携ケース増加 ●**砧保育園** 引き継ぎ保育に入る ●**法人** 永山小学童クラブ、多摩市より運営受託、菅原猛施設長就任	
2009	●**法人** 伊藤亮子理事長退任、菅原猛理事長就任 ●**法人** 砧保育園、世田谷区立砧保育園運営受託、伊藤亮子園長就任	●民主党政権へ交代
2010	●**こぐま保育園** 吉野智子園長退職、谷まち子園長就任・子育て福祉センター支援スタッフ増 ●**向山保育園** 5歳児お泊まり保育実施・単年度指定管理受託契約から5年契約に ●**永山小学童クラブ** 菅原猛施設長退任（8月）、橋本千佳子施設長就任・育成室を2分割しグループ制試行	●**多摩市** 特例保育パートの市単独補助実現・委託学童クラブの有料延長サービス（モアサービス）の試行開始
2011	●**こぐま保育園** 友の会が同窓会に移行 ●**砧保育園** 幼児保育室・ホール等改修、園庭の芝生化 ●**永山小学童クラブ** 橋本千佳子施設長異動・緒方敬子施設長就任 ●**貝取学童クラブ** 多摩市より運営受託・橋本千佳子施設長就任	●3.11東日本大震災、東京電力福島原発事故
2012	●**各施設** 東京電力福島原発放能対策 ●**こぐま保育園** 臨海合宿を藤野桐花園に切り替え実施 ●**向山保育園** 安川信一郎園長異動、古跡道子園長就任 ●**砧保育園** 乳児室新設完了、乳児産明け保育開始（定員6名）・5歳児お泊まり保育開始 ●**永山小学童クラブ・貝取学童クラブ** 2学童クラブで現地相互交流研修実施	●東京電力福島原発事故の影響で放射能不安 ●子ども・子育て支援関連3法成立（子ども・子育て支援法、改正認定こども園法、児童福祉法の改正等） ●**多摩市** 少子化の影響で定員割れ保育園発生
2013	●**法人** 研修委員会を設置 ●**こぐま保育園** 常任運営委員会を園長副園長事務長地域センター長で構成 ●**砧保育園** 伊藤亮子園長退職、安川信一郎園長就任・4・5歳児生活グループ異年齢実施	●障害者総合支援法成立

年	法人の出来事	社会の動き、保育の動向
2014	●**法人** 菅原猛理事長退任、垣内国光理事長就任 ●**こぐま保育園** 一時保育事業開始・子育てセンター事業多摩市補助金廃止、市支援事業に移行 ●**砧保育園** 3〜5歳児異年齢保育開始・園外自主学童保育開始（2015年まで） ●**貝取学童クラブ** 橋本千佳子施設長退任、中村真理子施設長就任	●**国** 放課後児童健全育成事業の設備及び運営に関する基準公布 ●集団的自衛権の行使容認閣議決定 ●**多摩市** 子育て支援事業再編、子育て事業補助金廃止
2015	●**法人** こぐま保育園から世田谷区祖師谷に本部移転・第一回多摩福祉会合研、テーマ「子どもたちが自ら学び共に育ち合う保育の創造を」 ●**法人** 上北沢こぐま保育園、世田谷区保育園新設事業に応募選定 ●**法人** 永山学童クラブ、多摩市より運営受託、中村真理子施設長就任 ●**こぐま保育園** 一時保育開始、あそぼう会参加者最高2000人 ●**貝取学童クラブ** 中村真理子施設長異動、谷知愛施設長就任	●子ども・子育て支援新制度実施 ●少子化社会対策大綱 ●**国** 一律5〜6％保育士等処遇改善加算制度実施 ●**国** 放課後児童クラブ運営指針 ●**世田谷区** 世田谷区子ども計画（第2期）策定・世田谷版ネウボラの「子ども・子育て応援都市宣言」・ファミリー・サポート・センター事業開始 ●**練馬区** 子ども・子育て支援事業計画
2016	●**法人** 本部を世田谷区北沢に移転 ●**向山保育園** 古跡道子園長退任、林奈保子園長就任 ●**上北沢こぐま保育園** 着工・開設準備委員会発足 ●**永山小学童クラブ** 緒方敬子施設長退任、和田玲子施設長就任	●「保育園落ちた日本死ね！！！」SNS投稿 ●発達障害者支援法改正 ●企業主導型保育事業創設 ●**世田谷区・練馬区** 休日保育利用料の無料化
2017	●**こぐま保育園** 運営機構を副園長2名主任7名体制、主任も全体責任分担 ●**砧保育園** 安川信一郎園長異動、髙橋博子園長就任・所定労働時間を1日8時間から7時間45分に変更 ●**上北沢こぐま保育園** 開園、安川信一郎園長就任・定期利用保育事業、一時預かり事業、おでかけひろば事業開始 ●**永山小学童クラブ** 3グループ担当制試行 ●**永山学童クラブ** 中村真理子施設長異動、小山牧子施設長就任 ●**貝取学童クラブ** 谷知愛施設長退任、中村真理子施設長就任・3グループ担当制導入	●森友問題、加計問題 ●共謀罪法成立 ●新保育所保育指針、幼稚園教育要領告示「幼児期の終わりまでに育ってほしい10の姿」 ●**国** 特定職員対象に4万円ないし5千円の処遇改善加算Ⅱ（キャリアアップ制度）実施
2018	●**法人** 全施設賃金を統一化・短時間正職員制度施行・感染症特別休暇制度施行 ●**上北沢こぐま保育園** 年長児お泊まり保育実施・全世帯対象の「みんなで食べよう会」実施 ●**永山小学童クラブ** 3グループ担当制開始	●障害者総合支援法改正

年	法人の出来事	社会の動き、保育の動向
	●**永山学童クラブ**　２グループ担当制開始	
2019	●**永山小学童クラブ**　防災パッククッキング実施 ●**永山学童クラブ**　互いの気持ちを伝え合う児童対象「気持ちの伝え方講座」	●新型コロナウイルス感染症パンデミックに ●**国**　学童保育「従うべき基準」参酌化で配置職員減 ●消費税10％に ●**世田谷区**　子育て世代包括支援センター機能整備 ●**多摩市**　学童保育有料延長サービス（モアサービス）実施
2020	●**法人**　新型コロナウイルス対応ガイドライン策定（以後、順次見直し） ●**法人**　貝取小学童クラブ、多摩市より運営受託 ●**各施設**　新型コロナウイルス感染で休園相次ぎ日常保育行事等の見直し ●**こぐま保育園**　谷まち子園長退任、髙橋博子園長就任 ●**向山保育園**　林奈保子園長異動、安川信一郎園長就任 ●**砧保育園**　髙橋博子園長異動、西田健太園長就任 ●**上北沢こぐま保育園**　安川信一郎園長異動、椎名朝美園長就任・都区保護者と隣接保育園とで近隣空地利用協議 ●**4学童クラブ**　小学校一斉休校にともない朝から１日開所（4月〜6月） ●**貝取学童クラブ**　中村真理子施設長異動、中村輝施設長就任 ●**貝取小学童クラブ**　中村真理子施設長就任・グループ担当制を試行開始	●新型コロナウイルス感染第１波、国緊急事態宣言発出、都内小学校が一斉休校に ●**世田谷区**　子ども計画（第２期）後期計画策定・新型コロナウイルス感染症拡大防止のため休園措置実施 ●**練馬区**　第２期子ども・子育て支援事業計画
2021	●**法人**　全施設で年間労働時間統一 ●**こぐま保育園**　新型コロナ禍による休園が続く・０歳児等定員割れ・財政検討開始 ●**上北沢こぐま保育園**　緊急保育開始・保護者代表者会発足 ●**学童クラブ**　各施設で行事内容等の見直し	●**国**　新子育て安心プラン ●東京オリンピック・パラリンピック開催 ●**都内**　新型コロナウイルス蔓延、小中学校休校・学級閉鎖相次ぐ ●**多摩市**　０歳児定員割れ深刻、認証保育園は満杯
2022	●**こぐま保育園**　こぐま財政検討委員会設置 ●**砧保育園**　定員減少計画を再検討 ●**上北沢こぐま保育園**　子どもの学び場スタートアップ事業開始	●ロシアによるウクライナ侵略 ●こども家庭庁設置法、こども基本法成立（2024年4月施行） ●児童福祉施設の実地検査規制緩和提案 ●コロナ感染第７波 ●**多摩市**　学童クラブ配慮児基準変更

編集委員による後記

　50年の歴史を紡いできたのは、子どもたち、父母、職員、その家族みんなである。子どもの生活の必要に応えるための学びと創意工夫があり、地域、関係諸団体との連帯があった。備品、施設・設備の特注整備を可能にした業者の協力もあった。「主権は国民にある」――その願いを真摯に受け止め、保育制度充実に献身された議会や行政担当者のみなさんも忘れるわけにはいかない。その努力の総和をこの50年誌から読み取ることができる。心より感謝を申し上げたい。

伊藤 亮子（元理事長、法人顧問）

　2019年7月12日、第1回編集委員会スタート。2022年8月30日、編集後記を書きながらの独白。「長かった～、疲れた～、終わった（かな??）」

玉田 和良（理事）

　50周年誌の編纂にあたり、こぐま保育園設立以来、子どもをめぐる社会状況の変化のなか、保育問題解決のため保育計画を立て、実践し検証してきた現場の実践記録を紡ぐことを基本にした。この記録がこれからの保育理論・方法を創造していくための資料となればと願う。次の法人50年につながる本になれば幸いである。

佐藤 正（理事）

　度重なる行政指導を受けこぐま保育園の長時間保育継続の危機に直面した時、親たちは、園に呼応して立ち上がり、良好な解決をみました。これは、50年史の一コマに過ぎませんが、編集作業が進むにつれ、他にも親たちと園が呼応し合う場面の記述に度々出会うことができました。このつながりの大切さに改めて共感を覚えました。

中津川 弘（元理事）

　第1回編集会議は2019年7月。新型コロナウイルスに翻弄されながら23回の編集会議を重ねてきた。圧倒されたのは執筆者のみなさんの熱量。奮闘の日々の情熱が文章に、その長さに溢れていた。これを何とか伝えなくてはという責任と迫る締切で胃が痛い。思いのこもった文章を削除し編集した垣内理事長もさぞお疲れになったことと思う。

　いつも優しく温かく、無知なわたしを支えてくださった編集委員のみなさん、酷暑と超過密スケジュールのなか、連日深夜まで編集作業をしてくださった垣内理事長に心から感謝を申し上げたい。

岡田 織（法人本部主任）

　多摩福祉会の法人としての強さは、やはり徹底した民主的運営にあるのではないかと思いました。今回の50周年誌についても、何度も編集会議で議論を重ね、できあがってきたものです。私はそのほんの一部にかかわらせていただいただけですが、それでも、法人の歴史の重みを感じました。これからの法人のさらなる発展に少しでも貢献できるよう、

努力してゆきたいと思います。　　　　　　　　　　　　　　　　伊藤 陽平（法人本部職員）

　この法人には未来がある。100年誌を編む法人同人は本誌をどう読むのだろうか。原稿を書いてくださった皆様のお陰で本誌ができました。厳しい編集作業を担ってくださった皆様、本当にお疲れさまでした。無理な日程にもかかわらず、出版を引き受けてくださったひとなる書房様に心から感謝いたします。　　　　　　　　　　　　　垣内 国光（理事長）

● **執筆者一覧**（執筆順）

I 部〜IV部

垣内 国光／浦辺 充／伊藤 亮子／新妻 節子／吉野 智子／永井 明代／稲富 由紀／鈴木 玲子／谷 まち子／菅原 重美／青木 泉／大石 隆寛／安川 信一郎／黒田 清美／和田 玲子／中村 真理子／佐藤 正／椎名 朝美／江原 彰子／佐藤 未来／針尾 政幹／玉田 和良／岡崎 三郎／中津川 弘／坂本 智子／髙橋 博子／小山 牧子／江藤 龍之介／舩越 久美子／今野 若葉

V 部

佐藤 正／髙橋 博子／田川 英信／玉田 和良／安川 信一郎／赤沼 陽子／井原 哲人／江口 寛子／桐山 研／永井 明代／西原 敬仁／西巻 民一／柿田 雅子／持田 晶子／清水 芳之

装幀 山田 道弘
カバー装画 原田 惟（向山保育園保育士）

多摩福祉会50年誌
きもちつながる 想いひろげる

2022年12月11日 初版発行

編者 社会福祉法人多摩福祉会50年誌編集委員会
発行者 名古屋研一

発行所 （株）ひとなる書房
東京都文京区本郷2-17-13
電話 03-3811-1372
FAX 03-3811-1383
e-mail: hitonaru@alles.or.jp

©2022 組版／リュウズ 印刷／中央精版印刷株式会社
＊落丁本，乱丁本はお取り替え致します。